O bom combate

meira vez que vi e ouvi D. Mart...
s para o meu gosto a sua pregação; mas no meio
razia aquele monge singular.
libertava o cristianismo do tom abstrato ou do
ipitante. [...] Não sei a conta dos que lhe dev
egam, sei que são muitos, e sei que devo agrad
e gerador de monges e transformador de vidas.

aqui um reparo sobre o Movimento Litúrgico, q
] Havia nesse movimento uma boa tomada de cons
terium fidei, mas havia também qualquer coisa
ecismo.

erimônia começa dizendo o padre-mestre ao abad
mosteiro para pedir alguma coisa. Pergunta ent
boca, recitam o pedido da fraternidade na regr
scapulário, segue-se uma cena particularmente
leitor há de estar lembrado que em outros temp
tré a sociedade sem classes e a grande raça ca
ra como um dardo ou a esquerda com o punho fec
presentava outro Pai, eu já não tive que hesit
aí está [...] como acaba essa história, um pou
nds up, entregue inteiramente como um prisione

tava no meu trabalho, fazendo uma experiência
tento ao serviço, [...] quando o operário que m
oldar e soltou um palavrão e uma blasfêmia com

CHRISTIANE JALLES DE PAULA

O bom combate

Gustavo Corção
na imprensa brasileira
(1953-1976)

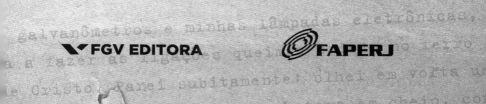

Copyright © 2015 Christiane Jalles de Paula

Direitos desta edição reservados à
Editora FGV
Rua Jornalista Orlando Dantas, 37
22231-010 | Rio de Janeiro, RJ | Brasil
Tels.: 0800-021-7777 | 21-3799-4427
Fax: 21-3799-4430
editora@fgv.br | pedidoseditora@fgv.br
www.fgv.br/editora

Impresso no Brasil | *Printed in Brazil*

Todos os direitos reservados. A reprodução não autorizada desta publicação, no todo ou em parte, constitui violação do copyright (Lei nº 9.610/98).

Os conceitos emitidos neste livro são de inteira responsabilidade do(s) autor(es).

1ª edição – 2015

Preparação de originais: Sandra Frank
Revisão: Flavia Calandrini
Capa, projeto gráfico de miolo e diagramação: Ilustrarte Design e Produção Editorial
Imagem da capa: Cavaleiro medieval © Masson / Shutterstock
Papel antigo © Katrien1 / Shutterstock

Ficha catalográfica elaborada pela
Biblioteca Mario Henrique Simonsen/FGV

Paula, Christiane Jalles de
    O bom combate: Gustavo Corção na imprensa brasileira (1953-1976) / Christiane Jalles de Paula.- Rio de Janeiro : FGV Editora, 2015.
    308 p.

    Inclui bibliografia.
    ISBN: 978-85-225-1553-0

    1. Corção, Gustavo, 1896-1978. 2. Imprensa – Brasil – História.
I. Fundação Getulio Vargas.

                                CDD – 079.81

SUMÁRIO

Nota introdutória	9
Capítulo 1 — O mundo novo de Gustavo Corção	19
A Igreja Católica na vida de Gustavo Corção	20
Os mestres intelectuais: Chesterton e Maritain	34
Capítulo 2 — Conversão e engajamento	51
O Mosteiro de São Bento	52
O Centro Dom Vital	58
A Ação Católica Brasileira	67
Na literatura brasileira	70
Na imprensa brasileira	73
Capítulo 3 — O conservador	75
Elites virtuosas *versus* elites degeneradas	77
Patriotismo *versus* nacionalismo	111
Democracia *versus* totalitarismo	134
Capítulo 4 — O anticomunista	147
A infiltração comunista no mundo político	148
A infiltração comunista na sociedade brasileira	173
A infiltração comunista no mundo católico	187
A defesa da democracia brasileira	201

Capítulo 5 — O apóstolo da "linha dura" 207
Restabelecimento da ordem 208
Tomada de posição 217
Apelos por endurecimento do regime 222
Redenção da política 250

Capítulo 6 — O cruzado 253
O "progressismo" católico 255
Ofensiva contra a hierarquia 268
Ação e reação 282

Conclusão 293
Referências 299

*"Nestas colunas, os fatos, sou eu que os faço
e não eles mesmos que se impõem."*
(Gustavo Corção, *Diário de Notícias*, 23 set. 1956).

NOTA INTRODUTÓRIA

*"Eu não saberia o que responder se me perguntassem quem
sou ou o que sou; seria outro o caso, porém, se a pergunta
fosse o que sou aos olhos de A ou B. É através das visões dos
outros que nos compreendemos a nós mesmos."*

(Mannheim, 2001:70)

ESTE LIVRO é uma versão ligeiramente modificada da tese de doutoramento em ciência política, por mim defendida no antigo Iuperj, intitulada *Combatendo o bom combate: política e religião nas
crônicas jornalísticas de Gustavo Corção (1953-1976).* Fruto de minhas inquietações sobre como o conservadorismo e o reacionarismo têm decantado no Brasil, o livro busca respostas nas crônicas
que Gustavo Corção publicou nos jornais *Diário de Notícias* e *O
Globo* entre as décadas de 1950 e 1970.

Um dos mais importantes nomes do laicato brasileiro, Gustavo Corção Braga nasceu no Rio de Janeiro, em 1896. Estudou no
Colégio Pedro II e na Escola Politécnica. Simpático ao marxismo,
teve ligações com militantes comunistas antes de sua conversão ao
catolicismo. Em 1920, abandonou a faculdade de engenharia e fez
levantamentos topográficos, tendo também trabalhado como engenheiro especializado em eletricidade industrial em cidades do
interior do Rio de Janeiro. Em 1925, voltou à capital federal e, a

convite de Manuel Amoroso Costa, tornou-se professor assistente de astronomia da Politécnica. Mais tarde, assumiu a cadeira de eletrônica na Escola Técnica do Exército, atual Instituto Militar de Engenharia (IME). Paralelamente às suas atividades docentes, foi técnico de radiotelegrafia e telefonia da Radiobras, tendo ainda trabalhado no setor de telecomunicações da Rádio Cinefon Brasileira. Em 1936, vivenciou a morte de sua esposa, e o ocaso familiar lançou-o em crise existencial. Em 1939, converteu-se ao catolicismo (Abreu et al., 2001:1592). Logo depois, ocupou posição de liderança no laicato brasileiro.

A marca distintiva da trajetória e atuação de Corção é, portanto, a de "escritor engajado" do catolicismo, caracterização que remete a dois temas caros às ciências sociais: religião e função dos intelectuais.

O papel da motivação religiosa nas coisas mundanas instigou e suscita várias investigações acadêmicas. Diversos autores debruçaram-se sobre o problema. Max Weber, um dos mais significativos, mostrou a importância dos bens de salvação na configuração da vida social. A ação religiosa "pelo menos relativamente, ainda que não seja necessariamente uma ação orientada por meios e fins, orienta-se [...] para este mundo" (Weber, 1991:279) e constitui um sistema de valores que estabelece o sentido da existência de seus membros e legitima interesses materiais específicos do grupo que se torna seu portador cultural. Tal sistema precisa de descobridores, produtores e disseminadores que relacionem conhecimento e interesse e formulem uma interpretação do mundo para esse grupo. Estes, muitas vezes, são chamados de intelectuais.

Karl Mannheim (2004) os descreveu como uma "*intelligentsia flutuante*". Embora assinale que frequentemente lhes seja imputada essa liberdade total de escolha e desapego aos laços sociais, são poucos os que se apresentam "livres de laços sociais". Pierre Bourdieu, em seus estudos, corrobora essa perspectiva, e também aponta o poder das instituições na definição das estratégias de ação dos intelectuais.

No caso, especificamente, da religião católica, Cândido Mendes indica a peculiaridade de quem vinculou a missão de intelectual às hostes da Igreja Católica: a angústia. Essência do engajamento do intelectual católico, "constitui [sua] própria 'práxis' [...], na limitação que aceita à sua postura, pela disciplina da ortodoxia admitida, ainda, como parte do drama continuado da encarnação" (Mendes, 1966:19). Assim, o exercício intelectual impregnado da orientação normativa do catolicismo impõe à ação duas limitações: por um lado, feição de testemunho e, de outro, a doutrina. Para Cândido Mendes, ambas, ao fim e ao cabo, condicionam o papel do intelectual católico, que é necessariamente um "'mau intelectual'" (Mendes, 1966:19).

O intelectual católico, portanto, atua no mundo a partir de um ponto muito bem determinado, que restringe seus "lances". A "autonomia" intelectual não escapa ao poder constituído do catolicismo. É este o imperativo que norteia o engajamento e subordina a política à moral. Ao fazê-lo, pretende depurar o mundo da política de seus elementos "impuros" e restabelecer o catolicismo como a ética a orientar a natureza das ações humanas.

Evidentemente, Corção teve sua ação religiosa orientada para o mundo.[1] Não a restringiu à sua vida privada, mas transportou-a para a atuação pública. Entretanto, foi católico antes de intelectual. Seu exercício intelectual tem um sentido de missão, pois, como ele mesmo distinguiu:

> Querer ser como todo mundo, para uma consciência católica, é querer o mundo no sentido em que o mundo é inimigo da alma e da igreja, isto é, no sentido em que o mundo significa abandono e esquecimento da transcendência de nossa vocação [Corção, 30 jan. 1955].

Viveu "para" a política,[2] tanto pelas suas qualidades inerentes na lide com as palavras como, quiçá prioritariamente, por orien-

---

[1] O livro ora apresentado não aborda a conversão de Gustavo Corção.

[2] Como definiu Max Weber, "quem luta para fazer da política uma *fonte de renda* permanente vive 'da' política como vocação, ao passo que quem não age assim vive 'para' a política e tem nela o *sentido* a serviço de uma 'causa'" (1982a:105, grifos no original).

tação religiosa, que propagava o projeto de recristianizar a ordem social e política através da ação de intelectuais que agissem no mundo conforme as normas do catolicismo.

Max Weber (1982a), em "A política como vocação", assinala que é necessário estar atento aos paradoxos éticos do mundo da política, uma vez que produzem diferentes personagens, quase sempre destinados a não se encontrar: de um lado, o homem de fé, o profeta, aquele que busca a cidade de Deus; do outro, o homem de Estado, o que tem os olhos voltados para a cidade dos homens. O primeiro se preocupa com a pureza de intenções e a coerência da ação com a intenção; já o segundo se importa com a certeza e com os resultados.[3] Isso supõe a existência de dois sistemas éticos que se distinguem pela orientação final da conduta: a ética da convicção e a ética da responsabilidade. Nesta, a conduta é orientada pelas consequências previsíveis das próprias ações. Já na ética da convicção, a conduta é orientada por "finalidades últimas". Subjacentes a essa questão, vislumbram-se dois conceitos de virtudes que orientam a ação humana. No primeiro, virtude significa disposição para o bem comum, isto é, para o bem moral (contraposto ao útil). Para o outro, "maquiavélico", a virtude é a capacidade do príncipe forte e sagaz, que, usando conjuntamente as artes da raposa e do leão, ou seja, a *virtú* e a *fortuna*, triunfa no seu intento de manter e consolidar o próprio domínio.

Corção é exemplo do primeiro personagem weberiano. Subordinou a preocupação com a coerência das ações humanas à defesa de uma ética da convicção ou fins últimos:

> O homem não se orienta automaticamente para seus fins como as naturezas privadas de razão. Deve, ao contrário, interrogar e decifrar sua própria natureza, desvendar seus fins, e depois, como se já não bastasse essa sondagem de abismos, *é desafiado a procurar em cada situação concreta a orientação escondida, a imantação gra-*

---

[3] Weber (1982a:151) alerta para a complementaridade dessas duas éticas: "só em uníssono constituem um homem genuíno — um homem que pode ter a 'vocação para a política'".

vada na espessura das realidades presentes [Corção, 27 fev. 1955, grifos meus].

Mais que isso, na emergência do processo de *democratização fundamental* no Brasil, Corção exerceu o papel de intelectual da ética de convicção do catolicismo. Precisamente, entre as funções clássicas dos intelectuais está a do persuasor, ou seja, aquele cuja obrigação é revelar o que está recôndito, preservar os valores universais e organizar e conduzir a sociedade. Essa "missão do sábio" foi realizada por Corção em múltiplas tribunas: literatura, palestras, aulas, artigos na revista *A Ordem* e em espaço cativo na imprensa brasileira.

Em todas essas tribunas, proferiu programa que articulou a ética católica aos diagnósticos da realidade nacional. Apesar de reconhecer a importância da produção literária[4] de Corção, importa neste livro sua produção para um público mais amplo, ou seja, sua inserção como personagem destacado na formação da opinião pública brasileira. Há uma evidente conexão entre o intelectual, como figura social, e o aparecimento de um espaço público, consequentemente, da opinião pública. Habermas, em *Mudança estrutural da esfera pública* (1984), associa o surgimento e desenvolvimento de uma esfera pública de debates à imprensa, enquanto espaço privilegiado para a formação da opinião pública, uma vez que consegue atingir grande número de pessoas.

Gustavo Corção teve seu papel social marcado pela atuação na crônica jornalística. Como assinalou Josué Montello (1988) "o verdadeiro escritor tende naturalmente a corporificar-se em livro. Corção buscou outro caminho. O espaço do jornal era seu espaço. Necessitava da comunicação direta e imediata que só no jornal, para ele, se processava em plenitude". Esse lado de Corção, de formador da opinião pública brasileira sempre foi reforçado com a publicação de coletâneas de artigos de jornais:

---

[4] Seus trabalhos mais importantes são: *A descoberta do outro*, em 1944; *Três alqueires e uma vaca*, em 1946; *Lições de abismo*, em 1950; *Machado de Assis: romance*, em 1959; *Dois amores, duas cidades*, em 1967; *O século do nada*, em 1973.

- *As fronteiras da técnica*, em 1954 (1. ed.);
- *Dez anos*, em 1957 (1. ed.);
- *Claro-escuro*, em 1958 (1. ed.);
- *Patriotismo e nacionalismo*, em 1957 (1. ed.);
- *O desconcerto do mundo*, em 1965 (1. ed.);
- *A tempo e contratempo*, em 1969 (1. ed.).

Para José Marques de Melo, o cronista é aquele que "atua como mediador literário entre os fatos que estão acontecendo e a psicologia coletiva" (Melo, 2003:156) e, ao fim, realiza um "relato poético do real" (Melo, 2003:162). A crônica, no entanto, não é legitimada como gênero literário (Melo, 2003:161). Suas características de atualidade, oportunidade e difusão coletiva posicionam-na em lugar *sui generis*, nem na literatura nem no jornalismo (Melo, 2003:156).

Por outro lado, a crônica, enquanto gênero opinativo nos jornais, foi importante espaço de consagração e atuação da intelectualidade brasileira. Firmou-se em fins do século XIX, consolidou-se com o desenvolvimento da imprensa brasileira e tornou-se moderna após 1930 (Melo, 2003:154-5). Renato Ortiz (1988:29) mostra que, nas décadas de 1940 e 1950 do século XX, no incipiente mercado de bens culturais brasileiros, os escritores tinham nos jornais "fonte de renda e prestígio". Já Maria Hermínia Tavares de Almeida (1992:14) assinala o lugar privilegiado do jornal para os intelectuais falarem à nação.

Elegi as crônicas como fonte da análise. Elas integram a coleção de dois grandes periódicos brasileiros: *Diário de Notícias* e *O Globo*, ambos do Rio de Janeiro. Delimitei-as cronologicamente, conforme se segue:

- o marco inicial, no ano de 1953, quando Corção torna-se articulista do *Diário de Notícias*, jornal de expressiva circulação e público diversificado;
- o marco final, no ano de 1976, quando Corção, já em *O Globo*, teve sua pena "quebrada" pela hierarquia e foi ameaçado de excomunhão, sendo, portanto, deslegitimado perante a co-

munidade católica. Ainda escreveu até sua morte, em 1978, mas o católico intelectual viu-se reduzido a um intelectual católico.

Dessa forma, tive o intuito de perceber Corção, enquanto católico intelectual, evidenciando e articulando a conjuntura política desses anos à moral católica. Interessa-me o polemista que, de espada em punho, trazia consigo o conjunto de verdades inflexíveis do catolicismo de seu tempo e queria impô-las aos outros. Para isso, importa a tessitura da trama de tensões e de acomodações produzidas por sua economia discursiva. Para dar conta desse objetivo, dividi o livro em duas partes, propositadamente, desiguais. A primeira, constituindo o que chamo *corpus* católico, é formada pelos dois primeiros capítulos. Já a segunda parte compõe-se dos quatro capítulos seguintes e apresenta a produção discursiva de Corção naqueles jornais.

O primeiro capítulo apresenta aspectos de visão institucional da Igreja Católica, reativa à modernidade, ao lado dos esforços da hierarquia para recuperar a influência perdida de orientadora das condutas e da organização política e social e para cooptar intelectuais importantes, entre os quais dois nomes que marcaram a trajetória de Corção: Jacques Maritain e Gilbert Keith Chesterton. Nesse capítulo, serão também tratadas as principais ideias desses intelectuais católicos.

Já o segundo capítulo volta-se para a instituição da Igreja Católica no Brasil e aborda a entrada de Corção nesse mundo, com destaque para sua inserção nos grupos e organizações católicos. Falar da gênese do mundo social católico de Corção remete-nos à economia discursiva do catolicismo e aos procedimentos que validam seu discurso. Desnudar, assim, as afinidades eletivas entre o discurso de Corção e o do catolicismo de seu tempo significa compreender a legitimidade a ele concedida pelo meio intelectual católico, ao qual se filiou como porta-voz dos leigos católicos no mundo temporal. É, também, desvelar temáticas que o acompanharam em sua trajetória: a relação com a hierarquia católica (padres, bispos e arcebispos e com os papados), as alianças e embates com outros membros e instituições do laicato, e, no campo político e social, a concepção ideal de ordem social.

É preciso, antes de continuar, esclarecer que a segunda parte do livro é somente aparentemente cronológica. Iniciada no terceiro capítulo, seu eixo são ideias-chave que forneceram o sentido à produção discursiva de Corção.

O terceiro capítulo diz respeito às questões tratadas por Corção na década de 1950, década em que se autoproclama "democrata cristão" e que é construída por antíteses políticas que erigem a militância em uma determinada *visão de mundo*: a conservadora. Um conservadorismo que se volta progressivamente para os perigos do comunismo.

Urgia, pois, combater o inimigo "vermelho" e, consequentemente, defender a civilização cristã. Este é o tema do quarto capítulo, que acompanhará, na economia discursiva de Corção, o papel do anticomunismo nos anos que precederam o golpe militar de 1964. Anticomunismo na política, na sociedade civil, especialmente entre os intelectuais e estudantes, e no mundo católico brasileiro.

O movimento de salvação anticomunista não só permanecerá, como tornar-se-á, progressivamente, a justificativa, na economia discursiva de Corção, para a abdicação da política como arena legítima de combate democrático. Assim, o quinto capítulo discorrerá sobre a militância de Corção por uma ordem política autoritária. A chave explicativa é sua atuação como "ideólogo" do fechamento total do regime militar.

Finalmente, o sexto e último capítulo abrange a última década da participação de Corção na arena pública. Capítulo que acompanha a "viagem redonda" de Corção, pois expressa seu retorno ao mundo católico. Capítulo que sonda razões do "esquecimento" e/ou "silêncio" em relação ao autor. Capítulo estruturado pelo *aggiornamento* da Igreja Católica e a relação conflituosa de Corção com essa abertura para o mundo moderno. Movimento decisivo tanto para sua produção como para sua trajetória, uma vez que indicou o lugar que ocuparia na memória intelectual católica.

Este livro contou com o apoio de inúmeras pessoas e instituições, a quem sou extremamente agradecida. Como é impossível nomear todos, registro alguns que foram pilares decisivos para que esta empreitada chegasse a bom termo. César Guimarães, meu orientador e guia intelectual no antigo Instituto Universitário de Pesquisas do Rio de Janeiro (Iuperj), foi fundamental com seu conhecimento, conversas, delicadas broncas e precisas correções de rumo. Agradeço ainda os comentários e correções feitas pelos professores que compuseram a banca de doutoramento: Norma Côrtes, Marcelo Timotheo da Costa, Marcelo Jasmin e Ricardo Benzaquim de Araújo. Meus agradecimentos para os professores-pesquisadores-intelectuais e demais profissionais do antigo Iuperj, atual Iesp, que me ensinaram a importância de conviver em um ambiente de liberdade e respeito intelectuais, que forjou minha personalidade profissional. Agradeço ainda aos colegas e amigos do Centro de Pesquisa e Documentação de História Contemporânea do Brasil da Fundação Getulio Vargas (Cpdoc), que me forneceu o senso da história e os horizontes éticos e profissionais que guiam meus passos. A Alzira Alves de Abreu, Sérgio Lamarão, Mônica Kornis, Regina Luz e Lúcia Lippi, que, em diversos momentos, iluminaram meus caminhos, deixo registrados meus agradecimentos. Os muitos amigos, representados aqui por Gisele Silva Araújo e Fabrícia Guimarães, sintam-se abraçados e homenageados. Agradeço ainda à Fundação de Amparo à Pesquisa do Estado do Rio de Janeiro (Faperj) o apoio para esta publicação. Os erros e equívocos que ainda persistem são de minha inteira responsabilidade.

Dedico este livro ao meu pai, Levy (*in memoriam*), e ao meu filho, Joaquim.

CAPÍTULO 1

O MUNDO NOVO DE GUSTAVO CORÇÃO

O CATOLICISMO foi o traço distintivo na práxis e nos discursos de Gustavo Corção. Norteou seus horizontes e fundamentou seus pronunciamentos na esfera pública brasileira. O ato de conversão[5] foi o abandonar do homem velho e o renascer do novo. Como que atingido por um raio, foi revelado à Verdade e descobriu-se católico. Tornou-se, então, membro de uma comunidade espiritual e terrena, com suas leis, códigos de conduta, tradições e visão de mundo: a Igreja Católica. Indubitavelmente, o catolicismo foi o que situou socialmente suas ideias e tomadas de posição. Portanto, faz-se necessário compreender o mundo que Gustavo Corção escolheu e defendeu nas páginas da imprensa brasileira.

A *Weltanschauung* do mundo católico é informada pelas orientações transmitidas pelos papados à comunidade católica, e são os documentos pontifícios os mais adequados indicadores das direções do catolicismo. Nesse sentido, a primeira parte deste capítulo

---

[5] Emprego a palavra conversão, no caso de Corção, com o sentido de aceitação e/ou rejeição de certas atitudes, e não como o de passar de um grupo religioso para outro. Evidentemente, em seu aspecto formal Corção já pertencia à comunidade católica, uma vez que fora batizado quando criança e tivera feito a primeira eucaristia. Todavia, até 1939, Corção não vivera o catolicismo, e sua entrada foi uma vivência tão triunfal e intensa que, para mim, adquire o sentido de conversão.

oferece um panorama das diretrizes que construíram a visão do mundo católico, caracteristicamente tridentino, que dominou até o pontificado de João XXIII.

Por outro lado, não se pode negligenciar que o *ethos* católico de Corção também foi formado pela influência de dois nomes da intelectualidade católica internacional: o inglês G. K. Chesterton e o francês Jacques Maritain. Eles foram divulgadores e propagadores da ética católica como diretiva das ações humanas na vida política, econômica e social, além de terem sido guias e interlocutores, cada qual à sua maneira, da reflexão e da atuação de Corção. Destarte, a segunda parte deste capítulo dedica-se a apresentar uma síntese dos argumentos principais destes autores.

A IGREJA CATÓLICA NA VIDA DE GUSTAVO CORÇÃO[6]

O catolicismo da conversão de Corção manifesta-se como avesso e reativo ao mundo moderno, essencialmente fundado no imobilismo, na permanência e na reação à modernidade (Costa, 2002). Não é preciso, pois, traçar em pormenores a história da Igreja Católica desde o Concílio de Trento (1545-1563) até Corção. Ressalte-se apenas que ele se tornou membro de uma Igreja da Contrarreforma que reagiu à derrocada do *Ancien Régime*, à vitória das "Luzes" e, no século XIX, diante do desenvolvimento econômico, científico, tecnológico e das novas formas de organização política e social, viu-se novamente ameaçada e obrigada a defender seu poder (Martina, 1997:13-24).

O Concílio Vaticano I (1869-1870) vem definir as diretrizes das posições católicas. Convocado por Pio IX (1846-1878), discutiu o racionalismo, o liberalismo e o materialismo, e também firmou o dogma da infalibilidade papal. Seus documentos (*Dei Filius* e *Pastor aeternus*) condenaram o modernismo e a moder-

---

[6] As informações da gênese, principais proposições, reações e renovação do mundo católico nesse período foram retiradas dos trabalhos de: Costa (2002:75, passim), Comby (1994:188, passim), Pierrard (1983:259, passim); Martina (1997:11-273).

20 | O BOM COMBATE

nidade, e incentivaram o movimento ultramontano.[7] Por mais que atuasse reativamente, contudo, em fins do século XIX, a Igreja teve de aproximar-se do mundo moderno. A explosão do movimento sindical operário compeliu o mundo católico, embora relutante, a posicionar-se sobre a questão social na modernidade.

Sua primeira tentativa mais efetiva de diálogo com a modernidade ocorre no pontificado de Leão XIII (1878-1903), com a publicação da encíclica *Rerum Novarum* (1891). O documento pontifício tratou de inserir a questão social na reflexão da doutrina católica. Resumidamente, condenou tanto o liberalismo como o comunismo/socialismo. Confirmou o direito natural à propriedade privada, mas ressaltou sua função social e rechaçou o Estado liberal, defendendo a intervenção estatal nos assuntos socio-econômicos, principalmente, na proteção aos pobres. A ameaça comunista resultou no reconhecimento dos direitos do movimento operário por melhores condições de vida, porém destacou os deveres dos trabalhadores para com seus empregadores. Assim, o meio reivindicatório não teria como ideal a luta de classes, e sim a inserção "justa" dos operários no sistema, inclusive por meio do movimento associativo (Martina, 1997:53-56).

O ideal de um mundo harmônico seria viável se os negócios humanos fossem realizados à luz do Evangelho, como ressalta a recomendação de Leão XXIII: "Tome cada um a tarefa que lhe pertence; e isto sem demora, para que não suceda que, adiando o remédio, se tome incurável o mal, já de si tão grave". Recomendava,

---

[7] A palavra "ultramontano" tem "significado genérico e impreciso, criada e usada além dos Alpes (França, Alemanha, Inglaterra, Países Baixos) para designar, mais do que uma verdadeira corrente de pensamento, a adesão às orientações e à posição da Igreja Romana em suas relações teológicas e jurisdicionais, ou ainda em seus interesses políticos. [...] Começou-se a chamar ultramontanos os leigos ou religiosos que sustentavam na Alemanha o partido do Papa Gregório VII durante a luta pelas investiduras [séc. XI]. No século XVIII, foram chamados com a mesma denominação, na França, pelos jansenistas e regalistas, os juristas e os teólogos que combateram suas doutrinas [...]. A palavra continuou a ser usada durante o século XIX por todos os liberais e católicos que no campo religioso seguiram teorias novas e mantiveram um relacionamento prático vexatório em seus contactos com o catolicismo" (*Enciclopedia Cattolica*, 1954).

então, aos governantes que protegessem os trabalhadores com leis e instituições que salvaguardassem os direitos dos mais humildes; que os patrões tivessem consciência dos seus deveres para com os operários e, principalmente, que se lembrassem "todos de que a primeira coisa a fazer é a restauração dos costumes cristãos, sem os quais os meios mais eficazes sugeridos pela prudência humana serão pouco aptos para produzir salutares resultados". Quanto à Igreja, que mostrasse e divulgasse "a todas as classes da sociedade as máximas do Evangelho", ou seja, a importância da caridade.[8]

Entretanto, para uma parcela dos membros da Igreja, a saída pela caridade não daria conta dos problemas do mundo moderno e do papel que caberia à Igreja Católica em sua transformação. Além disso, a possibilidade de aplicação das recomendações papais encontrava-se prejudicada, uma vez que a Igreja Católica era "uma sociedade organizada hierarquicamente" (Martina, 1997:77). Por conseguinte, esses círculos, formados tanto por eclesiásticos como por leigos, iniciaram um debate sobre as transformações na própria Igreja que viabilizariam um diálogo mais aberto dela com o mundo moderno. Essa insatisfação ficou conhecida como modernismo.

O debate ocorreu, principalmente, entre os italianos, os franceses e os alemães. Para os partidários de uma maior abertura da Igreja com a modernidade, persistia certo desconforto com as restrições à participação leiga. Assim, pleitearam "o primado da consciência, a conciliação entre autoridade e liberdade, a autonomia da ciência, a liberação das estruturas eclesiásticas supérfluas, a renovação do culto, o desempenho da política" (Martina, 1997:75-76). Tais desejos reformistas ligaram-se à Questão Romana.[9]

---

[8] A íntegra da encíclica *Rerum Novarum* está disponível em: <www.vatican.va/holy_father/leo_xiii/encyclicals/documents/hf_l-xiii_enc_15051891_rerum-novarum_po.html>. Acesso em: 1 maio 2006.

[9] A Questão Romana foi um acontecimento político que agravou as relações entre Roma e a sociedade moderna. Tratou-se da batalha, no século XIX, pela instituição, ou melhor, restauração do poder temporal e territorial da Igreja, que fora reduzido e ameaçado com as guerras napoleônicas e a unificação italiana. Em suma, tratou-se da conquista da cidade de Deus neste vale de lágrimas, que teve

Pari passu, esses pleitos engendraram uma reação nos meios católicos, o que ocasionou a querela entre modernistas e integristas. Ressalte-se que essa disputa será fundamental na trajetória de Corção a partir da década de 1960, razão por que iremos nos deter um pouco mais sobre o assunto.

Em princípios do século XX, no pontificado de Pio X (1903-1914), a intervenção vaticana na polêmica entre modernistas e integristas se fez de modo drástico e inflexível, com a condenação do modernismo pela encíclica *Pascendi Dominici Gregis* (1907).

Identificando o agnosticismo, a experiência individual da fé, a subordinação da fé à ciência, a sujeição da Igreja ao Estado, a flexibilidade da autoridade doutrinal e dogmática e o evolucionismo como os erros dos modernistas, a encíclica reiterou a escolástica como única filosofia e teologia, principalmente o tomismo; também estabeleceu a censura, remoção e exclusão de modernistas dos seminários e universidades católicas, proibiu a venda e reprodução de livros de tendências modernistas e vetou a realização de congressos de sacerdotes, entre outras resoluções. É interessante destacar a identificação, na encíclica, dos meios de divulgação do modernismo: livros, jornais, periódicos. Apesar da suspeição em relação às mídias impressas ditas modernistas, a Igreja Católica incentivou a formação de uma opinião pública católica. A rejeição ao modernismo não significou necessariamente aversão às tecnologias modernas.[10]

Essas normas tacharam de heréticos os vários movimentos renovadores e legitimaram as mais diversas formas de repressão.[11] Em contraposição, fortaleceu-se a posição dos defensores de um catolicismo refratário às inovações do mundo moderno que, por fim, tornou-se hegemônico (Martina, 1997:77-107). Portanto, na

---

termo com a criação do Vaticano, em 1929, como resultado das negociações entre o papa Pio XI (1922-1939) e Benito Mussolini.

[10] Conforme será visto, Corção, em seu combate ao modernismo, também os identificará como polos de difusão do "erro".

[11] Emblemática foi a repressão da cúria romana aos principais líderes modernistas, tendo eles sido ou excomungados ou submetidos aos desígnios da hierarquia.

primeira década do século XX, a Igreja continuava a atuar como uma força alheia, se não antagônica, à modernidade.

O conclave que escolheu Giacomo Della Chiesa, que adotaria o nome Bento XV, foi marcado pela discordância entre os partidários da política antimodernista de Pio X e aqueles que desejavam uma distensão. O curto pontificado do moderado Bento XV (1914-1922) foi marcado pela I Guerra Mundial, pela necessidade de entendimento entre integristas e modernistas e pela concretização do acordo da Questão Romana (Martina, 1997:129). "A condenação da guerra constituiu o *leitmotiv* do magistério de Bento XV" (Martina, 1997:134), e seus esforços resultaram na rejeição ao nacionalismo e ao totalitarismo. Outros temas que serão fundamentais na pena de Corção, só que na década de 1950.

Achille Ratti, escolhido após a morte de Bento XV e que tomou o nome de Pio XI (1922-1939), destacou-se pela afirmação da Igreja como *societas perfecta*. Evidentemente, isso confrontava a Igreja com o Estado moderno. Mais do que isso, essa concepção legitimava uma perspectiva de que ainda era possível a instauração, ou restauração, de um Estado católico, ou do ideal da cristandade, que não só reconhecesse a liberdade da Igreja, mas também "atribuísse a ela um poder e um regime de privilégio especial" (Martina, 1997:142).

Ao longo de seu pontificado, o impulso missionário foi incentivado, assim como as ciências eclesiásticas, a devoção ao Sagrado Coração e a realeza de Cristo — com a instituição da festa de Cristo Rei, paralelamente, além de serem apontadas aquelas que seriam as novas bases da relação da hierarquia com o laicato. Como afirma Pierrard (1983:264), no pontificado de Pio XI despontou uma perspectiva humanista integral e uma redescoberta do mistério do Corpo de Cristo que se transmudaria numa redescoberta da Igreja através da criação do apostolado organizado dos leigos, a Ação Católica. Gramsci (2001b:152), atento à novidade da iniciativa papal, assinala a transformação que ela significava na relação da Igreja com a modernidade.[12]

---

[12] "A Ação Católica assinala o início de uma época nova na história da religião católica; de uma época em que ela, de concepção totalitária (no duplo sentido: de que

Já na publicação da encíclica *Ubi Arcano Dei* (1922), Pio XI esboçara as linhas mestras da participação leiga na vida da Igreja, que, na prática, realizou-se no encorajamento da iniciativa do padre belga Joseph Cardijn, que fundara, em 1924, a Juventude Operária Católica (JOC). Pouco depois, esse modelo organizacional foi adotado no restante das comunidades católicas do mundo. Essa medida transformou a concepção de ação temporal do laicato e "proliferou um tipo de católico preocupado em dar testemunho de sua fé e em confrontar sua época com os dados evangélicos" (Pierrard, 1983:264).

Caso exemplar deste "novo católico" foi a fundação, em 1932, da revista *L'Esprit*, de Emmanuel Mounier, que se tornaria, nas décadas seguintes, uma importante fonte de divulgação das inovações no catolicismo.

Ao mesmo tempo, a característica pessoal do pontífice forneceu os limites da atuação leiga e eclesiástica. É nesse contexto que se compreende a proibição de aproximação da fé com a ciência, o laicismo, o modernismo e a Ação Francesa.[13] O que mostra o cará-

---

era uma concepção total do mundo de uma sociedade em sua totalidade), torna-se parcial (também no duplo sentido) e deve dispor de um partido próprio. [...] a Ação Católica representa a reação contra a intensa apostasia de amplas massas, isto é, contra a superação de massa da concepção religiosa liberal do mundo. Não é mais a Igreja que estabelece o terreno e os meios da luta; ao contrário, ela deve aceitar o terreno que lhe é imposto pelos adversários ou pela indiferença e servir-se de armas tomadas de empréstimo ao arsenal de seus adversários" (Gramsci, 2001b:152).

[13] Esse foi um caso emblemático. Em 1894, o oficial do Exército francês Alfred Dreyfus, de origem judaica, foi condenado por alta traição. O processo foi baseado em documentos falsos e o erro acobertado. Descoberta a trama, o caso Dreyfus dividiu a Europa. Foi nesse contexto que, em 1899, um grupo antidreyfusarde — capitaneado por Charles Maurras — que compartilhava uma imagem negativa da modernidade e propunha uma reação sistematizada aos dreyfusarde, fundou a Ação Francesa. Seu programa consistia em denunciar "o mundo da matéria e da razão, o materialismo, o positivismo, a sociedade burguesa e sua mediocridade, a democracia liberal e suas incongruências" (Sternhell, 1985:8). A Ação Francesa teve ampla aceitação nos meios católicos, principalmente no francês, a ponto de ser definida por Jacques Maritain como "principado de opinião". Em agosto de 1926, o papa iniciou seu combate ao movimento. O cardeal Andrieu, arcebispo de Bourdeaux, instado pelo papa, pediu sua condenação, tendo contestado o caráter católico de seus membros. Finalmente, em dezembro, a Ação Francesa foi condenada e suas publicações incluídas no Index (Winock, 2000:239, passim; Nolte, 1966:27-141).

ter centralizador e autoritário do pontificado de Pio XI, já que não teve condescendência com movimentos que não estivessem sob o controle estrito da hierarquia.

No campo propriamente político, as relações vaticanas com os nacionalismos e totalitarismos oscilaram da aceitação tácita à oposição. Da intransigente postura frente à Ação Francesa, ao "prudente otimismo" com o fascismo (Martina, 1997:153), que resultou na assinatura do Tratado de Latrão, em 1929, pondo fim definitivo à Questão Romana. Por outro lado, a hierarquia católica rejeita tudo o que se relacione com a Revolução Russa (1917). Pio XI tinha aversão ao comunismo,[14] o que o levou a firmar alianças com Estados nacionais que rejeitavam tanto o Estado liberal como o regime soviético.

Se antes a Igreja se envolvera na luta contra os princípios liberais, a partir dos anos 20 as baterias católicas se voltam principalmente contra o socialismo e o comunismo. Na época anterior, se estabelecera como norma a incompatibilidade entre catolicismo e liberalismo; nesse período, a ênfase é colocada na recusa de qualquer diálogo possível entre católicos e socialistas ou comunistas [Azzi, 2006:17].

Em comemoração aos 40 anos da *Rerum Novarum*, Pio XI publica a encíclica *Quadragesimo Anno* (1931), cujo objetivo era tanto dirimir dúvidas suscitadas pelo documento pontifício de Leão XXIII, como também orientar os católicos frente às mudanças ocorridas após a publicação. Pressionada pelo avanço comunista junto à classe trabalhadora e pela crise capitalista de 1929, a Igreja Católica não podia mais esperar que a caridade fosse solução para os problemas econômicos. Assim, o documento do Papa Pio XI reforçou a tese da função social da propriedade, ao mesmo tempo que reconheceu a "perda da classe operária"; denunciou o comunismo; guarneceu a Igreja Católica com novos instrumentos: os princípios de subsidiariedade e de associação, na sua luta de con-

---

[14] Riolando Azzi (2006:17) afirma que o horror do pontífice aos bolcheviques vinha da sua experiência como núncio na Polônia.

quista do mundo moderno; e, principalmente, lançou as bases da recristianização:

> Para reconduzir a Cristo, a quem renegaram, essas classes inteiras de homens, devem escolher-se e formar-se de entre elas soldados auxiliares da Igreja [...]. Os primeiros e imediatos apóstolos dos operários devem ser operários; os apóstolos dos artistas e comerciantes devem sair dentre eles. Procurar cuidadosamente estes apóstolos dos operários e patrões, escolhê-los com prudência, formá-los e educá-los como convém, é principalíssimo dever vosso e do vosso clero, veneráveis Irmãos.[15]

A reconquista do mundo moderno pelo esforço de conversão de membros dos diversos segmentos sociais persistiu como meta da Igreja Católica, mesmo com a morte de Pio XI, em 1939. Naquele ano, foi eleito o novo pastor do catolicismo: Eugenio Pacelli, que tomou o nome de Pio XII e, em suas primeiras locuções, explicitou seu programa evangelizador. Urgia a construção de um mundo novo, cuja ordem seria conduzida pela Igreja e estaria edificado nas palavras do Evangelho, ou, como disse Pierre Pierrard (1983:267), o projeto de Pio XII "era a instauração do espírito cristão em todas as atividades humanas".

Pio XII organizou uma cruzada pela recristianização do mundo moderno, que ficou conhecida como projeto de neocristandade. Todavia, poucos meses depois, a deflagração da II Guerra Mundial pôs em suspenso as iniciativas pacellinas.[16] O fim da II Guerra trouxe novos e graves problemas: dos políticos (por exemplo, a descolonização) aos propriamente religiosos (por exemplo, a redução do número de fiéis). Pacelli volta a reafirmar a tese do abandono de Cristo pelos indivíduos e pelas sociedades e o comba-

---

[15] Encíclica *Quadragesimo Anno*. Disponível em: <www.vatican.va/holy_father/pius_xi/encyclicals/documents/hf_p-xi_enc_19310515_quadragesimo-anno_po.html>. Acesso em: 1 jun. 2005.
[16] A atuação de Pio XII na guerra foi bastante criticada. Uma descrição pormenorizada, acompanhada de bibliografia complementar, encontra-se em Martina (1997:205-232).

te às alternativas do mundo moderno — comunismo ou liberalismo, individualismo e espiritismo — que se mostravam equivocadas e incompatíveis com o cristianismo. Todavia, entre essas duas ideologias, a expansão comunista — que passou a controlar grande parte da Europa oriental e parte da central — transformou-se no cerne das preocupações vaticanas.[17]

Por outro lado, é importante ressaltar que a II Guerra Mundial não paralisou completamente iniciativas de renovação do meio católico. Em países como a França, Alemanha, Bélgica, Holanda, Itália, Estados Unidos, assistia-se, desde o papado de Pio XI, à busca por novos caminhos para a relação da Igreja Católica com o mundo moderno. Indubitavelmente, a Igreja Católica francesa foi pioneira nas experimentações do diálogo com o mundo.[18] Cabe ressaltar a influência do catolicismo francês na configuração do catolicismo brasileiro, tanto no que concerne à atitude da hierarquia (padres, bispos) quanto à de leigos. Sem exagero, é possível afirmar que a Igreja da França foi o fermento intelectual de inúmeras iniciativas da Igreja do Brasil, tanto nas suas formas mais progressistas quanto nas mais conservadoras. Entre essas ações, destacam-se o debate teológico, a inserção dos sacerdotes, as inovações litúrgicas e a participação do laicato.

A "nova teologia" pretendia atualizar o campo das ciências teológicas, ainda orientado pela escolástica. O catolicismo francês foi o centro irradiador das novas interpretações teológicas, principalmente com Yves Congar[19] e Marie-Dominique Chenu.[20]

---

[17] Tornavam-se usuais as perseguições à Igreja Católica nos países da "Cortina de Ferro", com a prisão e deportação de sacerdotes e religiosos. Os casos húngaro, tcheco, polonês, lituano e ucraniano foram significativos da repressão exercida pelo regime comunista contra o catolicismo. Conforme veremos no capítulo 3, o caso húngaro mobilizou a pena de Corção.

[18] Anos depois, o papa Paulo VI afirmará: "A França assa o pão da cristandade" (Pierrard, 1983:269).

[19] Padre e teólogo da Ordem dos Dominicanos francesa, nascido em 1904. Considerado um dos mais influentes teólogos do século XX. Escreveu extensa obra teológica e ecumênica. Participou do Concílio Vaticano II, do qual foi um dos grandes nomes. Em 1994, foi elevado a cardeal pelo papa João Paulo II. Faleceu em 1995.

[20] Padre e teólogo dominicano francês, nascido em 1895. Foi professor de teologia de Le Saulchoir e em 1942 foi condenado ao Index. Em meados dos anos 1950 inicia-se sua reabilitação, ainda que incompleta, com seu retorno a Saulchoir. Par-

Todavia, Karl Rahner[21] e Hans Urs von Balthasar[22] — com a teologia transcendental — e G. Thils[23] — com a teologia das realidades terrestres — mostravam que novos métodos podiam e deviam ser incorporados ao ensino teológico. A aproximação da teologia católica com a racionalidade da modernidade, os avanços científicos e da história como ponto de partida teológico para a compreensão da mensagem de Cristo suscitaram uma das primeiras reações da cúria romana. Estas se contrapunham à teologia apologética, fundada no Concílio Vaticano I, como antídoto ao modernismo. No campo pastoral, o movimento dos padres operários aproximou a Igreja da modernidade. Foi durante a II Guerra, quando da fundação da Missão da França (1941), instituição dirigida por Louis Augros que tinha o objetivo de fornecer padres para as regiões descristianizadas da França. Dois anos depois, a publicação de *La France, pays de mission?*, dos abades Godin e Daniel, reforçou a renovação dos caminhos para a cristianização da sociedade francesa e dos obstáculos a serem enfrentados. Nessa obra, os autores constatam que "a conquista do proletariado é um trabalho austero e que pode demorar muito tempo sem dar frutos: assim é que se exige de todos os que nele se empenham o completo abandono ao trabalho [...]. Eis porque esses missionários devem tornar-se povo" (Godin e Daniel apud Comby, 1994:194-195).

A ênfase na necessidade de renovação da pastoral frente aos meios descristianizados, em particular o meio operário, resultou numa transformação do papel dos sacerdotes. Em 1944, alguns pa-

---

ticipou do Vaticano II como perito pessoal de um bispo de Madagascar e, mesmo assim, foi um dos grandes nomes do Concílio. Publicou uma considerável obra, sendo referência seus estudos sobre o pensamento de São Tomás de Aquino.

[21] Teólogo jesuíta alemão, nascido em 1904. Suas obras consistem em diálogos entre o catolicismo e o pensamento contemporâneo, e abordam questões eclesiológicas e eclesiais. Também esteve presente no Concílio Vaticano II. Faleceu em 1984.

[22] Teólogo jesuíta suíço, nascido em 1905. Deixou a Sociedade de Jesus em 1950. Conhecido como o "teólogo da estética", não participou do Vaticano II. Ainda assim tornou-se um dos nomes mais influentes da teologia do século XX, principalmente seus estudos sobre o mistério da Encarnação.

[23] Teólogo belga, nascido em 1909. Morreu em 2000.

dres tornam-se operários de fábrica, a partir da percepção de ser esta a única forma de evangelização possível no mundo do trabalho. Essa inserção marcou uma mudança no estilo dos padres, que deixaram de usar batina, de viver em casa paroquial e passaram a conviver com não cristãos e comunistas, o que ficou conhecido como a Missão de Paris.

Ainda durante a II Guerra Mundial, o padre dominicano Louis Joseph Lebret fundou o movimento "Economia e Humanismo" (em 1941), cujo objetivo era a elaboração de uma doutrina na qual a economia estivesse a serviço do homem.[24]

Na Liturgia, a renovação surgiu nos mosteiros beneditinos da Alemanha, França e Suíça. Os primeiros movimentos em direção à popularização da missa surgiram com d. Prosper Guéranger, monge da abadia francesa de Solesmes na segunda metade do século XIX, a partir da propagação do canto gregoriano e da participação dos leigos na liturgia. A revitalização da liturgia alcançou tonalidades mais fortes após a I Guerra Mundial, principalmente com os escritos de d. Odo Casel, da abadia de Maria Laach, na Alemanha, e Romano Guardini, teólogo ítalo-germânico. As transformações, já aludidas, da II Guerra deram o impulso decisivo para a divulgação do movimento litúrgico. O Instituto Superior de Liturgia parisiense ratificou a celebração das missas vespertinas, com o intuito de atrair a massa operária para a Igreja Católica. A constatação de que havia um hiato entre os leigos e a liturgia católica também resultou na difusão de cursos litúrgicos voltados para esse público, incluindo ainda "a tradução e difusão dos missais e a realização da 'missa diálogo', onde o público respondia a um líder em língua vernácula, enquanto o sacerdote orava silenciosamente no altar" (Costa, 2002:89).

---

[24] No final da década de 1940, o padre Lebret viria para o Brasil, fundaria uma organização ligada ao movimento e teria profunda influência nos meios católicos. Corção assistiu à palestra de Lebret na Associação Brasileira de Imprensa (ABI) e, na década de 1970, afirmará que "o Pe. Joseph Lebret em 1948 trazia ao Brasil os primeiros germes do 'ativismo desesperado' [...], ou os primeiros vírus do esquerdismo católico" (Corção, 1973:25).

O apostolado leigo era um dos aspectos do "projeto de neo-cristandade". A Ação Católica alcançou seu apogeu no período pacellino, apesar da mudança no papel do laicato entre o pontificado de Pio XI e o de Pio XII. Enquanto para o primeiro a Ação Católica era "a participação dos leigos no apostolado hierárquico da Igreja", Pio XII falou em "colaboração dos leigos" (Souza apud Costa, 2002:92). Inicialmente, a Ação Católica foi organizada segundo os critérios de idade e sexo (Abreu et al., 2001:23). A concepção intraeclesial de que a Igreja Católica era organizada monarquicamente reduzia as possibilidades do laicato. Subordinados à hierarquia, os leigos ocupavam papel secundário na estrutura da Igreja Católica. Em 1943, sob a inspiração dos modelos organizacionais francês, belga e canadense, a Ação Católica especializou-se de acordo com as várias áreas da sociedade — operariado, universitários, por exemplo — e aproximou-se dos problemas da modernidade.

Sem dúvida, a estratégia de arregimentação de leigos através da Ação Católica, de formação de grupos que assegurassem uma presença visível da Igreja Católica nos assuntos seculares carregava certa ambiguidade. Por um lado, aos leigos foi confiada uma missão específica que significava maior participação dos católicos na cidade. Por outro lado, essa participação na vida temporal não poderia abarcar a luta pelo poder político (Carvalho, 2000). Como ressalta Riolando Azzi (2006:21),

[...] o fim da Segunda Guerra Mundial, em 1945, criou espaço para o surgimento de novas perspectivas eclesiais e, ao mesmo tempo, para a modificação nas rígidas estruturas implantadas mediante o predomínio da teologia e da espiritualidade ultramontana. Duas principais correntes de pensamento e de ação começaram a despertar nesse período: a primeira enfatizava a necessidade de uma modernização expressiva da instituição católica, a fim de que pudesse continuar a exercer uma presença significativa na sociedade urbana e burguesa, agora sob uma influência da ideologia liberal norte-americana. A outra corrente sustentava a necessidade de permanência da organização eclesiástica nos mesmos moldes estabelecidos ao longo dos cem anos do predomínio ultramontano.

O embate entre essas duas correntes, ainda que amenizado por uma visão autoritária e ufanista da Igreja (Azzi, 2006:24), já pode ser percebido nas reações aos movimentos mais abertos ao mundo moderno. Em 1948, o Vaticano mostrou que apoiava as reformas litúrgicas com muitas reservas. Com a publicação da encíclica *Mediator Dei*, Pio XII aceitava algumas iniciativas no campo da liturgia ao mesmo tempo que chamava a atenção para excessos.[25] A reação ao movimento litúrgico, inclusive no Brasil, ilustra a atitude titubeante do papado. Finalmente, no ocaso do pontificado de Pio XII, em 1958, as resistências ao movimento litúrgico mostrariam sua força como orientação do papado. A principal medida reativa seria a proibição da "leitura de textos sagrados em língua vernácula, mesmo que a leitura fosse concomitante àquela feita pelo sacerdote, no altar, em latim" (Costa, 2002:89). A vitória de membros da

---

[25] "Certamente conheceis, veneráveis irmãos, que, no fim do século passado e nos princípios do presente, houve singular fervor de estudos litúrgicos; já por louvável iniciativa de alguns particulares, já sobretudo pela zelosa e assídua diligência de vários mosteiros da ínclita ordem beneditina; assim que não somente em muitas regiões da Europa, mas ainda nas terras de além-mar, se desenvolveu a esse respeito uma louvável e útil emulação, cujas benéficas consequências foram visíveis, quer no campo das disciplinas sagradas, onde os ritos litúrgicos da Igreja oriental e ocidental foram mais ampla e profundamente estudados e conhecidos, quer na vida espiritual e íntima de muitos cristãos. As augustas cerimônias do sacrifício do altar foram mais conhecidas, compreendidas e estimadas; a participação aos sacramentos maior e mais frequente; as orações litúrgicas mais suavemente saboreadas e o culto eucarístico tido, como verdadeiramente o é, por centro e fonte da verdadeira piedade cristã. Além disso, pôs-se em mais clara evidência o fato de que todos os fiéis constituem um só e compacto corpo de que é Cristo a cabeça, com o consequente dever para o povo cristão de participar, segundo a própria condição, dos ritos litúrgicos. [...] Todavia, enquanto pelos salutares frutos que dele derivam, o apostolado litúrgico nos é de não pequeno conforto, o nosso dever nos impõe seguir com atenção esta 'renovação' na maneira pela qual é concebida por alguns, e cuidar diligentemente para que as iniciativas não se tornem excessivas nem insuficientes" (encíclica *Mediator Dei*. Dipsonível em: <www.vatican.va/holy_father/pius_xii/encyclicals/documents/hf_p-xii_enc_20111947_mediator-dei_po.html>. Acesso em: 1 maio 2006).

32 | O BOM COMBATE

cúria defensores da imutabilidade da liturgia atestaria que a visão da Igreja Católica como "sociedade perfeita" ainda era o poder.[26] Antes disso, as inovações trazidas na teologia e na ação pastoral já tinham sido interditadas pelo Vaticano. Em 1950, após polêmica entre Joseph-Louis de Lagrange[27] e os partidários da renovação dos ensinos teológicos, Pio XII publicou a encíclica *Humani Generis*, que condenou o modernismo e as "opiniões falsas que ameaçavam a doutrina católica" e afirmou a primazia da autoridade do papa nas questões doutrinais. O endereço era preciso: deslegitimava a *nouvelle théologie* e, simultaneamente, afirmava o primado papal na definição da doutrina.[28] O exercício fora dos padrões do sacerdócio junto com a independência dos padres operários em relação à hierarquia e o contato com o comunismo levaram à proibição do movimento pela Santa Sé, em 1954.

Sem dúvida, os movimentos da "nova teologia", dos padres operários, de renovação litúrgica e da participação do laicato reforçaram o clima de tensão/diálogo com a modernidade. É emblemático que todas essas intervenções da hierarquia católica, tendo em vista ampliar a influência do catolicismo nos assuntos seculares, estivessem embebidas de "um nítido paradoxo [...]. Exaltando a permanência, a Igreja da neocristandade foi amplamente reativa e propositiva" (Costa, 2002:58). O projeto de ação e reação da Igre-

---

[26] Conforme será visto no próximo capítulo, o movimento litúrgico foi irradiado no Brasil, precisamente, nos lugares que contribuíram para a inserção de Gustavo Corção no catolicismo.

[27] A oposição ao movimento de renovação teológica cunhou, em tom de sarcasmo, a expressão *nouvelle théologie*, para caracterizá-lo com a nítida intenção de mostrar seu teor modernista (Costa, 2002:83).

[28] "Quanto à teologia, o que alguns pretendem é diminuir o mais possível o significado dos dogmas e libertá-los da maneira de exprimi-los já tradicional na Igreja, e dos conceitos filosóficos usados pelos doutores católicos, a fim de voltar, na exposição da doutrina católica, às expressões empregadas pela Sagrada Escritura e pelos santos Padres. Esperam que, desse modo, o dogma, despojado de elementos que chamam extrínsecos à revelação divina, possa comparar-se frutuosamente com as opiniões dogmáticas dos que estão separados da unidade da Igreja, e que, por esse caminho, se chegue pouco a pouco à assimilação do dogma católico e das opiniões dos dissidentes" (encíclica *Humani Generis*. Disponível em: <www.vatican.va/holy_father/pius_xii/encyclicals/documents/hf_p-xii_enc_12081950_humani-generis_po.html>. Acesso em: 1 maio 2006.

ja Católica à modernidade não impediu que "a Igreja Católica na primeira metade do século XX considerasse-se em grande medida uma Igreja em estado de sítio" (Rausch apud Costa, 2002:78). Contudo, foi essa dualidade que forneceu sentido, limitou e justificou a "atitude soteriológica" dos membros da Igreja Católica.

Os movimentos mais importantes na trajetória de Corção foram os litúrgicos e os dos leigos. Em ambos, seu engajamento logo após a conversão foi sucedido, conforme será visto, por uma oposição tão ou mais radical nas décadas de 1960 e 1970, quando as inovações foram institucionalizadas, o que assinala a afinidade de Corção com o catolicismo reativo às mudanças.

OS MESTRES INTELECTUAIS: CHESTERTON E MARITAIN

Concomitantemente aos esforços vacilantes da hierarquia católica e de clérigos renomados (como Congar, De Lubac e Chenu) de dirimir a oposição da Igreja Católica no mundo moderno, a estratégia recorrente foi a conquista de intelectuais, principalmente a partir das primeiras décadas do século XX. Foi assim que aconteceu uma avalanche de conversões de intelectuais e figuras destacadas da cultura em vários países. Na França, ocorreu uma primeira leva, no início do século XX, com as conversões de:

> Léon Bloy, Claudel, Psichari (neto de Renan), Charles de Foucauld, Péguy e, sobretudo, o casal Maritain (Jacques e Raissa), que iria desempenhar papel central na segunda vaga de conversão, no pós-guerra. Surgiram então Georges Bernanos, Max Jacob, Jean Cocteau, Rouault, Maurice Denis, Georges Auric, Charles Du Bos, Julien Green, Henri Ghéon, Étienne Gilson, Louis Massignon, Stanislas Fumet [Carvalho, 2000:10].

O clima intelectual inglês também suscitava o florescimento de uma intelectualidade católica, cujos nomes principais foram Chesterton, Hilaire Belloc, Evelyn Waugh e Maurice Baring. Enquanto isso, na Alemanha, Max Scheler, Edith Stein, Peter Wust e Carl Schmitt foram os pensadores católicos mais em evidência. Todos esses escritores tinham como objetivo atualizar o pensamento de São Tomás de Aquino e trazê-lo para o debate público das ideias, reforçando, assim, a estratégia da hierarquia católica (Carvalho, 2000:10). A trajetória de Corção no catolicismo brasileiro está fundada no encontro com dois desses intelectuais convertidos à fé católica: Gilbert Keith Chesterton e Jacques Maritain. Como disse ele, ao narrar sua conversão:

> Devo a Maurois, num livro superficial, comprado sem convicção, o primeiro interesse pelo humorista inglês [...]. Fiquei aturdido lendo Chesterton e depois Maritain, concluindo que, lealmente, tinha de abandonar meus preconceitos sobre o catolicismo, os quais considerara até então como um pináculo de sabedoria [Corção, 2000:134].

Todavia, como explicita ao descrever sua conversão, a percepção do hiato entre os escritos de Maritain e Chesterton e a realidade que via nas celebrações católicas impediam o passo definitivo de aceitação do catolicismo. O *fiat* da aceitação do catolicismo foi seu encontro com Carlos Chagas Filho, membro do Centro Dom Vital, que o apresentou a Alceu Amoroso Lima, e este lhe abriu as portas do Mosteiro de São Bento. Mas foi guiado por Chesterton e Maritain que Corção iniciou sua caminhada no catolicismo — no futuro, como veremos, romperia com ambos, mas nunca negaria a marca indelével que deixaram na constituição da sua visão de mundo do ser católico e da relevância do catolicismo na boa ordem social. Portanto, compreender as questões que preocuparam esses autores nos ajuda a entender as escolhas realizadas por Corção e como elas nos auxiliam a situá-lo em sua trajetória intelectual e no debate público.

Compreensão, diga-se, ainda mais necessária quando se sabe que Corção foi um autor pouco letrado na doutrina católica na época de sua conversão (Villaça, 1975; Moura, 1978). Foi ao longo de sua militância católica que Corção ensinou e aprendeu o debate de ideias da tradição católica. Esse desconhecimento terá, também, uma função importante nas suas objeções aos mestres de conversão.

Antes de iniciar a exposição de argumentos de Chesterton e Jacques Maritain, faz-se mister ressaltar o contexto intelectual específico de suas produções de combate às soluções apresentadas pela ciência e filosofia para as questões da modernidade. O racionalismo, o capitalismo, o comunismo constituem os antagonistas no debate travado por esses intelectuais católicos nas primeiras décadas do século XX.

CHESTERTON E A LIBERDADE

O interesse de Corção pelo catolicismo começa pelas obras de Chesterton.[29] Em artigo publicado no jornal *O Globo*, em 6 de junho de 1974, em comemoração ao centenário do nascimento desse autor, Corção declara:

> Devo a Chesterton as primeiras grandes alegrias católicas. [...] Não me canso de agradecer a Deus, o fato de ter encontrado Chesterton nos dias de desolação em que, sempre crendo em Deus Todo-Poderoso, Criador do Céu e da Terra, das coisas visíveis e invisíveis, não conseguia, entretanto, encontrar a alameda e a porta de Sua Casa.

Em outro escrito, ressalta a influência fundamental do intelectual católico inglês na sua conversão.

> Chesterton trouxe-me uma libertação, uma recuperação da infância [...]. Foi mais decisivo porque atingiu o nervo mais ferido e sensível, tocando-me no senso lúdico. [...] Ninguém conhecia meu júbilo, ninguém suspeitava a felicidade nova que eu escondia

---

[29] Chesterton nasceu em Londres, no ano de 1874, em uma típica família anglicana. Converteu-se ao catolicismo em 1922 e faleceu em 1936. Produziu vastíssima obra, quase 100 volumes. Foi poeta, narrador, ensaísta, jornalista, historiador, biógrafo, filósofo, desenhista, conferencista. Mas foi, principalmente, um dos grandes apologistas do catolicismo na terra anglicana.

36 | O BOM COMBATE

com medo e avareza. E muitas vezes entrava pela noite adentro, lendo até não poder mais, e amanhecia abraçado ao livro [Corção, 2000:132-133].

Chesterton foi um apologista do catolicismo no cenário inglês. A essência da sua obra é a justificação da liberdade. Liberdade entendida não no sentido liberal, mas sim como livre-arbítrio, como a opção de "duvidar dos seus deuses, mas também se conservar livre para acreditar neles" (Chesterton, 1944:32). A exaltação do espiritual constituiria o sentido original de liberdade, que é o fundamento do mistério do catolicismo. Nesse sentido, o mistério não seria um enigma, e sim a plenitude ontológica na qual a inteligência se une vitalmente à espiritualidade. O mistério, portanto, seria um retorno à infância, ao lúdico, à veia poética que todo ser humano possuiria e que, ao fim e ao cabo, seria o responsável pelo equilíbrio humano.

Portanto, a liberdade estaria para além da materialidade, do concreto, do palpável e de uma visão de mundo racionalista. Livre era o homem que não se guiava somente pela razão. Chesterton afirma que a explicação do mundo exclusivamente pela razão privaria o homem dessa característica libertária e o obrigaria a viver num "imenso pátio de hospício" (Corção, 1961:99-100). Assim para Chesterton, a liberdade humana fundada no livre-arbítrio requer como base para constituição do mundo social a *amicitia* de São Tomás de Aquino. A vida em sociedade assenta seus alicerces num pacto de fidelidade.

Nunca pude conceber ou tolerar qualquer Utopia que não me deixasse aquela liberdade que particularmente me preocupa, ou seja, a liberdade de poder me ligar por qualquer compromisso. A anarquia completa tornaria não só simplesmente impossível manter qualquer disciplina ou fidelidade, mas tornaria impossível até qualquer distração. [...] A destruição de todos os contratos arruinaria não só a moralidade, mas acabaria até com o desporto. As apostas e outros desportos são as enfezadas e torcidas formas do instinto original do homem para a aventura e para o romance. E os perigos, recompensas, castigos e realizações de uma aventura devem ser reais ou a aventura será apenas um agitado e cruel pesadelo [Chesterton, 1944:188].

A liberdade humana requeria ordem, exigindo um equilíbrio de leis e de condições quase tão cuidadosas como a liberdade social e política. E é a religião católica o mantenedor desse equilíbrio. A fidelidade ao pacto consentido é de natureza moral. A natureza animal do homem não encerraria sua capacidade de empenhar-se em uma promessa. É a tradição que transforma o homem em animal social e

[...] pode ser definida como uma extensão do direito de voto, pois significa apenas que concedemos o voto aos mais obscuros de todas as classes, ou seja, aos nossos antepassados. É a democracia dos mortos. Todos os democratas protestam contra o fato de o nascimento estabelecer diferenças entre os homens, mas a tradição opõe-se a que tais diferenças sejam estabelecidas por motivo da sua morte. [...] Os mortos têm de estar presentes nos nossos conselhos [Chesterton, 1944:65].

Evidentemente, Chesterton não compreende democracia simplesmente como um regime político, mas sim como a expressão natural do homem em sociedade, pois "a tradição não é outra coisa senão a democracia projetada através do tempo" (Chesterton, 1944:64).

O contrato não é uma precaução contra a imperfeição humana. Desse modo, um juramento significa o cumprimento de um dever, e não a expressão de um direito. Entretanto, como os homens são falhos, é mister a existência de regras, normas e instrumentos de controle que preservem e regulem o cumprimento do juramento. Assim, o contrato não pode ser reduzido a um instrumento técnico, pois pertenceria ao ser humano. E é o pressuposto da boa ordem social, e quanto maior sua transferência para o âmbito da sociedade, maior o esmaecimento do seu caráter moral e, consequentemente, o ganho do sentido técnico que, em última instância, resulta na apropriação do Estado ou, como ressalta Chesterton:

As teorias do século XVIII relativas ao contrato social têm estado expostas a uma crítica muito deficiente. Se essas teorias queriam significar que por trás de todo governo histórico há uma ideia de contentamento e cooperação, tais teorias eram demonstravelmente certas. Estavam, porém, evidentemente erradas quando pretendiam sugerir que os homens tinham sempre procurado atingir a ordem ou a moral por uma consciente troca de interesses. A moralidade não começou por um homem dizer a outro "Eu não te baterei, se tu não me bateres"; não há vestígio algum de que se tivesse feito tal acordo. Há, porém, vestígios de dois homens terem dito "não devemos bater um no outro em lugar sagrado". A sua moralidade proveio de sua religião. [...] A anarquia era um mal porque punha em perigo a santidade. E, só quando os homens fizeram um dia santo para Deus, verificaram que tinham feito um dia de descanso para eles" [Chesterton, 1944:99].

O caráter religioso dos escritos chestertonianos assinala que o homem é um fim, e não um meio. Nesse sentido, a sociedade política funda-se na tradição/democracia, que tem na família seu núcleo primordial e, na ortodoxia a salvaguarda da moralidade e da ordem, e também o único guarda lógico da liberdade, da inovação e do progresso.

A família é o núcleo básico para a vida em sociedade e a liberdade humana. Chesterton dedicou vários estudos à questão econômica, principalmente à importância da propriedade privada familiar como lócus concreto da liberdade, pois "a propriedade é a arte da democracia".[30] A ideia de posse em Chesterton assevera a *prima facie* do processo de criação do mundo no qual Deus teria outorgado aos homens o direito à posse e ao domínio da terra. Contudo, a desobediência humana ao desígnio divino resultou na supressão do estado ideal e na obrigatoriedade de o homem se esforçar para conseguir sustentar-se.

---

[30] *What's wrong with the world*. Disponível em: <www.gutenberg.org/etext/1717>. Acesso em: 25 abr. 2005.

Atribuir ao pecado original o fator decisivo do trabalho explicita a oposição do catolicismo às teses clássicas que fundaram a modernidade. O *leitmotiv* é a culpa, que impele à ação, ou seja, à organização da vida em sociedade e, consequentemente, do mundo do trabalho. As ações humanas são movidas pelo interesse, mas sem orientação egoísta. O pecado original instaura a diferença, e a ascese cristã restaura a justiça através da conciliação entre o interesse próprio e o da coletividade. O tema da justiça se resolve assim pela máxima: possuir pouco, para possuir realmente. Possuir pouco difere tanto de espoliação quanto de ausência, ou seja, de capitalismo e/ou socialismo. Estes são inimigos a combater, são lados de uma mesma moeda. Abdicam da pessoa humana e criam o indivíduo.[31] Esquecem a máxima social — o bem comum.

Para Chesterton, o capitalismo propunha-se à expropriação do maior número de homens, impedindo-os de alcançar o mínimo necessário para viver, ao mesmo tempo que concentrava nas mãos de poucos a maior parte dos recursos. A pedra fundamental da ação do capitalista é a maximização dos interesses individuais, sem orientação para o coletivo, isto é, para a satisfação do maior número de homens. A lógica capitalista lança a maioria dos homens na miséria, impedindo-os de conseguir o mínimo para viver com justiça. Nesse sentido, o capitalismo espalharia a injustiça e negaria à maioria dos homens o acesso aos meios de sobrevivência.

Por outro lado, a crítica ao socialismo feita por Chesterton condenou tanto a pregação do fim da propriedade privada quanto a negação do homem comum ou ordinário. Evidentemente, o esquema de Chesterton foi construído em oposição ao comunismo e como tentativa de propor um capitalismo em base cristã.

---

[31] A recusa da visão liberal do indivíduo por Chesterton foi ressaltada por Corção na seguinte passagem: "Direi apenas que a pessoa humana é uma realidade e um todo aberto, e intensamente permeável às linhas de força da comunidade; ao contrário, o indivíduo, no vocabulário do liberalismo, é um todo fechado, um microcosmo cujas interferências sociais têm o caráter de disputa e competição, ainda que adornadas com o nome de companheirismo. Nesse sentido, ouso dizer que o comunismo é o coroamento do liberalismo e que em nenhum outro regime o homem é mais desoladamente individual, porque suas relações sociais têm apenas o sentido de cooperação" (Corção, 1961:275-276).

Seria, pois, uma terceira via, que não contivesse o liberalismo econômico. Tal proposta foi formalizada no Movimento Distributivista, que teve Chesterton como um dos fundadores e seu presidente (Jiménez, 2006).

O distributivismo foi incorporado à doutrina social da Igreja com a publicação da encíclica *Quadragesimo Anno*, que explicitou o princípio da subsidiariedade.[32] Suas premissas são as de que a ordem social compõe-se de "vários órgãos, que podem ser subsidiários uns aos outros" (Baracho, 1997:25). A defesa dos pequenos agrupamentos não implica, entretanto, a rejeição às organizações mais complexas. É uma terapia contra o "câncer social" identificado no "gigantismo" das sociedades modernas, seja ele capitalista ou socialista. A sociedade ideal, justa, seria formada de partes homogêneas e restauraria a liberdade do homem, pois o usufruto dos resultados do trabalho humano é condição intrínseca da boa ordem social. De acordo com Chesterton, o primeiro artigo dessa dignidade consiste na condição de andar o homem vestido e nutrido.

A importância de Chesterton para o catolicismo está na sua defesa da liberdade sobre a autoridade, como ressaltou Alceu Amoroso Lima.[33] Tal premissa moldou a inserção de Corção no

---

[32] "Verdade é, e a história o demonstra abundantemente, que, devido à mudança de condições, só as grandes sociedades podem hoje levar a efeito o que antes podiam até mesmo as pequenas; permanece, contudo, imutável aquele solene princípio da filosofia social: assim como é injusto subtrair aos indivíduos o que eles podem efetuar com a própria iniciativa e capacidade, para o confiar à coletividade, do mesmo modo, passar para uma sociedade maior e mais elevada o que sociedades menores e inferiores podiam conseguir é uma injustiça, um grave dano e perturbação da boa ordem social. O fim natural da sociedade e da sua ação é *subsidiar* os seus membros, não destruí-los, nem absorvê-los" (encíclica *Quadragesimo Anno*. Disponível em: <www.vatican.va/holy_father/pius_xi/encyclicals/documents/hf_p-xi_enc_19310515_quadragesimo-anno_po.html>. Acesso em: 1 maio 2005).

[33] "Muita gente não aceita Chesterton no catolicismo por considerá-lo liberal demais. Convertido, manteve-se um espírito aberto, com a mesma capacidade de dialogar com os adversários, jamais perseguindo alguém, defendendo sempre a liberdade de pensamento. Foi um dos reabilitadores da liberdade dentro do Catolicismo. [...] Ao contrário dos tradicionalistas, sustentava a primazia da liberdade sobre a autoridade" (Lima, 1973:144).

mundo católico. Ao mesmo tempo, Chesterton assumia uma atitude ortodoxa em matéria de religião, uma dualidade que guiará os posicionamentos de Corção, conforme será visto, até a década de 1960, quando o primado da autoridade ocupará o cerne das suas preocupações. De qualquer forma, a argumentação embasada na dicotomia razão-mistério foi o *fiat* que convenceu Corção da necessidade de união entre o mundo público — até então restrito aos amigos dos círculos de debates marxistas — e o mundo privado, familiar. Eles eram um só:

> Nada existe no mundo que tanto mude e transmude como um pobre cidadão. E o problema que se arma é o seguinte: ou o homem é alguma coisa antes de servir para alguma coisa; ou não é. Minha filosofia afirma a primeira proposição quando fala em pessoa humana [...]. E, na minha filosofia é a casa que restitui ao homem o que ele é [Corção, 2000:294].

Chesterton foi um polemista cuja obra careceu de sistematização e privilegiou o convencimento dos não católicos através do humor. Essas características incutiram em Corção a necessidade de aprofundamento dos ensinamentos, e ele, então, buscou estudar a filosofia católica. O nome indicado pelo primeiro mestre foi Jacques Maritain. Corção expressou a diferença entre os autores da seguinte forma:

> Chesterton prepar[ou]-me para uma nova infância [...]. Maritain trouxe-me a retificação da inteligência. [...] Com Maritain não brincava; lia-o porque Chesterton me dera vontade de o ler; lia-o como quem estuda, aplicadamente, sentado, de pés juntos, com os cotovelos fincados em cima da mesa [Corção, 2002:112].

MARITAIN E A DEMOCRACIA

Jacques Maritain foi uma influência decisiva na nova atuação da Igreja Católica junto à modernidade. Seus escritos recompuseram o tomismo no debate das ideias e aproximaram o catolicismo dos preceitos da democracia liberal.

Maritain nasceu em 1882 e morreu em 1973, tendo se convertido ao catolicismo em 1906, logo ingressando nas fileiras da Ação Francesa e tornando-se uma unanimidade. Em 1926, obedeceu à decisão de Roma, que condenou a Ação Francesa, e no ano seguinte publicou *Primado do espiritual*, refutação dos partidários de Charles Maurras e dos católicos resistentes a obedecer às ordens do Vaticano. Em 1937, a eclosão da guerra civil espanhola levou-o ao empreendimento de unir democracia e catolicismo.[34] Sua defesa intransigente do povo basco e a denúncia do uso do catolicismo pelos franquistas renderam-lhe violentos ataques por parte dos conservadores, e, a partir de então, Maritain tornou-se um dos expoentes do ideário liberalizante que grassava nos meios intelectuais católicos (Winock, 2000:207-246, 386-390).

Alceu Amoroso Lima fornece-nos um depoimento que explicita a profundidade e alcance das ideias de Jacques Maritain na renovação do papel da Igreja Católica no mundo moderno:

> A grande ruptura de Maritain com a direita francesa, a partir desse episódio [a posição antifranquista em 1938], é que desencadearia contra ele, não só na França, na Espanha, em Portugal como no Brasil e em vários países da América Latina, a campanha antimaritainiana. Até então era um filósofo católico aceito por todos, contra o qual nenhuma voz se levantava na Igreja ou fora dela [Lima, 1973:147].

Com a eclosão da II Guerra Mundial e a ocupação da França pelas tropas alemãs, Maritain cerrou fileiras na Resistência e foi citado pelos partidários de Charles Maurras, defensor da República de Vichy, como "uma luz da Antifrança" (Winock, 2000:461). Sua posição em defesa de um catolicismo antitotalitário e renovado

---

[34] Maritain assinou manifesto a favor do povo basco, posicionando-se contrário ao franquismo. Daí em diante, tornou-se membro ativo no debate antifranquismo e presidente do Comitê pela Paz Civil e Religiosa na Espanha. Maritain denunciou as pretensões religiosas do franquismo. Mais tarde, seria embaixador da França no Vaticano e abraçaria o noviciado.

aparece em *Humanismo integral* (1936) e *Cristianismo e democracia* (1942).

Um dos primeiros pontos do pensamento de Maritain é a ideia do homem integral. O homem é constituído por múltiplas dimensões que reclamam ser atendidas. Não é exclusivamente um ente econômico, tampouco um ser exclusivamente espiritual, pois

> [...] o homem é o ponto de convergência de toda a criação [...]. A razão lhe permite penetrar no mundo dos espíritos, as energias sensitivas lhe são comuns com os animais, as forças vitais com as plantas, e o corpo fá-lo aproximar-se dos seres inanimados [Boehner e Gilson, 2004:467].

Alma e corpo constituem um composto que dá forma ao homem. Para a tradição tomista, atualizada por Maritain, a substância humana é a alma, que é a essência do corpo. Corpo e alma estão em relação dialética. Por outro lado, todos os seres possuem uma origem e um fim. Todas as criaturas originam-se de Deus e para Ele se encaminham.

O homem é, pois, um animal dotado de razão, e sua suprema dignidade está na inteligência. Maritain, seguindo São Tomás de Aquino, destaca a distinção entre indivíduo e pessoa. O primeiro consiste na ontologia de todos os seres, sejam quais forem. Indivíduo é o fragmento de uma espécie. Contudo, para além de sua natureza de indivíduo, o homem é pessoa. O homem possui uma natureza espiritual, a alma. É dotado de livre arbítrio e de independência frente ao mundo:

> Ao afigurar que um homem é uma pessoa queremos significar que ele não é somente uma porção de matéria, um elemento individual na natureza, como um átomo, um galho de chá, uma mosca ou um elefante são elementos individuais na natureza. [...] O homem é um animal e um indivíduo que se sustenta, porém diferentemente dos outros. O homem é um indivíduo que se sustenta e se conduz pela inteligência e pela vontade; não existe apenas de maneira física, há nele uma existência mais rica e mais elevada, que o faz superexistir espiritualmente em conhecimento e amor [Maritain, 1967:16].

Portanto, trata-se de afirmar que o homem, na condição de pessoa, consiste numa totalidade independente que "tem uma dignidade absoluta porquanto está em relação com o absoluto" (Maritain, 1967:17). Além disso, o conceito de pessoa humana supõe o homem como um todo aberto que, por "sua própria natureza tende para a vida social e para a comunhão" (Maritain, 1967:18). Nesse sentido, o homem estabelece uma dupla relação: com o espiritual e com o temporal. No plano espiritual, suas ações estão referidas ao divino, ao absoluto; no temporal, no seu agir como membro da sociedade civil. Evidentemente, é na subordinação do segundo ao primeiro que a boa ordem acontece.

> A pessoa humana membro da sociedade é parte desta, considerada como um todo maior — mas não em sua totalidade, nem segundo tudo o que lhe pertence! O foco de sua vida de pessoa a atrai para cima da cidade temporal, de que esta vida, entretanto, tem necessidade [Maritain, 1941:131].

Há, portanto, uma tensão e uma complementação entre os planos espiritual e temporal. Maritain propõe uma solução para lidar com essa tensão. Trata-se de repor o espiritual na tradição filosófica que o abandonou aos seus aspectos mundanos. É o espírito que impele o homem para a felicidade, e esta é a principal parte da pessoa humana. Dessa forma, o que se precisa é fundar um novo humanismo, centrado no homem como pessoa.

Para Maritain, o ponto de partida é a ideia de civilização ou cultura (consideradas sinônimas) e seu significado explicitado:

> A expansão da vida propriamente humana, no que diz respeito não somente ao desenvolvimento material necessário e suficiente para permitir-nos uma reta vida na terra, mas também e antes de tudo ao desenvolvimento moral, ao desenvolvimento das atividades especulativas e das atividades práticas (artísticas e éticas) que merece mais propriamente a denominação de desenvolvimento humano [Maritain, 1941:92-93].

De acordo com Maritain, o verdadeiro humanismo é fundado na dignidade do homem — entendido como pessoa — na defesa da sociedade política baseada na amizade cívica e na justiça e, principalmente, na presença de um princípio religioso e transcendental que vivifica o mundo temporal, no caso, centrado no catolicismo, que é a verdadeira religião.

O cristianismo deve informar, ou melhor, transpenetrar o mundo, não que seja este seu fim principal (é para ele um fim secundário indispensável), e não para que o mundo se torne desde logo o reino de Deus, mas para que a refração do mundo da graça nele seja de mais em mais efetiva, e para que o homem possa viver melhor sua vida temporal [Maritain, 1941:108].

A transformação do mundo temporal coloca o problema da relação do reino de Deus com a cidade dos homens. A solução "vitalmente cristã" consiste na rejeição às teses que negam a presença de Deus no mundo temporal e sua substituição por uma ordem temporal que os integre em um só reino.

Essa nova ordem é o humanismo integral ou teocêntrico, que supõe um ideal histórico de uma nova cristandade e consiste no projeto de Maritain de sociedade política:

A noção de ideal histórico concreto corresponde a uma filosofia realista, que compreende que o espírito humano pressupõe as coisas e trabalha sobre elas, mas só as conhece quando as apreende pra transferi-las em sua própria vida e atividade imaterial, e as transcende para tirar delas, seja naturezas inteligíveis objetos de conhecimento especulativo, seja temas inteligíveis práticos e diretivos da ação [Maritain, 1941:127].

Por cristandade, Maritain entende "certo regime temporal cujas estruturas denotam, em graus e segundo modos de resto muito variáveis, a marca da concepção cristã da vida" (Maritain, 1941:128). O projeto maritainiano desloca-se da concepção de cristandade medieval na proposta de uma "concepção *profana cristã* e não sacral cristã do temporal" (Maritain, 1941:156, grifo no original). O objetivo é o surgimento de uma sociedade política nascida dos homens e com Deus, e não de Deus. Seria, então, obra essencialmente de civilização e de cultura, tendo como alicerce a premissa da busca pelo bem comum da multidão, com vistas ao melhoramento das condições da própria vida humana tanto nos aspectos materiais quanto espirituais.

Na cristandade nova, a pessoa humana se une à sociedade em virtude de sua natureza (o homem é um animal político, exige a vida política), pela razão e vontade e por meio de um consentimento livre. De tal forma que a sociedade se constitui como sociedade de pessoas humanas, um todo cujas partes são, em si mesmas, outros todos. Nas palavras de Maritain (1967:19), a sociedade "é um organismo feito de liberdades", cuja finalidade consiste no bem comum, referido ao todo e às partes. A realização desse regime temporal da nova cristandade possui os seguintes traços: é, ao mesmo tempo, personalista e comunitária, isto é, centrada tanto na ideia de autonomia da pessoa humana frente à sociedade, pois é anterior à constituição da sociedade política, como na do impulso natural dos homens para a vida em sociedade e na subordinação do homem ao bem comum social; é pluralista, comportaria a diversidade de grupos e de estruturas sociais em sua unidade orgânica e, finalmente, sua fonte de autoridade seria Deus; ela é "organicamente ligada à religião [...]. Independente em sua esfera temporal própria, ela tem acima de si o reino das coisas que não pertencem a César" (Maritain, 1967:31).

Poucos anos após a publicação de *Humanismo integral* (1936), em que Maritain sistematizou seu ideal de sociedade, o mundo assistiu à deflagração de uma nova grande guerra. A crise civilizacional mostrou a Maritain a necessidade de um combate político, no sentido de mostrar a plausibilidade de uma nova ordem mundial com base nos princípios filosóficos do catolicismo. Assim, no apogeu da guerra, em 1942, publicou *Os direitos do homem*, em que defende os direitos fundamentais do homem e reafirma sua proposta do que seria a verdadeira sociedade política. No ano seguinte, com a obra *Cristianismo e democracia*, o foco de sua ação política é a reconciliação do catolicismo com a democracia. Como afirma Alceu Amoroso Lima (1949) na introdução da edição brasileira, Maritain propõe a restauração da dignidade da democracia depois da restauração do tomismo no pensamento moderno. Um dos pontos centrais de sua reflexão sugere que não será somente a força das armas que trará a paz ao reino dos homens. Para Maritain, a II Guerra finaliza uma idade da civilização mundial e, consequentemente, fundamenta a realização de uma reforma intelectual e moral que venha conciliar as transformações sociais e suas falhas. A guerra é expressão da ruína do mundo moderno, cabendo às "forças de renovação", ou seja, ao catolicismo, a criação da "idade nova" que realmente libertará o homem.

De acordo com Maritain, a crise democrática que a guerra iluminou é consequência do abandono do princípio central pelas sociedades modernas. O fermento da democracia é o cristianismo. Foi ele que fundou e é depositário da autêntica democracia. Essa só pode existir em sua plenitude inspirada no Evangelho. Outras causas secundárias também contribuíram para o malogro da democracia, a saber: a existência de uma classe dirigente dissociada do bem comum e corrupta; aventureiros, inimigos do ideal democrático que não foram combatidos e a separação da democracia política da democracia social. Portanto, para Maritain a democracia nas bases em que foi fundada não passou de uma falácia, pois se separou e negou sua essência cristã.

Democracia, assim, é "antes de tudo uma filosofia geral da vida humana e da vida política, bem como um estado de espírito" (Maritain, 1949:27). Está para além da simples questão de regime ou forma de governo, como insistentemente o mundo moderno percebe a questão. Nesse sentido, cada povo deve escolher livremente sua forma de governo, mas respeitando a alma da democracia, que é a "lei do amor fraterno e a dignidade da pessoa humana" (Maritain, 1949:28). Não é o cristianismo que está ligado à democracia, mas o contrário.

Mas o que importa à vida política do mundo e à solução da crise da civilização não é, de modo algum, pretender que o cristianismo estaria ligado à democracia e que a fé cristã obrigaria cada fiel a ser democrata; é verificar que a democracia está ligada ao cristianismo, e que o impulso democrático surgiu na história humana como uma manifestação temporal da inspiração evangélica. Não do cristianismo como credo religioso e caminho para a vida eterna que trata o problema, e sim do cristianismo como fermento da vida social e política dos povos [Maritain, 1949:29].

Por fim, a obra que se avizinha aos cristãos é a percepção de que não basta a posse da fé; é preciso engajamento na vida temporal, pois

[...] nada é mais fácil aos moedeiros falsos da política do que explorar os bons princípios para fins ilusórios, e nada mais desastroso do que os bons princípios mal aplicados. [...] A política diz respeito às coisas e aos interesses do mundo, e depende das paixões naturais ao homem e da sua razão [Maritain, 1949:44].

Cabe, pois, aos homens imbuídos do espírito heroico cristão realizar sua missão na vida temporal, estabelecendo um mundo inspirado e orientado pelo Evangelho, que respeite os direitos da pessoa humana e lhe assegure as condições necessárias para que possa participar livremente da vida política.

Tratar-se-á aí de uma forma de governo que deve juntar e adaptar à dominante democrática da liberdade e da libertação progressiva do ser humano, as qualidades de vigor e de unidade, bem como as de diferenciação de valores, forma essa em que o poder legislativo deve ser exercido pelos representantes do povo e o poder governamental por delegados cuja designação, direta ou indiretamente, deve ser feita pelo povo e a gestão por ele fiscalizada [Maritain, 1949:48].

Faz-se necessário, portanto, para a gestação da nova ordem da cristandade, o surgimento de novas elites provenientes das camadas profundas das nações, que, em comunhão com o próprio povo, trabalharão na reconstrução das estruturas elementares da vida humana. "Só na ação é que a nova filosofia democrática terminará a sua elaboração. Das novas elites, é que tudo depende. Delas é que o mundo necessita de modo desesperado" (Maritain, 1949:54). Sabe-se que, na primeira metade do século XX, essa solução foi buscada incessantemente pela Igreja Católica, fosse através de mudanças institucionais ou da conquista dos meios intelectuais.

Esse breve panorama tanto das mudanças na Igreja Católica quanto das ideias de Chesterton e Maritain constitui o pano de fundo para os temas que também dominavam o cenário católico nacional. O panorama autoritário e ufanista do pós-guerra no mundo católico e as proposições defendidas pelos dois autores eram reproduzidos na Igreja Católica do Brasil. *Pari passu*, a reflexão de Gustavo Corção está imbricada na sua filiação a esses debates no Brasil, que, consequentemente, determinará sua inserção na comunidade católica. Estes são os assuntos de que trataremos a seguir.

CAPÍTULO 2

CONVERSÃO E ENGAJAMENTO

O CATOLICISMO situou socialmente as ideias e tomadas de posição de Gustavo Corção. Foi a partir dessa inserção que ele conquistou a reputação e a consagração de intelectual. Revelado ao grande público, foi legitimado e transformado em expoente da literatura confessional no pós-II Guerra, o que lhe facultou participar da esfera pública, ter reconhecimento para falar na imprensa brasileira. O campo intelectual católico[35] guarneceu as apostas de Gustavo Corção em sua atuação na esfera pública. As especificidades do catolicismo brasileiro constituíram filiações e oposições fundadoras em sua participação e também redes de sociabilidades marcantes em sua trajetória. O Mosteiro de São Bento do Rio de Janeiro, o Centro Dom Vital e sua revista — A Ordem — e a Ação Católica Brasileira foram os espaços de sociabilidade do converso Corção. Microssociedades católicas incentivaram e estimularam o "clima" intelectual em que Corção se inseriu.[36] Espaços que se desta-

---

[35] Entendo a noção de *campo* no sentido dado por Bourdieu (2001), ou seja, espaço social de dominação e de conflitos. Cada campo tem certa autonomia e possui suas próprias regras de organização e de hierarquia social. Como num jogo de xadrez, o indivíduo age ou joga segundo sua posição social nesse espaço delimitado.
[36] O que chamo de microssociedades são os espaços e as redes de sociabilidade da intelectualidade católica que fixaram determinada perspectiva de agir como católico, tanto nas disputas internas do campo do catolicismo quanto na sociedade brasileira. François Sirinelli (1996:231-269) ressalta duas estruturas como essenciais para

cam na luta pela implantação do projeto de neocristandade orientado pelo Vaticano. Espaços que foram vividos simultaneamente, arena de conflitos internos e externos que constituem um determinado campo do catolicismo brasileiro, hegemônico frente a outros que coexistiram nesse período no catolicismo brasileiro, mas em si mesmo fragmentado e, portanto, passível de luta entre diversas empresas de salvação. Como sugere Miceli:

> Ainda suas práticas e discursos, encontra-se referida às lutas dos grupos de agentes cujos interesses que a religião se apresente de imediato como se fosse um sistema de símbolos "fechado" e "autônomo" cuja inteligibilidade parece estar contida na hierarquia que propõe a compreensão de materiais e simbólicos tornam o campo religioso um terreno de operação para as lutas entre diferentes empresas de bens de salvação [Miceli, 2001:XIII].

Dessa forma, Sérgio Miceli recomenda precaução para o entendimento do campo religioso:

> [...] para além das representações que os agentes incorporam, capazes de propiciar justificativas simbólicas para a posição que ocupam, o observador deve reconstituir o sistema completo de relações simbólicas e não simbólicas, ou seja, as condições de existência material e a hierarquia social daí resultante [Miceli, 2001:XIII].

O MOSTEIRO DE SÃO BENTO

O mosteiro fora o precursor das inovações litúrgicas no Brasil, iniciadas por d. Gaspar Lefebvre, que nas primeiras décadas do século XX publicou o *Missal cotidiano* em tradução portuguesa. Fortemente identificado com o que era produzido nos mosteiros alemães, franceses e suíços, o mosteiro beneditino foi também um centro da resis-

---

a apreensão das redes de sociabilidades no campo intelectual, a saber: as revistas e os manifestos e abaixo-assinados. Todavia, acredito que dada a especificidade do campo católico brasileiro, além destas também é preciso considerar outras redes de sociabilidade, que, no caso, seriam: o Centro Dom Vital e o Mosteiro de São Bento.

tência do movimento litúrgico no país, principalmente após a eleição para abade, em 1933, de d. Tomás Keller, ligado ao Centro Dom Vital e responsável pelo primeiro curso de teologia para leigos no país, a pedido de Amoroso Lima. Com sua eleição para a abadia do Mosteiro de São Bento, d. Martinho Michler, que chegara ao Brasil nos primeiros anos da década de 1930, ocupou o posto de padremestre e substituiu d. Tomás naquele curso.

Além do curso de teologia, d. Tomás também implementou outras medidas que transformaram a abadia carioca no centro desse movimento:

designou monges para trabalharem no apostolado litúrgico, fundou uma editora de livros litúrgicos, permitiu aos leigos a participação nas cerimônias litúrgicas monásticas, [incentivou e realizou] retiros e conferências no mosteiro para intelectuais e estudantes, onde ressaltava o valor intrínseco da Liturgia católica. Como a Missa é o centro da vida litúrgica da Igreja, pôs-se em relevo seu valor e deu-se a seu rito o máximo de consideração. Missa dialogada, canto gregoriano, cerimônias bem realizadas, paramentos condizentes com a tradição [Moura, 1978:101].

As inovações do movimento litúrgico, afirma Odilão Moura OSB, "naturalmente chocaram o clero e os leigos acostumados a um tipo de piedade mais individualista e subjetiva" (Moura, 1978:102). As contendas entre os partidários do movimento litúrgico e seus adversários causaram as mais fortes tensões nos meios católicos brasileiros nos anos 1930 e motivaram inúmeros artigos nas publicações católicas ora com acusações de imobilismo ora de heresia.

Corção nada entendia dos conflitos intraeclesiais. Buscava alento na religião e não o encontrara: "andei rodando as portas das igrejas desconfiado e curioso. Algumas vezes entrei, mas sentia-me excluído, não sabendo o sentido das cerimônias" (Corção, 2000:134). A perplexidade com a aridez dos rituais e falta de acolhida produziram vacilante aproximação. Relutância que terminou ao encontrar o Mosteiro de São Bento e, consequentemente, a experiência do movimento litúrgico. Foi nesse espaço que Corção finalmente abraçou o catolicismo.

CONVERSÃO E ENGAJAMENTO | 53

Corção foi arrastado pelas novidades com entusiasmo, e seu engajamento o situava entre os "heréticos". Tornou-se aluno de d. Martinho Michler, que Villaça (1975) descreve como "uma revolução". Monge alemão, formado em Roma, d. Martinho disseminou as novidades litúrgicas das abadias alemãs de Maria Laach e Beuron. Foi também quem introduziu a renovação litúrgica proposta por Odo Casel. Corção, em livro no qual recorda seus dias no mosteiro, reconhece a importância deste mestre nos seus primeiros anos de catolicismo:

A primeira vez que vi e ouvi D. Martinho Michler tive certa decepção. Era anárquica demais, querigmática demais para o meu gosto a sua pregação; mas no meio da palestra desconcertante, de repente descobri o fogo que trazia aquele monge singular [Corção, 1980:213].

E continua:

Ele libertava o cristianismo do tom abstrato ou do tempo pretérito e plantava-o diante de nós espesso e palpitante. [...] Não sei a conta dos que lhe devem o sacerdócio e a consagração monástica que hoje carregam, sei que são muitos, e sei que devo agradecer a Deus a boa hora em que de longe nos enviou esse monge gerador de monges e transformador de vidas [Corção, 1980:214].

Antônio Carlos Villaça (1975:144) também ressalta a importância de d. Martinho Michler nos primeiros escritos de Corção, pois d. Martinho orientou-o em várias conversas no mosteiro, a tal ponto que o livro em que narra sua conversão é marcado pelo "vitalismo alemão, de Casel, de Herwegen, de Peter Wust, de Karl Adam".

Na introdução de *O século do nada*, Corção colocou em perspectiva o movimento e sua participação:

Cabe aqui um reparo sobre o Movimento Litúrgico, que foi uma espécie de trem andando que tive de tomar. [...] Havia nesse movimento uma boa tomada de consciência da participação que os fiéis devem ter no *mysterium fidei*, mas havia também qualquer coisa que não combinava bem com o pouco que já aprendera de catecismo [Corção, 1973:20-21].

Tal passagem aponta para aspecto importante na sua trajetória no mosteiro: o encontro com as leituras mais estritas do tomismo. Fernando Arruda Campos (1968), ao estudar a influência do tomismo no pensamento brasileiro e citando o padre José Finame SJ, chama atenção para a recepção de três interpretações:

A primeira, simbolizada pelo nome do padre Garrigou-Lagrange OP, consistiu numa volta fiel à fonte do tomismo, aos escritos de São Tomás que haviam sido preteridos, em favor de seus comentadores; a segunda, caracterizada por uma penetração no núcleo central do pensamento de São Tomás. O *actus essendi* seria, então, o ponto central da revolução tomista e o livro mais característico desta fase o *L'être et l'essence* de Gilson. A terceira fase consistiria numa assimilação vital, não só do pensamento de São Tomás, mas também da filosofia posterior a ele e da ciência contemporânea, a fim de que se pudesse elaborar uma filosofia que fosse uma cosmovisão e apresentasse soluções atuais, concretas e acessíveis para os problemas atuais [Campos, 1968:144].

Corção, portanto, sofria uma antagônica influência neotomista. Por um lado, Maritain, aberto aos problemas da atualidade, e do outro, o grupo tomista do Mosteiro de São Bento. O percurso de uma interpretação a outra, poucos anos após sua conversão, consiste nos seus primeiros passos em direção a um catolicismo mais fechado. Sua aproximação com d. Justino Paoliello OSB e d. Irineu Penna OSB, que ministravam o curso de filosofia tomista no Campo de São Bento na década de 1950 e defendiam uma fidelidade absoluta às teses de São Tomás de Aquino, o levaram a entrar em contato com a obra de Garrigou-Lagrange.[37]

---

[37] Como veremos, a importância das tradições intelectuais às quais Corção se filiou contribuem de forma acentuada para o entendimento de sua trajetória tanto

Sem dúvida, Corção, ao escolher o tomismo de cunho mais dogmático, afastou-se, paulatinamente, da visão renovadora do movimento litúrgico. Por outro lado, essa opção elucida seu engajamento tanto nos debates internos à Ordem Beneditina como nos outros espaços.[38] Retomemos, contudo, seu processo de inserção entre os beneditinos. Em 1942, completou-se a importância da Ordem dos Beneditinos na trajetória de Corção com sua oblação.[39] Suas palavras descrevem bem esse momento:

A cerimônia começa dizendo o padre-mestre ao abade que ali estão alguns seculares que vieram bater à porta do mosteiro para pedir alguma coisa. Pergunta então o abade aos hóspedes o que pedem eles, e todos, com uma só boca, recitam o pedido da fraternidade na regra beneditina. Depois desses preliminares e já vestidos com o escapulário, segue-se uma cena particularmente importante.

O leitor há de estar lembrado que em outros tempos andei em rodas marxistas e nietzschistas, hesitando entre a sociedade sem classes e a grande raça caucásica, não sabendo se deveria levantar a mão direita dura como um dardo ou a esquerda com o punho fechado em sinal de revolta. Pois agora, diante do abade, que re-

no catolicismo quanto na sua atuação pública (nas intervenções na vida política e social do Brasil). Para a passagem da mudança de rota nos seus estudos rumo ao tomismo, ver: Villaça (1975:147).

[38] Na década de 1960, os partidários dessa perspectiva tomista *stricta* estarão entre os principais críticos de Teilhard de Chardin, que trouxera reflexões científicas para a teologia, como o era naqueles anos o maritainismo. Contudo, Corção ainda não tinha aprofundado seu conhecimento a ponto de tomar esse caminho. Dessa forma, as críticas que fará mais tarde a Teilhard de Chardin e seus simpatizantes terão como pano de fundo a denúncia de "adulteração" do tomismo.

[39] De acordo com as normas do Mosteiro de São Bento, a oblação requer um período de preparação que é estruturado da seguinte maneira: 1. postulantado — com duração mínima de seis meses e máxima de um ano; 2. noviciado — com duração de um ano, podendo ser prolongado a critério do diretor dos oblatos. Por essas informações, percebe-se que Corção pouco depois de converter-se ao catolicismo já se preparava para entrar na Ordem de São Bento, o que demonstra a atração exercida pelo "clima" do mosteiro nos seus primeiros passos na Igreja. Para as normas e regras dos oblatos de São Bento, ver: Mosteiro de São Bento — Rio de Janeiro. Disponível em: <www.osb.org.br>. Acesso em: 25 abr. 2005.

presentava outro Pai, eu já não tive que hesitar porque levantei as duas mãos [...].

E aí está [...] como acaba essa história, um pouco no gosto das novelas policiais, estando eu desarmado, *hands up*, entregue inteiramente como um prisioneiro de Deus [Corção, 2000:198-199, grifo meu].

Prisioneiro de Deus, expressão emblemática da atitude de Corção frente ao homem novo que ele descobre em si, escolheu Paulo como seu nome de oblato. A descrição de Corção do despertar de sua fé assemelha-se à narração paulina a caminho de Damasco, em seu aspecto instantâneo e radical:

Estava no meu trabalho, fazendo uma experiência com meus galvanômetros e minhas lâmpadas eletrônicas, atento ao serviço, [...] quando o operário que me ajudava a fazer as ligações queimou o dedo no ferro de soldar e soltou um palavrão e uma blasfêmia com o nome de Cristo. Parei subitamente: olhei em volta um pouco confuso, sentindo um calor enorme no rosto. Aquela pobre blasfêmia de pobre batera em cheio, como um soco, no meu peito [...]. De repente, descobri inundado de alegria, que amava o Senhor Jesus e que em meu coração brotava um cântico novo [Corção, 2000:138].

Além da sua inserção no catolicismo brasileiro, foi também no Mosteiro de São Bento que Corção teve descoberta sua verve literária. Como sustenta d. Odilão Moura:

Discutidor teimoso, Gustavo Corção quer levar o beneditino [d. Gerardo Martins] para as contendas das ideias. Este, simplesmente, lhe declara: "Eu não sei discutir".

Não sabia discutir, mas logo verificou que estava diante de um estilista da pena, quando Gustavo Corção lhe mostrou alguns guardados escritos. Aconselhou-o a publicá-los, e assim despertou para a literatura brasileira, mais um escritor.

Mas não é só um grande escritor que se revela. É, principalmente, o católico [Moura, 1978:157].

A partir desse momento, o polemista Corção somente deixaria de escrever com sua morte. E sua relação com o mosteiro sempre seria lembrada, pois, como ele mesmo disse:

> Quantas vezes subi aquela ladeira com vontade de beijar-lhe as pedras! Quantas e quantas vezes ia lá ter para sentar-me no banco de pedra que mais de uma calça me gastou. Abusei das horas de visitar os noviços e mais de uma vez não pude ter o gosto de vê-los, de tornar a admirar o misterioso sequestro que os havia arrebatado [Corção, 1980:214-215].

Entretanto, como veremos no último capítulo, Corção e a Congregação Beneditina Brasileira romperão oficialmente suas relações na década de 1970.[40]

O CENTRO DOM VITAL

Se o Mosteiro de São Bento guiou os primeiros passos de Corção na fé e na tradição católicas e mostrou-lhe seu dom para as letras, sua realização de militante católico deveu-se ao Centro Dom Vital.

Em depoimento em que narra a história do Centro Dom Vital, disse Amoroso Lima sobre o aparecimento de Corção no catolicismo brasileiro:

> Um dia me telefona Carlos Chagas Filho — um dos "cientistas", junto a Joaquim da Costa Ribeiro e Paulo Sá, que estavam intimamente ligados a nós e haviam sempre dado cursos e feito conferências em nossa velha sede — e me pede para almoçarmos junto com um desconhecido, também homem de ciência, que andava rondando as muralhas... Foi assim que conheci Gustavo Corção,

---

[40] O estatuto dos oblatos da Ordem de São Bento estabelece, em seu artigo 15º, que "A oblação pode, em casos excepcionais, ser anulada pelo próprio oblato ou pelo abade. Mas nem o oblato desista do seu propósito senão após madura reflexão, nem o abade demita um oblato sem justa e grave causa". Para mais detalhes, ver: <www.osb.org.br/oblatosrj/estatuto.html>. Acesso em: 3 maio 2005.

no Lido, e o encaminhei a Dom Martinho e à colina sagrada, onde terminou sua iniciação. *Dali ao casarão da Praça 15* [sede do Centro Dom Vital], *foi um pulo* [Lima, 2001:160, grifos meus].

Novamente encontraram-se a trajetória pessoal de Corção e as dos espaços inovadores de sociabilidade do catolicismo brasileiro. O Centro Dom Vital fora fundado em 1922, com o apoio de d. Leme, por Jackson de Figueiredo e um grupo de católicos. Ano significativo de experimentos na sociedade brasileira, como a Semana de Arte Moderna e a fundação do Partido Comunista Brasileiro (PCB) e de comemoração do Centenário da Independência, repercutiu nos meios católicos com a decisão da criação de um centro cultural católico cuja finalidade era a recatolização da nossa intelectualidade, tendo como premissa o primado do espiritual ou seu resgate. Evidentemente, era uma forma de fazer frente a esse novo que surgia com as transformações na sociedade.

Norma Côrtes aponta para a opção escolhida pelo catolicismo: um ordenamento da vida pública fundada num novo tipo de religiosidade gerado a partir da sociedade civil. Foi com esse objetivo que "adotou novas práticas religiosas, criando mecanismos institucionais e organizacionais antes inexistentes" (Côrtes, 2002:2) e realizou uma transformação *de facto*. E o Centro Dom Vital consistiu numa das peças da engrenagem cujo perfeito funcionamento buscou enraizar o catolicismo na sociedade brasileira.

O diagnóstico lançava o nascente centro católico na política, já que existia a percepção de que era preciso incutir nessa esfera os valores do catolicismo. Para isso,

[...] a preocupação fundamental de Jackson era atuar publicamente na reconstrução da sociedade brasileira, em moldes tradicionalistas, visando restabelecer os princípios de ordem e autoridade como supremos valores sociais [Azzi, 1994:115].

A morte abrupta e prematura de Jackson de Figueiredo, em 1928, e a indicação de Alceu Amoroso Lima para sucedê-lo na direção do centro interromperam a direção precipuamente política dada por Jackson. Assumindo a presidência, Amoroso Lima conduziu a instituição no sentido de afastá-la da polêmica política *tout court* e imprimiu-lhe uma orientação apartidária, apolítica e culturalista. Amoroso Lima, em notas para a história do Centro Dom Vital, afirma:

> Minha preocupação, desde que colocaram nestas mãos, contra a minha vontade, a obra fundada por Jackson em 1922, foi precisamente a de afastar o Centro Dom Vital de toda atividade político-partidária e defender o princípio da liberdade [Lima, 2001:70].

As iniciativas do centro para organizar uma elite católica atingiram importante conquista com a organização da Ação Católica Universitária (AUC), em 1929. Várias outras iniciativas foram tomadas por Amoroso Lima na presidência do centro com intuito de espiritualizar a elite brasileira. No âmbito político, a tentativa de manter a instituição afastada da vida partidária do país acabou sucumbindo ante a realidade nacional. As transformações na ordem política e social do país forçaram a Igreja Católica a sair da sua posição de observadora e defender seus pontos de vista. Essa chave explica a mobilização do catolicismo brasileiro, em particular do Centro Dom Vital, na criação da Liga Eleitoral Católica (LEC). Como disse Amoroso Lima, entre 1932 e 1934,

> [...] a LEC era o Centro. Funcionava onde ele funcionava, e seus dirigentes eram os mesmos. A campanha cívica que empreendemos, especialmente em favor do dever do voto e especialmente em favor do voto feminino, a campanha em favor do ensino religioso facultativo nas escolas públicas, tudo aquilo que na Constituição de 1934 ficou consignado como sendo uma nova fase nas relações da Igreja com o Estado, uma fase de colaboração e não mais de separação absoluta, como em 1891, tudo isso foi feito na Praça 15 e com a mesma gente que constituía o Centro Dom Vital [Lima, 2001:131].

No entendimento de Norma Côrtes,

[...] o raciocínio era claro: antes de recristianizar o Brasil em geral era preciso envolver a própria esfera política nos valores da religiosidade católica. [...] A Liga foi o mecanismo de recristianização do voto. A bem da verdade, ela não visava moralizar o jogo político, afinal o Novo Código Eleitoral deveria fazê-lo, porém, pretendia neutralizar a natureza competitiva da disputa. Vale lembrar que as rixas regionais e as ameaças de conflito não eram delírios persecutórios dos católicos — São Paulo e sua revolução constitucionalista pareciam confirmar o poder desagregador da política [Côrtes, 2002:10].

Dessa forma, o engajamento do centro não se restringiu nem se limitou à ação política *stricto senso*. Pouco antes de sua fundação, Jackson havia criado aquele que seria seu órgão de divulgação — a revista *A Ordem*. Nas suas páginas, os membros do Centro Dom Vital apresentaram posições não de todo unânimes, principalmente em assuntos políticos, mas se uniram pelo projeto de neocristandade. Em julho de 1939, Corção iniciou sua colaboração em *A Ordem*[41] e, pouco depois, assumiu a chefia da redação da revista (Villaça, 1975:143).

Amoroso Lima, que abrira as portas do catolicismo a Corção, imprimiu ao centro uma atuação mais liberal, grande parte sob a influência dos escritos de Maritain, de cuja filosofia ele foi o grande divulgador.[42] Marcelo Timotheo da Costa (2002) mostra a importância dessa filiação na mudança do percurso de Amoroso Lima —

---

[41] Em seu artigo de estreia, Corção critica Monteiro Lobato e mostra que "o futuro polemista ali estava, na mordacidade e na veemência" (Villaça, 1975:141).

[42] Na América do Sul, o primeiro país a traduzir Maritain foi a Argentina, em 1925. No Brasil, sua recepção foi pioneirismo dos intelectuais de *A Ordem*. No número datado de setembro de 1929 foi publicado o terceiro capítulo de *Doutor Angélico*, que havia saído na França em julho daquele ano. De acordo com Compagnon, dois fatores foram determinantes para a recepção da obra de Maritain na América do Sul: o renascimento católico do entreguerras como reação ao positivismo que dominava os meios intelectuais e, consequentemente, a necessidade de sustentação intelectual para o combate com essas forças; e a característica de neoconverso de Maritain: "*il aurait fallu pouvoir reconstituer précisément l'itinéraire des dizaines de maritainiens identifiés comme convertis. [...] Maritain apparaît là comme l'incarnation d'une marche exemplaire vers la foi*" (Compagnon, 2003:48-49).

de um registro reacionário para outro mais liberal. Em meados dos anos 1930, a recepção da obra de Maritain ganhou impulso entre os intelectuais da revista católica. D. Odilão Moura sublinha que, na polêmica entre partidários de Maritain e seus adversários,[43] os "sócios do Centro Dom Vital eram, em geral, maritainistas" (Moura, 1978:107). Evidentemente, Corção pertencia ao grupo que defendia e divulgava a obra daquele que fora um dos artífices de sua conversão. A presença de Maritain era tão significativa entre os católicos do centro, que *A Ordem* era reconhecida porta-voz do maritainismo no país.

A partir de 1942, a intelectualidade católica do centro assumiu, nas páginas de *A Ordem*, posição mais contundente a favor da democracia e de repúdio ao Estado Novo. Seus membros engajaram-se na defesa da posição de que o inimigo iminente do mundo cristão era o nazifascismo e pelo estabelecimento de aliança momentânea com os comunistas, uma vez que percebiam, assim como Maritain, a possibilidade de conversão da União Soviética (Rodrigues, 2002:288 e segs.). Para os adeptos dessas ideias, Maritain "torna-se um ídolo, sua palavra, a expressão infalível da verdade" (Moura, 1978:107).

No Brasil, a ditadura estadonovista assistia à intensificação das manifestações favoráveis à democracia. Os membros do Centro Dom Vital engajaram-se na luta pela redemocratização do país e fundaram o movimento da Resistência Democrática.[44] Seu objetivo era lutar pela convocação de uma assembleia constituinte e pela candidatura do brigadeiro Eduardo Gomes à presidência da República. Seus métodos de ação consistiram na organização de

---

[43] Os principais opositores dos maritainistas foram os jesuítas, mas também estavam nas hostes antimaritainistas os Congregados Marianos e os integralistas. Entre os nomes que se destacaram na desconstrução do pensamento de Maritain, o padre Arlindo Vieira SJ lhe imputava o erro do naturalismo e do liberalismo e o padre Antônio Fernandes SJ a difusão de uma interpretação equivocada da doutrina católica no que diz respeito à graça e à liberdade (Moura, 1978:106-108).
[44] A participação em manifestos e abaixo-assinados também constitui um lugar de sociabilidade intelectual. Os laços estabelecidos, ou reafirmados, desempenham um papel fundador de uma microssociedade e designam o adversário, o inimigo a ser combatido (Sirinelli, 1996:231-270).

62 | O BOM COMBATE

diversas reuniões e na divulgação do "Manifesto da Resistência Democrática", publicado, em 14 de abril de 1945, no jornal carioca *Diário de Notícias*. Os signatários eram vários membros do Centro Dom Vital, entre os quais Corção. O documento propunha o retorno à democracia e declarava que faltava legitimidade a Getúlio Vargas para continuar no poder. Os signatários se identificavam como pertencentes a uma geração sem influência na vida pública, o que lhes capacitava para "salvar" a geração seguinte, cujos membros, em sua maioria mais jovens, não possuíam a preparação necessária para solucionar os problemas do Brasil.[45] As aspirações da Resistência Democrática estavam centradas na construção da "verdadeira democracia": a ação governamental não deveria interferir nos direitos da pessoa humana, da Igreja, da família, dos sindicatos ou grupos profissionais.

O papel do Estado era garantir condições para o pleno desenvolvimento da iniciativa privada, promover a "justiça distributiva", prover a livre formação contratual e o progressivo aumento "do poder aquisitivo dos salários"; lutar por uma organização internacional que garantisse, para todos, liberdade de expressão, de adoração a Deus, de satisfação de suas necessidades materiais, de viver sem medo; e instituição do sufrágio universal e secreto e a convocação de Assembleia Nacional Constituinte, formada por autênticos representantes do povo [Dulles, 2001:337].

Também nesse momento foi criado o Partido Democrata Cristão (PDC), como iniciativa de membros do laicato. Bruneau (1974) indica que a hierarquia católica não mostrou grande interesse na constituição do partido. Conforme mostra Vianna (1978:12), o descaso da Igreja Católica com o PDC é explicado pela estratégia de "dar cumprimento à sua vocação de instituição com aspirações

---

[45] Conforme Dulles (2001), além de Corção também foram signatários: Luiz Camillo de Oliveira Netto, Sobral Pinto, Adauto Lúcio Cardoso, Dario de Almeida Magalhães, Luiz Gonzaga do Nascimento Silva, José Arthur Rios, entre outros.

hegemônicas [...] orientada para uma política de 'cerco' ao Estado, que se articulava com a prévia conquista de algumas áreas sensíveis e influentes da sociedade civil". Persistia, assim, a recomendação da hierarquia contrária à fundação de um partido católico no país. A alternativa PDC, portanto, foi iniciativa de apenas alguns católicos, uma vez que a hierarquia católica mantinha-se inflexível.[46]

Articulista e redator-chefe da revista, Corção assume posição concreta em favor da democracia e da liberdade, como podemos observar na resposta a Mário da Silva Brito publicada em *A Ordem* de março de 1945:

> Se me informarem que devo passar por um corredor ditatorial, eu não deverei querer tal passagem ainda que veja na boca do corredor [...] toda a fartura das terras de Canaã [...]. Há coisas que não se fazem. Não se vende mulher; não se engana o amigo; não se falta à palavra. Êxito nenhum será verdadeiro se exigir essas provas. E, politicamente, democracia é isso: a clara consciência das coisas que não se fazem [Corção, 1945, apud Rodrigues, 2002:323].

Em maio, o governo de Vargas definiu o calendário e as regras eleitorais. A eleição foi marcada para 2 de dezembro. Formaram-se as agremiações partidárias: Partido Social Democrático (PSD), Partido Trabalhista Brasileiro (PTB), o PCB voltou à atividade, e os opositores de Vargas fundaram a União Democrática Nacional (UDN), para a qual confluíram os membros da Resistência De-

---

[46] Nem todos os países que fundaram um PDC sofreram com a falta de apoio institucional da hierarquia católica nacional. Exemplares foram os casos da Itália e do Chile. Vianna (1978) mostra que, no Brasil, a estreita relação da Igreja com o Estado varguista foi decisiva na estratégia adotada pela hierarquia católica na redemocratização, pois a diminuição do escopo de atuação do Estado resultou na diminuição da influência da Igreja, que não soube criar consenso sobre a inserção dos novos atores que passaram a participar do jogo político. "A intervenção no plano temporal através de um instrumento específico, como um partido político, demandava uma unidade prévia quanto a objetivos, irrealizável na época. O tom manso, tradicionalista, urbano e liberal do PDC passará ao largo da disputa entre a hierarquia e não será jamais sedutor para qualquer corrente em litígio" (Vianna, 1978:27).

mocrática. Muitos se filiaram, o que não foi o caso de Corção, que se identificava com as teses udenistas, mas nunca o fez de forma irrestrita e absoluta.[47] Na verdade, conforme será visto no próximo capítulo, foram incontáveis os acontecimentos que separaram as posições de Corção da ideologia do partido.

Com a volta do jogo político-partidário, em 1945, a Igreja manteve as mesmas diretrizes da época de d. Leme: desestímulo à criação de um partido católico e mobilização da massa de eleitores católicos na defesa dos interesses "religiosos" do clero. Aos párocos, vigários e lideranças leigas caberia instruir o eleitorado católico de "como e em quem votar" (Pierucci, Souza e Camargo, 1989:349). Desse modo, a LEC divulgou uma carta de princípios, com oito pontos básicos, que apresentou aos candidatos e cuja aceitação era condição de seu apoio. Além disso, organizou uma série de palestras objetivando esclarecer o público sobre os fundamentos da "verdadeira democracia". Estas foram organizadas para os moradores do bairro de Santa Teresa, no Rio de Janeiro. Corção participou delas, tendo sido o segundo palestrante, em 23 de novembro de 1945 (Dulles, 2001:401).

Paralelamente à luta político-eleitoral, Alceu Amoroso Lima iniciou contatos com outras lideranças católicas da América do Sul, com o objetivo de implementar a democracia cristã no continente. Entre 1947 e 1949, aconteceram encontros em diversos países, que contaram com representação do laicato argentino, chileno, brasileiro e uruguaio. O resultado foi a fundação do Movimento de Montevidéu, definido como o "caminho de uma política e de uma economia que [...] conseguisse superar a crise moderna sem violências e lutas de classes e nações" (Lima, 2001:158). Anos depois, Corção o definiria como um movimento contra "as ameaças de fascismo sul-americano" (Corção, 13 dez. 1953).

A partir de então, as ausências de Amoroso Lima do país ficaram mais constantes e terminaram por afastá-lo da direção do Centro Dom Vital. Em 1950, ele foi para os Estados Unidos, fi-

---

[47] Caso de Sobral Pinto e Hamilton Nogueira, que se candidataram, tendo Hamilton sido eleito senador pela legenda.

CONVERSÃO E ENGAJAMENTO | 65

cando sob o comando de Corção a direção do centro. Onze anos após a conversão, o neófito assumiu a direção do mais importante centro de formação da intelectualidade católica brasileira e, em sua gestão, conseguiu dividir a liderança do laicato com Amoroso Lima. À frente do Centro Dom Vital, Corção iniciou um processo paulatino de ruptura com Alceu. O discípulo se voltou contra o mestre e inclinaria o Centro Dom Vital para caminho bem diverso daquele imaginado pelo presidente anterior.

Duas trajetórias que se cruzam e acabariam separadas. A história de Corção está imbricada na do presidente licenciado. Creio que sua história deve ser entendida à luz, primeiro, do entendimento e, depois, do diálogo (e conflito) com Amoroso Lima. Simbolicamente, este último sempre fora uma sombra que, finalmente, Corção decidirá pela tentativa, malsucedida, de fazer desaparecer. Na crônica que escreveu comemorativa aos 60 anos de Amoroso Lima, Corção deixou transparecer as dificuldades e a força da presença daquele que lhe abrira as portas do catolicismo brasileiro.

> Nossa primeira conversa não chegou a ser uma conversa, porque a minha falta de hábito de lidar com personagens importantes me tolhia. Eu me calava e ouvia aquele homem entusiasta, de verbo fácil e riso pronto. E envergonhava-me de ser tão diferente.
>
> Desde então, ora mais próximos, ora mais afastados, ora em perfeito acordo, ora na boa discordância dos que têm os mesmos ideais sem, todavia, preferirem os mesmos métodos, temos trabalhado juntos, sofrido juntos, e juntos envelhecido. Dentro de três anos, se até lá chegar, será a minha vez de completar sessenta anos, atrás de Alceu Amoroso Lima, como atrás dele vivi [Corção, 13 dez. 1953].

Esse artigo explicitou a importância do afastamento físico do presidente do centro e do país, para a maior liberdade de ação e de escolhas para Corção. O retorno de Alceu Amoroso Lima tornou as divergências cada vez mais intransponíveis. Como veremos no capítulo IV, finalmente, em 1963, a ruptura se completou, com o desligamento de Gustavo Corção e seu grupo do Centro Dom Vital.

A AÇÃO CATÓLICA BRASILEIRA

Se as microssociedades abrigadas no Mosteiro de São Bento e no Centro Dom Vital, cada qual à sua maneira, desfrutavam de alguma autonomia frente à hierarquia, o movimento da Ação Católica era-lhe totalmente dependente. Não cabe aqui repetir a análise do movimento no âmbito vaticano, mas sim a recepção e aplicação das diretrizes de Roma pela hierarquia católica brasileira, que orientaram sua relação com o laicato.

Como dito, desde as primeiras décadas do século XX a hierarquia da Igreja Católica no Brasil buscava a viabilidade do movimento de ação católica com o intuito de levar a cabo a recristianização da sociedade. As tentativas de modernização e aproximação da Igreja com a elite que ocupou o poder pós 1930 aceleraram os experimentos. O principal deles foi a criação da Ação Católica Brasileira (ACB), em 1935, por d. Sebastião Leme. Seu núcleo era formado pelos membros do Centro Dom Vital, que já exercia papel preponderante junto à juventude universitária do país, pois ainda em 1929 criara a Associação dos Universitários Católicos (AUC).

De acordo com Luiz Alberto Gómez de Souza esta se encontrava sob a influência do centro — não por acaso Amoroso Lima foi um dos seus presidentes — e era uma peça essencial no projeto de d. Leme para a recristianização da elite brasileira (Souza, 1984:94).

Inicialmente, a ACB foi organizada em conformidade com o modelo italiano, no qual as dioceses constituíam núcleos básicos e relativamente autônomos dentro da organização, e o laicato era dividido por sexo e idade. Assim, foram criados quatro grupos nas dioceses: os Homens da Ação Católica e a Liga Feminina, para os maiores de 30 anos e casados de qualquer idade; a Juventude Católica Brasileira e a Juventude Feminina Católica, para os jovens de 14 a 30 anos. Nestas, foram criadas seções com o objetivo de dar conta das especificidades do universo juvenil. Assim, surgiram: a Juventude Estudantil Católica (JEC), para a juventude masculina, a JECF, para a juventude feminina; e direcionadas para os meios universitários a JUC e a JUECF; a JAC e a JACF para o campo; e a JOC e JOCF para a juventude operária. Em seus estatutos, o movi-

CONVERSÃO E ENGAJAMENTO | 67

mento da Ação Católica era definido como a organização de uma "elite apostólica de conquista", com o intuito de formação intelectual e espiritual da nova elite do país (Souza, 1984:95). Ainda de acordo com seus estatutos, a ACB estava em imediata dependência da hierarquia eclesiástica, e suas atividades não poderiam abarcar qualquer organização e influência político-partidária (Abreu e colaboradores, 2001:23). A AUC integrou-se à Ação Católica em 1937 e transformou-se em Juventude Universitária Católica (JUC).

Evidentemente, a relação umbilical da ACB com o Centro Dom Vital muito contribuiu para a inserção de ambas as entidades nos debates católicos. Desse modo, também a ACB foi palco de polêmica entre os partidários da reforma litúrgica e das ideias de Jacques Maritain. Entretanto, o trabalho tinha um cunho pastoral.

O I Concílio Plenário Brasileiro, em 1939, que alcançou grande mobilização, não conseguiu anular o diagnóstico feito pela hierarquia, de que a maioria católica da nação continuava passiva frente às ameaças da modernidade e de que era preciso, pois, reestruturar o apostolado leigo.

O falecimento de d. Leme, em 1942, ameaçou o processo de soerguimento da Ação Católica. Contudo, seu sucessor, d. Jaime Câmara deu prosseguimento às medidas e, em 1947, nomeou o padre Hélder Câmara para o cargo de assistente eclesiástico da organização. No ano seguinte, já com base nos novos princípios, foi organizada nacionalmente a Juventude Operária Católica (JOC), reconhecida oficialmente pela hierarquia eclesiástica. A partir de 1950, a reestruturação seria definitivamente efetivada de acordo com os modelos organizacionais franceses, belgas e canadenses, que reduziam o poder das dioceses e implantavam a formação de grupos representativos dos diferentes segmentos sociais. Seriam, assim, criadas ou reconhecidas pela hierarquia a Juventude Estudantil Católica (JEC), a Juventude Universitária Católica (JUC), a Juventude Agrária Católica (JAC) e a Juventude Independente Católica (JIC).

A mudança do episcopado carioca foi marcante tanto para Amoroso Lima como para Corção. Para o primeiro resultou no seu afastamento da presidência nacional da ACB e no fim de uma relação com seu pastor marcada pela afinidade e proximidade, uma vez que d. Jaime Câmara não teria por ele o mesmo apreço que tivera d. Leme (Souza, 1984; Costa, 2002). Já Corção manteve uma relação cordial e ideologicamente próxima a d. Jaime Câmara, o que lhe rendeu privilégios e prebendas, como se depreende do depoimento de d. Waldyr Calheiros, que, indagado pelas entrevistadoras do Cpdoc se entre seus professores no Seminário São José todos eram sacerdotes, declarou:

> Sim. Nosso relacionamento com professores leigos era só em conferências específicas, ou quando estes se destacavam como católicos. Uma ocasião [anos 1945-1948, sem precisar a data], o jornalista Gustavo Corção falou para os seminaristas. O mesmo não aconteceu com o jornalista, também católico, Tristão de Ataíde [Costa, Pandolfi e Serbin, 2001:33].

À frente da arquidiocese do Rio de Janeiro, d. Jaime deu prioridade à questão da formação sacerdotal, ao ensino religioso, tanto abrangendo o preparo, a formação qualificada dos professores de religião do instituto quanto estimulando os cursos catequéticos já existentes (Abreu e colaboradores, 2001). Nesse contexto, o convite para Corção falar aos seminaristas assinala a concordância entre ele e seu pastor. Este não é o caso de Amoroso Lima, que, em carta à filha, já na década de 1960 revelará, de forma contundente, a preferência do arcebispo do Rio de Janeiro para com Corção e a iminência da ruptura dos dois líderes do laicato:

> Mamãe leu no *Correio da Manhã* que ontem é que houve a festa anual do papa, que costuma ser a 29 de junho, e cujo orador foi o simbólico GC [Gustavo Corção]. Lembrei-me então que, em 1929, para marcar minha entrada, Dom Leme me convidou para ser o orador da festa [...]. Esse contraste é bem o clima que domina a Igreja carioca e da qual participo, ou mesmo ao qual se antecipou meu ex-cupincha [Lima, 2003:459].

Além do reconhecimento da hierarquia, conforme mostra a passagem acima, Corção também viveu intensamente o papel de membro da ACB. Emblemático foi, em 1949, ter sido o conferencista de abertura do VIII Congresso Estadual da Juventude Católica de Minas Gerais (Corção, s.d.).

Sua proximidade com a juventude católica nos primeiros anos da década de 1950, quando realizou palestras em diversos estados brasileiros convidado pelos jucistas, é sintomática da relevância, que será permanente, do tema da juventude católica em sua atuação. Cabe destacar o estado de Minas Gerais que, anos mais tarde, revelar-se-ia o celeiro da juventude católica mais progressista e combatida por Corção, mas que, nesse período, foi o grupo católico que mais solicitou sua presença. No seu arquivo privado, depositado na Biblioteca Nacional, também merece relevo a quantidade de cartas procedentes daquele estado e endereçadas a Corção no período.

Esse mergulho nos espaços e redes de sociabilidade de Corção no campo católico mostra-nos sua presteza na conquista dos bens simbólicos necessários para as funções que ele assumiria junto à opinião pública nacional. Ressalto apenas que mais um passo era preciso ser dado para a aquisição desse capital. Tornar-se um escritor, uma vez que a literatura ainda desempenhava o mais importante papel social de acesso à esfera pública brasileira.

NA LITERATURA BRASILEIRA[48]

Concomitantemente à sua colaboração no campo intelectual e nas microssociedades católicas, Corção alcançou reconhecimento na

---

[48] A primeira observação que devemos fazer quanto a esse tópico é seu limite. Escapa-nos a intenção de uma análise crítica das primeiras obras de Corção. O objetivo é apenas produzir um mapa da recepção dessas obras no meio intelectual, com o intuito de reiterar a legitimidade da pena de Corção nos debates sobre a realidade brasileira entre os anos 40 e 70, do século passado. Como aponta Bourdieu (2002:14-15), "a análise científica das condições sociais da produção e da recepção da obra de arte [...] intensifica a experiência literária [...]. Conhecer como tal esse ponto do espaço literário [...] é estar em condição de compreender e de sentir, pela identificação mental com uma posição construída, a singularidade dessa posição e daquele que a ocupa, e o esforço extraordinário que [...] foi necessário para a fazer existir".

70 | O BOM COMBATE

cena literária brasileira, em 1944, com a publicação do livro *A descoberta do outro*. O livro narra como foi o processo de sua conversão ao catolicismo, o abandono das vestes velhas e o novo homem que emergiu da experiência. Tristão de Athayde (pseudônimo de Alceu Amoroso Lima) aclamou-o como um novo Machado de Assis (*O Jornal*, 31 dez. 1944). Para o crítico literário Wilson Martins, o livro era de

[...] um gênero raro em nossa literatura e em nossa língua; mais raro ainda por partir de autor já católico, que normalmente libertar-se-ia dos "depósitos" de sua vida por meio de um dos sacramentos de sua religião. Mas, o sr. Gustavo Corção precisava contar aos homens o milagre que lhe ocorrera, pois assim cumpriria de forma bastante eficiente a sua missão de apostolado laical cujas origens remotas encontram-se nos livros de Maritain e de Chesterton [Martins, 1979:241].

O livro de sua estreia também inaugurava a editora Agir. Fundada pelo engenheiro Rubens Porto, o banqueiro Guilherme Guinle, Francisco de Paula Machado, Cândido Guilherme Guinle de Paula Machado, José Carlos de Macedo Soares, Affonso Duarte Faveret e Amoroso Lima, o objetivo da Agir era a difusão do pensamento católico e da filosofia humanista. A editora coroava a estratégia do meio católico de recristianizar as elites brasileiras. E a escolha do nome de Corção pela editora é um marco real e simbólico das qualidades do neoconverso. Foi pela Agir que Corção lançou praticamente todos os seus livros. Com alguns de seus fundadores conseguiria capital para enfrentar os problemas econômicos do Centro Dom Vital e, no final da década de 1960, para a fundação do grupo e da revista *Permanência*.

Dois anos depois, Corção publica seu segundo livro — *Três alqueires e uma vaca* — homenagem a G. K. Chesterton, consolidando-se como um dos representantes da filosofia social católica no país. Novamente, Wilson Martins ajuda na compreensão da recepção da obra corçoniana. Após criticar duramente os recursos literários mobilizados por Corção, Martins conclui:

Felizmente para o sr. Gustavo Corção, o seu maior mérito não depende dos seus juízos literários, mas dos seus juízos humanos. É possível que não tenha oferecido de Chesterton o estudo que esperávamos [...], mas em compensação teve a coragem de movimentar questões decisivas com uma seriedade que não é muito comum na literatura brasileira [Martins, 1979:242].

A consagração literária definitiva viria somente em 1950, com a publicação de *Lições de abismo*. O romance foi considerado um acontecimento singular na cena literária do ano, a ponto de Oswald de Andrade assim definir o lugar de Corção:

O que caracteriza essas naturezas que vão do doce ao amargo sem contraste é o que nelas há de inquebrável. Gustavo Corção é um inquebrável — faca de dois gumes. E isso muito se liga às virtudes intelectuais que o fazem, sem dúvida, o nosso maior romancista vivo. [...] Depois de Machado de Assis aparece agora um mestre do romance brasileiro [Depoimentos, 1971].

Lições de abismo também lhe rendeu o Prêmio de Literatura de 1952, do Instituto Brasileiro de Educação Ciência e Cultura, que representava a Organização das Nações Unidas para a Educação, a Ciência e a Cultura (Unesco) no Brasil (Prêmio de Literatura do IBCC, 1953).

Reconhecido nos meios literários, uma vez que conquistara a legitimidade por sua produção, o caminho natural para Gustavo Corção era a participação na imprensa da época. Ele se apercebe da necessidade de expansão do raio de ação de sua pena. Para além da defesa das premissas católicas nos meios católicos, impunha-se a conversão dos ímpios. O intuito de evangelizar mostrou a Corção que a tribuna da revista católica *A Ordem* era insuficiente para a realização da tarefa a que se propunha. Fazia-se necessário um espaço que ultrapassasse os muros da Igreja Católica, que falasse aos gentios, levando-lhes a luz da sabedoria da Igreja Católica, aquela que fora designada por Deus para propagar as palavras divinas. Finalmente, urgia convertê-los. No final da década de 1940 e início dos anos 1950, tal espaço era a imprensa escrita, que se constituía em lócus privilegiado da atuação dos intelectuais na vida da cidade.

NA IMPRENSA BRASILEIRA

Em uma Igreja que esperava de seus membros esta atitude, Corção foi um militante da fé. Mobilizou seu dom com as palavras para auxiliar o catolicismo brasileiro a ampliar sua área de influência. Defendeu a doutrina social da Igreja. Pontificou sobre política, economia, costumes e moral. Acusou os hereges e, finalmente, julgou a todos que não comungavam da mesma Igreja Católica. O sentido de missionário assume na "alma" corçoniana uma função social que o leva a participar dos debates na cidade temporal e na Igreja Católica.

Corção, que exercera profunda influência na conversão do jornalista Carlos Lacerda, em 1949, aceita a convocação para uma atuação mais ampliada no mundo temporal e associa-se a Lacerda e a outros nomes para fundar o vespertino *Tribuna da Imprensa*.[49] Estes passaram a compor o conselho consultivo do jornal.[50] Corção assume a coluna diária "Ideias e fatos", localizada na quarta página do jornal e dedicada aos temas políticos. A linha editorial da *Tribuna da Imprensa* era voltada para o combate a Getúlio Vargas, as ameaças à civilização cristã e a defesa das principais proposições da União Democrática Nacional (UDN) — partido da oposição (Abreu et al., 2001:5791).

Ressalte-se, contudo, que as opiniões de Corção no "jornal do Lacerda" não serão abordadas neste estudo. Ainda que não desconheçamos nem minimizemos a importância dessa filiação para o entendimento de sua trajetória, interessou-nos sua atuação para um público mais diversificado. De acordo com o *Anuário Brasileiro de Imprensa* (1952 apud Abreu e Weltman, 1994:30), a *Tribuna da*

---

[49] A viabilidade econômica da *Tribuna da Imprensa* foi alcançada graças ao empréstimo conseguido por Luís Camilo de Oliveira Neto, nomeado diretor do Banco de Crédito Real de Minas Gerais, e a uma campanha de ações empreendida por Luís Camilo, Amoroso Lima, Dario de Almeida Magalhães, Lauro de Carvalho e seu filho José Vasconcelos Carvalho, Adauto Lúcio Cardoso, Luís Severiano Ribeiro, entre outros (Dulles, 1992:125).

[50] A direção do jornal ficou assim distribuída: Carlos Lacerda, diretor-presidente; Inácio Piquet Carneiro, diretor-gerente; Carlos de Lima Cavalcanti, José Vasconcelos Carvalho e Dario de Almeida Magalhães, conselho fiscal. Com o "propósito de assegurar a continuidade da orientação do jornal e a fiel observância do seu programa", foi criado o conselho consultivo, formado por Adauto, Amoroso Lima, Corção, Sobral Pinto e Luís Camilo (Dulles, 1992:127-128).

Imprensa figurava, à época, em sétimo lugar entre os vespertinos mais lidos da cidade do Rio de Janeiro, então capital federal, com uma fatia da ordem de 2,4% do mercado, tendo à sua frente: *O Globo* (43%); *A Notícia* (26,2%); *Diário da Noite* (13,8%); *Última Hora* (13,4%); *A Noite* (8,4%) e *Folha Carioca* (3,8%). Dessa forma, a penetração restrita da *Tribuna da Imprensa* e a breve duração da permanência de Corção no jornal foram determinantes para que desconsiderássemos sua produção nesse espaço.

Corção deixou a *Tribuna* em fevereiro de 1952, juntamente com Dario de Almeida Magalhães, por discordarem dos ataques de Lacerda à candidatura de Assis Chateaubriand ao Senado. Na verdade, o grupo católico que ajudara a fundar o jornal e integrava o conselho consultivo rompeu com Lacerda, após acusá-lo de ignorar as diretrizes do conselho. Em resposta à correspondência de d. Lourenço de Almeida Prado, Lacerda expôs as razões da cisão. Afirmando que não criara o jornal para servir a um grupo, investiu particularmente contra Corção, a quem reclamou de "atitude prima-dona" e o atacou: "em vez de cuidar das almas que generosamente aproximou da Igreja, anda a angariar discípulos para uma tertúlia em que ele se pontifique". Lacerda imputou o afastamento ocorrido à "vaidade mórbida" do grupo (Dulles, 1992:146).

Mas Corção não ficou muito tempo distante da imprensa brasileira. Nas páginas seguintes acompanhar-se-á Corção "combatendo o bom combate" no *Diário de Notícias*,[51] até 1968, e depois em *O Globo*.[52]

---

[51] O *Diário de Notícias* (RJ) foi fundado em 12 de junho de 1930 por Orlando Ribeiro Dantas. Apoiou a Revolução de 1930, mas, em 1932, quando eclodiu a Revolução Constitucionalista já se encontrava na oposição a Getúlio Vargas. Apoiou a redemocratização em 1945, mas não confiava nas intenções de Vargas. Foi um crítico moderado do governo de Eurico Dutra e voz de oposição ao retorno pelas urnas do "ex-ditador", assim como ao presidente Juscelino Kubitschek. Apoiou o nome de Jânio Quadros nas eleições de 1960 e as linhas mestras de seu governo. Com a renúncia de Jânio, defendeu a posse do vice-presidente João Goulart, tendo alguns números do jornal sido apreendidos pelo então governador da Guanabara, Carlos Lacerda. Durante o governo de Jango, apoiou as reformas de base, mas já se encontrava em crise econômica. Foi fechado em 1974. O jornal ocupou durante vários anos a liderança de circulação entre os matutinos cariocas e era conhecido como o jornal dos militares, pois mantinha uma página para abordar as questões referentes às Forças Armadas. Também integravam o jornal o suplemento estudantil *O Metropolitano* e um suplemento literário, dos melhores do país.
[52] Fundado por Irineu Marinho em 1922 e ainda em circulação.

CAPÍTULO 3

O CONSERVADOR

"A política dos tempos modernos, como a economia,
defronta um problema de recuperação espiritual"
(Corção, 21 ago. 1955)

"Política é a promoção do bem comum. Ora, bem
comum é coisa grandemente humilde, que diz respeito
ao sofrimento da multidão. [...] Política é como enferma-
gem. Nosso caso é até enfermagem de pronto-socorro"
(Corção, 26 fev. 1956)

EM 1953, quando Corção começou a escrever no *Diário de Notícias*, então o periódico de maior tiragem do Rio de Janeiro, o Brasil fervilhava sob a égide do "nacionalismo de apelo democrático" do segundo governo Vargas (Guimarães, 2001:164). A "democratização fundamental" das políticas varguistas e o nacionalismo abriram espaço para um amplo debate quanto às possibilidades e implicações da democratização da política e sociedade brasileiras.

Corção teve sua práxis marcada pela oposição a essas mudanças modernizadoras e democratizantes. Ou seja, ação destacada pelas lentes da transformação com ordem do conservadorismo.[53]

---

[53] "A mera existência do conservantismo como uma tendência coerente significa que a história está desenvolvendo-se cada vez mais nos termos da interação de

Atitudes que informaram quais eram os inimigos a combater[54] e a necessidade de observá-los vigilantemente, descobrindo, assim, nas suas ações concretas, a ética que os animava, buscando, nos mais recônditos abismos, a revelação final das ações dos homens. Corção aconselhou, repreendeu, sugeriu e polemizou no *Diário de Notícias*, na década de 1950, em três campos de batalha: elites virtuosas *versus* elites degeneradas; patriotismo *versus* nacionalismo e democracia *versus* totalitarismo.[55] O objetivo era comum: reforma moral, do espírito público, da estrutura econômica e das premissas políticas.

A primeira antítese define-se pela militância em defesa de uma elite virtuosa e na interpretação de quais seriam os empecilhos à conquista do poder político pelos mais preparados. As questões de como e quais seriam as escolhas da maioria da população domina-

---

tais 'tendências' e 'movimentos' abrangentes, alguns dos quais são 'progressistas' e estimulam a mudança social, enquanto outros são 'reacionários' e a retardam. [...] Embora no início as nações permaneçam, em grande medida, social e culturalmente autônomas, o problema social e econômico fundamental em todos os Estados modernos é de tal maneira estruturalmente semelhante a ponto de não ser surpreendente que divisões sociais e intelectuais paralelas se reproduzam em todos eles. Esses problemas estruturais comuns a todos os Estados modernos incluem o seguinte: 1) o estabelecimento da unidade nacional; 2) a participação do povo no governo do país; 3) a incorporação do Estado na ordem econômica mundial; 4) a solução da questão social" (Foracchi, 1982:113).

[54] Carl Schmitt (1992:52) assim definiu a relação de amigo-inimigo na constituição do político: "A diferenciação entre amigo e inimigo tem o sentido de designar o grau de intensidade extrema de uma ligação ou separação, de uma associação ou dissociação; ela pode, teórica ou praticamente, subsistir, sem a necessidade do emprego simultâneo das distinções morais, estéticas, econômicas ou outras. O inimigo político não precisa ser moralmente mau, não precisa ser esteticamente feio; não tem que surgir como concorrente econômico, podendo talvez até mostrar-se proveitoso fazer negócio com ele. Pois ele é justamente o outro, o estrangeiro, bastando à sua essência que, num sentido particularmente intensivo, ele seja existencialmente algo outro e estrangeiro, de modo que, no caso extremo, há possibilidade de conflitos com ele, os quais não podem ser decididos mediante uma normatização geral previamente estipulada, nem pelo veredicto de um terceiro 'desinteressado', e, portanto, 'imparcial'".

[55] A separação das temáticas abordadas por Corção é meramente um recurso expositivo, não significando seu desvinculamento para o autor.

ram a pena de Corção, assim como os caminhos perseguidos por aqueles que ele considerava os "verdadeiros" homens bons.

A segunda diz respeito ao compromisso dos governantes brasileiros com as saídas para o desenvolvimento do país. Toda essa discussão ocorre num período de expansão do capitalismo brasileiro, iniciado no segundo governo Vargas e no desenvolvimentismo do governo Juscelino Kubitschek, e que gerou um acirrado debate em torno das propostas dos nacionalistas e desenvolvimentistas.

A última antítese é filha de suas interpretações da política internacional e esteve, inicialmente, relacionada às críticas ao nazifascismo, ao franquismo, ao salazarismo, ao peronismo e ao getulismo, voltando-se, a partir de meados da década, para o comunismo. As ações propostas pelo governo de Jânio Quadros — aproximação diplomática e comercial com os países comunistas, a defesa de uma neutralidade do Brasil frente ao conflito entre as duas grandes potências (Estados Unidos e União Soviética) e a condecoração de Che Guevara com a Ordem Cruzeiro do Sul — levaram Corção, afinal, a ocupar-se somente do combate ao comunismo.

Conforme será visto, estes três pares antitéticos se entrecruzam e nem sempre se mostram cronologicamente coincidentes, mas permitem o encadeamento da produção discursiva de Corção à conjuntura política.

ELITES VIRTUOSAS *VERSUS* ELITES DEGENERADAS

De acordo com Corção, a instituição da democracia política, ainda que um bem para a sociedade brasileira, revelava dois grandes problemas: a usurpação da autoridade pública por frações degeneradas das "instâncias superiores" do país e o despreparo das massas para o exercício cívico.

Mannheim (1969) observa que a democracia não é incompatível com a existência de minorias, nem se caracteriza pela sua ausência. O que ela provoca é uma renovação nas formas de seleção da minoria e, consequentemente, maiores possibilidades de acesso aos postos de decisão política por um número mais amplo de indivíduos, o que também acarreta fragmentação e heterogeneidade na minoria. A ascensão das massas à vida pública constituiu, para inúmeros pensadores, um traço inexorável e preocupante da vida moderna. Entre eles, José Ortega y Gasset[56] foi o mais importante para a produção retórica de Corção, principalmente com a obra *A rebelião das massas*.[57] Evidentemente, Corção considerava que as sociedades eram divididas entre massa e minoria. E essa distinção não era delimitada por classes sociais, mas por "classes de homens". O tema da autoridade pública e do seu exercício constituiu premissa na produção retórica de Corção. A resposta à pergunta sobre o mando circunscreve-se na organização e composição das minorias dirigentes, pois, como disse Ortega y Gasset:

> Numa boa ordenação das coisas públicas, a massa é o que não atua por si mesma. Tal é a sua missão. Veio ao mundo para ser dirigida, influída, representada, organizada — até para deixar de ser massa, ou, pelo menos, aspirar a isso. Mas não veio ao mundo para fazer tudo isso por si. Necessita referir sua vida à instância superior, constituída pelas minorias excelentes. Discuta-se quanto se queira quem são os homens excelentes; mas que sem eles — sejam uns ou outros — a humanidade não existiria no que tem de mais essencial, é a coisa sobre a qual convém que não haja dúvida alguma [...]. Porque não se trata de uma opinião fundada em fatos mais ou menos frequentes e prováveis, mas numa lei da "física" social [...]. No dia em que volte a imperar na Europa uma autêntica filosofia — única coisa que pode salvá-la –, compreender-se-á que o homem é, tenha ou não vontade disso, um ser constitutivamente forçado a procurar uma instância superior. Se consegue por si mesmo

---

[56] Para um estudo sobre a influência de Ortega y Gasset no Brasil, na década de 1930, ver Bastos, 2003:146-171.

[57] Corção considerava correto o diagnóstico do pensador espanhol sobre o advento das massas e os perigos da democratização, mas discordava da solução existencialista de Ortega. Em sua opinião, a saída era a reespiritualização das sociedades humanas. Ao longo dos anos, Corção escreveu um conjunto de artigos sobre Ortega y Gasset e *A rebelião das mass*as (publicados em 1 set. 1955; 5 abr. 1959; 13 abr. 1959; 20 nov. 1960), que serão abordados neste capítulo.

encontrá-la, é que é um homem excelente; senão, é que é um homem-massa e necessita recebê-la daquele. [Ortega y Gasset, s.d., s.p.].

Corção identificou em determinados homens na elite brasileira um potencial ou uma representação de "minorias autênticas", mas também percebeu a existência de homens que carregavam em si a marca da mediocridade do "homem médio", atributo da massa e do vulgo. Seu imaginário político-social foi dominado pela questão das minorias dirigentes e seus termos equivalentes — do aristocrático, castas, ao moderno, elites.[58]

Foi na sua práxis política como cronista, como intelectual e como católico que ele construiu, qualificou e militou pela consagração dos "homens excelentes". E, conforme será visto, é na cadência das conjunturas políticas que Corção fixará as qualidades e contraposições inerentes às elites brasileiras.

"VIRTUOSIDADE" E UDENISMO[59]

Ainda longe da militância política na imprensa brasileira, Corção, em 1945, atuou no mundo católico na campanha pela redemocratização, e logo que saíram os resultados eleitorais da fase democrática, percebeu a importância da temática das elites para os rumos do país. Ao comentar a derrota do brigadeiro Eduardo Gomes, candidato da UDN que lutara pela democracia no país, para o can-

---

[58] Além dessas denominações, Corção utilizou inúmeras outras equivalentes: "instâncias superiores", "os melhores", "os mais capazes", "minorias catalisadoras", entre outras.

[59] O udenismo é mais abrangente do que a UDN, uma vez que era "expressão de mentalidades e estilos de ver e fazer política, [e] caracterizou-se pela defesa do liberalismo clássico, o apego ao bacharelismo e ao moralismo e o horror aos vários 'populismos'". (Abreu et al., 2001:5836). No que tange à UDN, Maria Vitória Benevides (1981:242) advertiu que "há que levar em conta, ainda e sempre, a existência de várias UDNs. Há que lembrar as diferentes fases na trajetória do partido — a ênfase no antigetulismo, no moralismo, no anticomunismo".

O CONSERVADOR | 79

didato apoiado pelo ditador Getúlio Vargas, já há um prenúncio de uma de suas bandeiras de luta.[60]

> A vitória do Brigadeiro, abstratamente falando, seria um bem para a nossa terra, mas a derrota terá sido, concretamente, um bem maior porque veio justificar um orgulho de casta que se escondia sob o estandarte do Bem Comum. Mas, o bem comum não é somente o restabelecimento econômico; a autonomia dos municípios; a moralização dos dirigentes; etc. Ele é, em primeiro lugar, o *amolecimento dos pescoços duros, a fusão do povo num só povo, a tomada de consciência das elites de suas imensas responsabilidades* [Corção, 16 dez. 1945, n.p., grifos meus].

A primeira questão que irrompe em seu texto é a percepção aristocrática da agremiação udenista. Sua crítica dirige-se àqueles que se nomeiam democratas, como se o simples ato de dizê-lo fosse suficiente para alcançar os resultados eleitorais. Fazia-se, pois, necessária a adoção de uma "atitude democrática", definida por ele como o "amolecimento dos pescoços duros". Assim, a derrota udenista servia como um alerta para os homens mais preparados da elite brasileira sobre o engano dessa maneira de pensar e agir.

O retorno de Vargas à presidência da República em outubro de 1950 foi um duro golpe para Corção. Mas também foi o estímulo para que ele se voltasse absorventemente para a política. Já na *Tribuna da Imprensa* Corção abandonara o ensaio filosófico, especulativo, e tornara-se comentarista político.

Dessa forma, não é uma impropriedade afirmar que a estreia de Corção na crônica política brasileira foi irremediavelmente marcada pela figura de Vargas, por seu legado e por seus herdeiros. Foram esses homens, e também suas ideias, que receberam a pecha de elites degeneradas. Nesse sentido, se em 1945 Corção estava preocupado com os erros cometidos pelas elites virtuosas, com a

---

[60] Apesar de utilizar como fonte principal para análise da produção discursiva de Corção seus artigos no *Diário de Notícias*, procurarei fazer uso de outras fontes como subsídio. É o caso da passagem a ser citada, parte de uma correspondência que integra o arquivo privado de Gustavo Corção, depositado na Biblioteca Nacional.

volta de Getúlio Vargas, em 1950, adicionou o tema das elites corrompidas que conquistavam os cargos públicos.

A luta, portanto, deveria ser travada em duas esferas. Evidentemente, a primeira, junto às elites virtuosas: o retorno de Vargas comprovava a persistência dos erros cometidos em 1945 e que não tinham sido corrigidos. A outra frente de batalha, consequência desta, era mais grave e consistia no aproveitamento, pelas minorias degeneradas do país, dos equívocos e irresponsabilidades das elites virtuosas e sua consequente conquista do governo. Portanto, o país tinha dois problemas a serem resolvidos: (a) que suas elites virtuosas adquirissem consciência da sua missão; e (b) realizassem o bom combate frente às elites degeneradas.

A estratégia adotada por Corção se coadunava com a campanha desenvolvida pela UDN. Urgia, pois, denunciar a degenerescência dos ocupantes dos postos governamentais do país. Mostrar a corrupção administrativa, o estrago na economia com suas políticas equivocadas e inflacionárias, em suma, criticar as políticas do governo Vargas e, se possível, acusá-lo de usurpação da autoridade pública. Seu papel, portanto, consistia no anúncio sistemático da conduta dessas elites corrompidas. *Pari passu*, também era função do publicista Corção expor, mostrar, realçar as qualidades desejadas e necessárias de um bom governante e de um bom governo.

O getulismo e seus avatares assumiram o lugar de expressão real da decadência das elites dirigentes brasileiras. Tornaram-se a "patologia social" que assolava a sociedade brasileira (Corção, 6 set. 1953) e transformaram-se nos inimigos que deveriam ser combatidos. Esse foi o alvo de Corção nas páginas do Suplemento Literário do *Diário de Notícias*. A estreia de Corção aconteceu em 1953, em polêmica com Euryalo Cannabrava sobre a seleção deste para o Colégio Pedro II.[61] Foi nesse ano que a tensão política e social com a UDN recrudesceu, intensificando seus ataques

---

[61] Filósofo, Euryalo Cannabrava (1908) publicou numerosos trabalhos de estudo da poesia e da teoria crítica estética. O debate com Cannabrava começara ainda nas páginas da *Tribuna da Imprensa* e versou sobre a prova, para o Colégio Pedro II, desse professor de filosofia que afirmara não ter muito conhecimento sobre a obra de São Tomás de Aquino, o que, para Corção, o desqualificava para a vaga.

ao governo Vargas, e a colaboração de Corção caracterizou-se por artigos esporádicos[62] cujas temáticas dominantes foram as denúncias ao governo getulista, que destruía os laços morais da política, economia e sociedade brasileiras.

No ano seguinte, Corção tornou-se um colaborador regular. A periodicidade era semanal e ocupava a primeira página do Suplemento Literário. A agitada conjuntura de 1954 foi intensificada por vários acontecimentos: o agravamento da crise econômica, a eclosão de greves, o aumento de 100% no salário mínimo aprovado por Vargas, a intervenção militar na política com o Memorial dos Coronéis, o pedido de afastamento do ministro do Trabalho João Goulart, as denúncias do "mar de lama", entre outros.

No mês de março, frente à convulsão social que se percebia no país, Corção novamente advertiu as elites virtuosas de que o caminho seguido não renderia frutos:

> Quando começarão a desconfiar os dirigentes — civis e militares, leigos e eclesiásticos — da suma gravidade, da desordem política que assola o país? Quando começarão esses dirigentes a desconfiar que é preciso agir com critérios novos e mais rigorosos, e que é preciso prestigiar minorias intactas, e encorajar os poucos homens intransigentes? [Corção, 3 mar. 1954].

O atentado a Carlos Lacerda, no dia 5 de agosto, que ficou conhecido como "o atentado da Toneleros", acirrou definitivamente o clima político no país e, finalmente, alcançou a figura do presidente. A atuação da UDN foi decisiva para o trágico desenlace do suicídio de Vargas no dia 24 de agosto.

Corção foi um dos escritores que reforçaram os apelos udenistas pela renúncia do presidente. Após o famoso discurso de Afonso Arinos, líder da UDN na Câmara, no dia 13 de agosto, reiterando o pedido de afastamento voluntário do presidente, Corção também

---

A polêmica entre os dois também foi publicada na revista *A Ordem*, de julho de 1953.

[62] Corção escreveu nos meses de janeiro (dia 4), agosto (dia 23), setembro (dias 6 e 27), outubro (dia 18), novembro (dias 1 e 16) e dezembro (dia 1).

usou da tribuna do *DN* e repetiu o chamamento ao desprendimento do presidente. O argumento era o da ilegitimidade de Vargas para manter-se à frente das instituições democráticas.

É fácil imaginar a confusão de ideias que assalta a noturna consciência desse Climério. Onde está o doutor Getúlio? Como se explica que ele ainda esteja na presidência e Climério nas grades? Como se explica que os moços da Aeronáutica estejam a tratar com tanta rudeza um homem que tinha a proteção do presidente da República, sabendo o dito presidente que esse homem era um assassino? Sim, Climério não se sente em falta com o seu patrão. Não o enganou. Não se apresentou a ele como dentista, como eletricista ou cozinheiro. Não. Apresentou-se como assassino. Foi contratado porque era pistoleiro. E então? E então? Climério não pode entender o que aconteceu. *Entenderia melhor se lhe contassem que o presidente havia renunciado. Se lhe contassem que o presidente também andara pelos matos perseguido por cachorros. Se lhe anunciassem que o presidente tinha morrido* [Corção, 23 ago. 1954, grifos meus].

Palavras premonitórias, já que na manhã seguinte Vargas suicidava-se.

O suicídio de Vargas causou profundo impacto no país. A reação popular e a divulgação política da carta-testamento restringiram a exaltação udenista. Como afirma Maria Victoria Benevides (1981:90) "o trauma provocado pela morte do seu principal inimigo [...] causou nos udenistas um sentimento ambíguo de depressão e euforia".

Corção não foi acometido por nenhuma ambiguidade sentimental. Seus comentários à morte do inimigo político resvalaram para a crueldade. No artigo "A tragédia da duplicidade", de 5 de setembro de 1954, Corção empregou o termo "presidente suicida" para referir-se a Vargas — assunto do artigo do dia 12/9, no qual Corção contestou as imagens populares de Getúlio como mártir e assinalou que o legado do presidente era a duplicidade.

Caracterização, diga-se, marcada pela expressão "pai dos pobres e mãe dos ricos". Vargas é descrito como o ditador de 1937-

1945, como o responsável pela instabilidade da moeda brasileira, pela corrupção dos costumes e da administração pública, como o homem da "*Última Hora*", o protetor de Gregório Fortunato. É o homem que nos escândalos não sabia de nada, mas cujos herdeiros tencionariam mostrar como um "arguto e gênio político" (Corção, 12 set. 1954).

Corção (12 set. 1954), entretanto, ironicamente, elogiou a herança varguista: "tornou mais fácil e mais nítida a discriminação dos homens". Como um divisor de águas, sua persona distinguiria o bem do mal, os "homens bons" dos degenerados. E estes foram nomeados por Corção: Gustavo Capanema, Domingos Velasco, Osvaldo Aranha, João Cleofas, Jânio Quadros e José Américo de Almeida. Como veremos, na eleição de 1960 Jânio já terá deixado esse lugar e tornar-se-á a esperança das elites virtuosas, inclusive de Corção.

Portanto, se Vargas e seus herdeiros representavam a degenerescência das elites brasileiras e a morte do presidente servira para delimitar as fronteiras entre as minorias virtuosas e as elites degeneradas — antíteses em comportamento, práticas e "nobreza" — seu desaparecimento não denotou o fim da luta, pois sua obra precisava ser combatida, uma vez que "os Aranhas e os Goularts pretendem prolongá-la. Juram eles que continuarão a luta" (Corção, 12 set. 1954).

Ante a ameaça, cabia aos "homens bons" — que também foram designados pelo nome: "Alceu Amoroso Lima, Heráclito Fontoura Sobral Pinto, Fernando Carneiro, Adauto Lúcio Cardoso, Gladstone Chaves de Melo, Antônio Camargo da Rocha e Sandra Cavalcanti" (Corção, 18 mar. 1954)[63] — estar em vigilância e

---

[63] Esse artigo de Corção provocou celeuma com Sobral Pinto e Amoroso Lima. Em carta endereçada a Corção, Sobral o critica por não ter submetido o artigo, antes de sua publicação, à apreciação dele e de Amoroso Lima. Causou-lhe surpresa a supressão "após o nome de 'Adauto Lúcio Cardoso' da seguinte expressão: para senador Hamilton Lacerda Nogueira". Na correspondência, Sobral afirma que Hamilton integra uma classe de homem que Corção não aceitaria muito bem. Também expõe divergências entre ele e Corção quanto à atuação de Hamilton Nogueira no Senado. Contudo, adverte da necessidade de correção do feito, uma vez que utilizou seu nome e o de Amoroso Lima no artigo, e eles são eleitores e

conscientizar-se de que a guerra só estaria ganha quando todos "os remanescentes desse divisionismo que matou Getúlio Vargas e quase matou o Brasil desapareçam de nosso desventurado país" (Corção, 12 set. 1954).

O chamamento à responsabilidade da elite virtuosa objetivava superar a apatia que dominava as hostes udenistas para as eleições legislativas de outubro de 1954. Esta era a oportunidade para introduzir nomes de qualidade no Legislativo brasileiro. As qualidades esperadas desses homens consistiam em que possuíssem o tom correto, fizessem o "papel de minorias catalisadoras" e tivessem os atributos da inflexibilidade, da perseverança, da pontualidade, da coerência, da retidão, em suma, "que cumpram o que prometem e que tenham a suprema coragem de enfrentar a impopularidade" (Corção, 18 mar. 1954).

Desse modo, a solução de Corção para o problema da ocupação dos cargos dirigentes por homens despreparados era pelo voto. Urgia a realização de um trabalho de educação política da maioria que trouxesse uma melhoria qualitativa da participação da "multidão" nas coisas públicas. Todavia, o reconhecimento e a aceitação da inevitabilidade da participação política eram condicionados pela condução das massas pelas minorias virtuosas.

O direito de votar pertence [à classe dos direitos que não são outorgados por títulos] e a exigência de alfabetização é meramente acidental, não podendo assim ser extrapolada e transformada numa gradação medida pelo nível social do eleitor. [...] [Pois] faz parte da própria essência da política a universalidade da participação e é no voto que se consubstancia essa participação do homem comum na vida total da sociedade [Corção, 6 jun. 1954].

Evidentemente, o sufrágio universal não significava que todos são iguais. O desejo dos socialistas quanto ao fim das desigualda-

---

cabos eleitorais de Hamilton (Pinto, 30 mar. 1954, n.p.). Nos artigos seguintes, Corção passou a incluir o nome de Hamilton Nogueira e justificou-se, afirmando que a eleição para o Senado não merecia as mesmas atenções das câmaras municipais e federais.

des entre os homens não é exequível. A desigualdade de condições é o que legitima e impõe aos mais preparados um trabalho diverso daquele reservado aos mais humildes nos momentos eleitorais. Dessa forma, o voto qualitativo é intrínseco às sociedades, mas só existe se os melhores exercerem sua missão.

> [...] resolve[ria] o problema da influência proporcional ao nível de cultura ou de posse, a palavra que completa o circuito e que restabelece a justiça aparentemente ferida pelo voto quantitativo e igualitário. Servindo, nós conquistaremos um coeficiente proporcionado às nossas capacidades. Não servindo, nós seremos culpados pelos futuros capangas dos futuros governos [Corção, 19 set. 1954].

Como membro das elites virtuosas, Corção assumiu a função missionária, com seus artigos, conferências, aulas no Centro Dom Vital e cursos para empregadas domésticas do bairro das Laranjeiras. O fardo de ser minoria, de ser um dos "escolhidos", de pertencer às elites não se restringe ao direito, mas, principalmente, diz respeito a um dever. Partindo dessa premissa, Corção afirmava que o mero ato de votar "correto" não bastava. Era preciso vigilância e serviço, uma vez que a virtude das elites estava na concretização de seus direitos e deveres.

> É realmente ridículo que um professor coloque na urna um só voto igual ao da sua lavadeira. É realmente deplorável que um negociante seja tão mal visto por seus empregados que não consiga arrastar dois ou três votos atrás do seu. O que os homens mais preparados não veem é que o voto igualitário nos força ao serviço e à vigilância. Essas são as armas de combate à demagogia, que só cresce quando encolhemos, só domina quando adormecemos ou ficamos a gemer ou a pedir privilégios eleitorais [Corção, 19 set. 1954].

O recurso retórico à culpa foi recorrente na produção de Corção, principalmente quando ele se dirigiu às elites virtuosas. Um dos paradigmas do catolicismo, a culpa é expiada com a penitência da confissão e a absolvição dada pelo sacerdote. O ato de contrição, no qual o católico assume perante Deus e seus irmãos o erro por pensamentos, atos, palavras e omissões, constitui um dos pilares do catolicismo. Evidentemente, existem vários níveis de culpa: do pecado mortal ao venial. Todavia, mesmo os mais veniais dos pecados trazem consequências sociais. Neste contexto, a omissão das elites virtuosas, ainda que sob o prisma do pecado venial, ocasionou um grave resultado.

Essa classe média bem orientada precisa descobrir que não basta denunciar o banditismo dos bandidos e a ignorância dos humildes para ter uma cabal, uma plena explicação do nível de degradação a que havíamos chegado, e de que ainda não saímos completamente. Uma sociedade não se corrompe até esse ponto sem a conivência e a complacência de seus melhores. E é aí que se situa nossa terrível responsabilidade. Os maiores culpados por esse estado de coisas [...] são justamente os que se julgam melhores. A culpabilidade dos pistoleiros e dos impostores, muito maior do que a nossa em termos absolutos, é qualquer coisa que só funciona, que só galga o poder e se transforma em calamidade pública, quando o nosso comodismo permite [Corção, 19 set. 1954].

A crítica de Corção às elites virtuosas não se resume aos períodos eleitorais. É assunto da vida cotidiana, do desdém dos "melhores" com as causas dos "mais humildes". Isso explicaria a evidente fascinação dos mais humildes por Getúlio Vargas. Efetivamente, para Corção, as elites virtuosas haviam ignorado as palavras da doutrina social da Igreja, de respeitar a dignidade do homem, e entregaram o tema da justiça social ao ditador.

No que concerne ao trabalhismo, é preciso afirmar que o mito que hoje emociona os humildes tem certo fundamento. Por um conjunto de circunstâncias, Getúlio Vargas tornou público e vivo a grande realidade dos tempos presentes: o problema da justiça social, que as classes conservadoras querem obstinadamente ignorar. [...] O fato incontestável é que ele falou aos humildes, [...] tornando-os conscientes de sua própria existência [Corção, 5 set. 1954].

Fazia-se necessário que as elites virtuosas prestassem um adequado serviço, incorporassem a temática da justiça social e, por fim, abandonassem o comodismo. Não bastava o moralismo histérico e, consequentemente, paralisante, pois seu risco era novamente o repúdio da população. Era preciso disposição, serviço, desprendimento. E o momento para que as elites virtuosas oferecessem-nos ao Brasil apresentou-se novamente na campanha presidencial de 1955.

O cenário pré-eleitoral de 1955 foi uma partida de xadrez, com lances dramáticos e jogadas decisivas: das polêmicas em torno do adiamento das eleições à reforma eleitoral com cédula única, da tese de candidatura de "união nacional" aos ensaios aliancistas entre partidos adversários (PSD/UDN e UDN/PTB), do veto militar às candidaturas de Juscelino Kubitschek e João Goulart às renúncias e reconsiderações da candidatura da UDN.

Corção acreditou na derrota de Juscelino e envolveu-se profundamente na luta intra-UDN. Opinou sobre cada uma das alternativas apresentadas pelos udenistas, tendo atuado em duas grandes frentes de batalha: na oposição às teses impeditivas à candidatura de Juarez Távora e na viabilidade eleitoral daquele candidato.

Cumpre notar que o público-alvo de sua atuação foi tanto o partido político quanto seus simpatizantes e eleitores. Mesmo não sendo filiado à UDN, suas colunas foram também trincheiras desse partido como espaços de advertências.

Acontece o seguinte nos quadros atuais da nossa política: os mais aproveitáveis militantes, os melhores, os homens de bons costumes não sentem, não veem, não tomam conhecimento do magno problema dos tempos modernos. Enquanto os comunistas, em contato com o universal anseio de vida melhor para a multidão propõem um remédio que mata; e um punhado de bravos socialistas perdem-se em considerações de um ideal irrealizável; e um número crescente de militantes populistas, tendo descoberto o anseio do povo, explora-o em proveito próprio; os nossos melhores combatentes, os democratas que assinaram o manifesto dos mineiros e que sofreram exílio e perseguição durante a ditadura, se obstinam em não ver a volumosa realidade. Conservadores por índole ou formação, pretendem conservar o que já está deteriorado. Trazem fórmulas de moral individual e familiar para a purificação dos costumes políticos [...] No remédio que recomendam falta o específico, falta justamente aquele princípio ético reclamado para o soerguimento do povo e para a dignificação da humana condição. [...] O povo desconfia dessa pureza que não suja as mãos nos roubos mas também não as suja no contato da miséria [Corção, 27 fev. 1955].

Os vários movimentos da UDN até a definição da candidatura de Juarez Távora foram considerados tanto abjuração da missão do partido como amostras aristocráticas de udenistas que buscavam restringir a participação popular nas coisas públicas.

O primeiro desses movimentos foi a fórmula da "união nacional", que, de acordo com Corção (5 jun. 1955), mantinha a "aparência exterior de pleito eleitoral, todavia sem o perigoso conteúdo [do sufrágio universal]". Contrário à "união nacional", Corção (13 mar. 1955) argumentou que esta se baseava numa excepcionalidade, que só poderia ser aplicada ante um "perigo comum". E esse não era o momento vivido pelo país. Portanto, o que se depreendia era que a fórmula visava suprimir a liberdade de sufrágio e impedir a realização de eleições livres. Era preciso, pois, acabar com a contradição entre o discurso e a prática, abandonar tal estratagema e lançar uma candidatura "boa, coerente, realista e decente" (Corção, 6 mar. 1955).[64]

---

[64] No dia 4 de março de 1955, Afonso Arinos criticou Alceu Amoroso Lima, Sobral Pinto e Gustavo Corção por seus questionamentos à proposta de "união nacional", encampada pela UDN. Apontando a diferença entre o engajamento intelectual de político, Arinos destaca as agruras e responsabilidades do político em oposição à liberdade do intelectual: "Vós sois livres porque sois solitários, porque não desejastes, quando vos convidamos, entrar conosco nessa luta diuturna e melancólica de todos os dias. Porque vos recusastes e vos mantivestes nessa situação duplamente cômoda de dizer o que quer e de não ouvir o que não quer" (*Diário do Congresso Nacional*, p. 17, 5 mar. 1955. Disponível em <www2.camara.gov.br/publicacoes> Acesso em: 26 out. 2006). Corção respondeu: "Ficou registrado nos anais do congresso nacional que o Sr. Afonso Arinos é um homem admirável. Muito bem. Tratarei eu agora de registrar cá fora que também sou um homem admirável. Direi que a minha renúncia foi ditada pela inquebrantável fidelidade à vocação. Publicarei as lutas tremen-

Tendo sido uma das vozes na imprensa que fizeram frente às alegações favoráveis à intervenção dos militares na vida política do país, manteve-se em lado oposto a Carlos Lacerda, principal defensor da união das "forças democráticas" diante da ameaça da vitória de Juscelino Kubitschek e da entrega do governo a "mãos fortes". Seus comentários referentes não só ao pronunciamento dos ministros militares e de destacados oficiais das Forças Armadas sobre a conveniência de um candidato único, em janeiro de 1955, mas também às críticas de Canrobert Pereira da Costa à democracia — por ocasião do primeiro aniversário de morte do major Rubens Vaz, em 5 de agosto — evidenciam a importância das instituições partidárias para a ordem democrática.

Aos militares que pretendem representar um papel de tutor, por cima das instituições, como se as forças armadas constituíssem um supremo poder, como se essas organizações estivessem limpas da lepra do peculato e negocismo que infesta o resto do corpo nacional; eu diria que demonstrem a realidade dessas duas suposições, ou que, no caso de impossibilidade de tal demonstração, comecem pelo começo, isto é, por melhorar o que esteja a exigir tal atenção nas próprias forças armadas. Tratam-nos como débeis mentais, ou como crianças de colo, esses pregadores que pedem confiança e que pretendem contrapor seus belos olhos a todo aparato de realidades cívicas que podemos cheirar, apalpar e conseguintemente escolher. A altivez democrática é ferida, digo até insultada pelo pedido de confiança feito nesses termos [Corção, 14 ago. 1955].

O segundo movimento foi o do realismo político. Os udenistas deveriam e poderiam fazer aliança com os dissidentes do PSD, assim como com os do PTB. Evidentemente, desde que a liderança

---

das com que resisti aos demônios do prestígio, que me induziam a deixar a vida de professor, que me acenavam com a volúpia do tratamento de excelência e de nobre deputado, que me prometiam a doçura de três meses de férias, férias mesmo, sem bicos, sem artigos, sem aulas que não experimento há dezessete anos. Lembraria talvez ao Sr. Afonso Arinos que tive o trabalho e a canseira dos candidatos sem ser candidato, quando pugnei por homens de seu partido" (Corção, 13 mar. 1955).

do processo ficasse com a UDN, e sua plataforma — de oposição à liquidação moral do país, de tendência à recuperação dos costumes políticos e, principalmente, de compreensão do crescente fenômeno das massas na vida pública — fosse aceita. Nesse sentido, a chapa ideal foi defendida por Corção no seu artigo de 6 de março de 1955 e traduzia-se por Juarez Távora concorrendo à presidência da República e Alberto Pasqualini à vice-presidência.

É preciso, a meu ver, que a fórmula venha de São Paulo, com apoio do Rio Grande do Sul, para dar ao estado bandeirante, na atual crise, a posição histórica de que tem sido esbulhado, e para que o nome de Pasqualini, afiançado por Meneghetti, seja um sinal de reconciliação e de conteúdo genuinamente trabalhista [Corção, 6 mar. 1955].

O malogro da união UDN-PTB, afiançada pela dissidência pessedista, revelou-se ainda em março, com a divulgação do acordo de Juscelino com João Goulart. Em abril, após desistências, reconsiderações e novo recuo de Juarez, a Convenção Nacional da UDN homologou o nome de Etelvino Lins, também da ala dissidente do PSD e apoiado precisamente pelas forças udenistas da "união nacional" (Benevides, 1981:94). O terceiro movimento, agora de franca oposição ao partido, foi levado a efeito. A candidatura foi recebida por Corção como expressão da artificialidade histórica e da "nostalgia pessedista" por parte do partido udenista (Corção, 24 abr. 1955), que, ao rebaixar seu critério de escolha de candidatos, iria se igualar ao seu adversário. Pois, como já dissera, "o partido se conhece por seu programa não escrito, por sua inclinação, por sua tradição, pelas ideias mal ou bem conduzidas, por seus homens" (Corção, 16 ago. 1954). Finalmente, o último movimento foi seu engajamento no relançamento da candidatura de Juarez e na sua campanha.

As qualidades identificadas no nome de Juarez eram três: (1) a possibilidade de vitória, o que não ocorria com Etelvino; (2) em caso de derrota, a construção de um patrimônio político para a oposição; e (3) a moralização do pleito, ou seja, a candidatura de Juarez iria se constituir em impeditivo a uma solução extralegal.

Nos três meses em que Etelvino manteve a candidatura, Corção criticou duramente a UDN.[65] Todavia, a retirada dessa candidatura e a decisão do partido de apoiar Juarez, com Milton Campos na vice-presidência, foram aplaudidas por Corção.

Tendo os partidos e coligações definido seus candidatos — Juscelino, Juarez, Ademar de Barros (Partido Social Progressista — PSP) e Plínio Salgado (Partido de Representação Popular — PRP) — os ataques de Corção se voltaram contra a candidatura de Plínio e contra o voto em branco.

Plínio Salgado resumia todos os defeitos que, para Corção, identificavam as elites degeneradas. Homem flexível, dúbio, equívoco, que não assumiria a responsabilidade de seus atos, mentiroso, traidor dos amigos, covarde na luta. Politicamente, Corção o caracterizou pelo apoio a Getúlio Vargas no golpe de 1937 e por não ter "uma só palavra de protesto, de indignação pelo bárbaro assassinato dos moços aprisionados e desarmados no Palácio Guanabara" (Corção, 18 set. 1955).

Evidentemente, Juarez e Plínio disputavam a mesma fatia do eleitorado. Cumpre lembrar o apoio de padres e bispos à candidatura integralista.[66] Desse modo, a estratégia de combater e angariar votos integralistas assumiu uma perspectiva de realismo político.[67]

---

[65] "Já foi dito por alguns jornalistas e pelo próprio Sr. Etelvino Lins, que nós andamos a sabotar os grandes partidos e com isso nos aproximamos da filosofia totalitária [...]. É curioso que essa acusação venha de um arraial que primeiro inventou uma fórmula — a Aliança Popular Contra o Roubo e o Golpe — para evitar o quadro partidário udenista; e que depois, dentro desse quadro udenista inevitável por força da lei eleitoral, faz a pregação do golpe em contradição com a própria bandeira e que depois, mais udenista do que nunca, vai buscar no PSD um candidato dissidente, isto é, um expoente da indisciplina partidária. [...] Os udenistas estão obrigados a defender a UDN [...] apesar das dificuldades criadas pelas habilidades dos dirigentes. [E] não hesito em afirmar que o voto de cada um deles, em sã moral, não se pode prender às injunções partidárias. E menos hesito em afirmar que, em hipótese alguma, poderão lançar mão de fórmulas disciplinares para forçar as consciências e para obrigar algum membro de seu partido a um público pronunciamento que seja constrangedor para sua consciência" (Corção, 29 maio 1955).

[66] Folheto "O episcopado nacional e Plínio Salgado" (Corção, s.d.a, n.p.).

[67] A campanha empreendida por Corção ultrapassou suas colunas jornalísticas. Convidado pela Rádio Globo, proferiu violento discurso contra a candidatura de

Sua oposição foi tão persistente que, para os integralistas, era um "socialista materialista".[68]

> Não posso convencer um ademarista de que ele não deve votar em seu dinâmico candidato. Se lhe disser que essa candidatura expõe o Brasil ao vergonhoso ridículo de ostentar um personagem que oscila entre a cadeia e a Presidência, o ademarista mais depressa do que eu admitirá que seu candidato roubou. Mas, assim mesmo, ou por isso mesmo, votará nele. Também posso dizer ao juscelinista que o trêfego mineiro representa a volta de tudo que houve de pior no regime Vargas [...].
>
> A candidatura Plínio Salgado, porém, por um conjunto de circunstâncias, tornou-se refúgio dos eleitores bem-intencionados que não gostam da farda ou que não gostam de cearense, ou que se deixaram impressionar por falsas informações relativas ao lançamento da candidatura Juarez Távora. Em oposição a Juscelino e Ademar, correu boato que Plínio era homem honesto, e bastou isso para se criar em torno dele um grupo eleitoral que não pode chegar à vitória, mas pode molestar gravemente a vitória de Juarez e, consequentemente, o futuro do Brasil [Corção, 25 set. 1955].

Outra ameaça à eleição de Juarez era o voto em branco. Ressalte-se a declaração de d. Jaime Câmara,[69] então arcebispo do Rio

---

Plínio pelo uso indevido da declaração de uns poucos bispos, "fraca porcentagem", e por ser um "grupo minoritário de delirantes" a brincar de eleição (Corção, s.d.b, n.p.). A repercussão de seus esforços pode ser dimensionada nas cartas que recebeu de integralistas e simpatizantes, e nas páginas do jornal oficial do PRP, *A Marcha*. Nesse periódico, Corção foi tachado de comunista, autor da "imortal asneira 'comunismo corresponde a um anseio dos povos'" (*A Marcha*, 23 set. 1955).
[68] Carta anônima de um integralista a Corção, datada de 1955, na qual o missivista pergunta: "como o senhor pode conciliar o seu catolicismo com o socialismo materialista?" (Corção, 1955, n.p.).
[69] De acordo com Ralph Della Cava, a partir de 1954, a Confederação Nacional dos Bispos no Brasil (CNBB), e não d. Jaime Câmara, "tornou-se o verdadeiro sucessor do cardeal Leme, enquanto o secretário-geral da CNBB, Dom Hélder Câmara, emergiu como o líder de fato da Igreja brasileira". No entanto, politicamente, d. Jaime Câmara ainda mantinha considerável poder, pois representava

de Janeiro, de que o voto em branco era pecado.[70] Corção (25 set. 1955) reiterou a asseveração de seu presbítero e advertiu "as consciências bem formadas" da falta "gravíssima" do ato e sua proibição. A semelhança de suas atuações políticas com as da hierarquia católica comprova as boas relações do leigo Corção com sua Igreja. Em outubro, Corção viu seu candidato ser derrotado por Juscelino por uma diferença de 470 mil votos, tendo Plínio conseguido 8% do total.

> Chego, pois, ao termo desta campanha com o mesmo candidato, com as mesmas ideias e com a cara que tinha no começo. Contundido, cansado, gasto, posso, entretanto, pedir emprestada a palavra do apóstolo para uma aplicação à ordem do bem comum temporal. *Combati o bom combate* e mantive intactas as convicções democráticas. [...] [E] desde já me disponho a tomar esse serviço como um incitamento de novos combates. *Si c'est à recommencer*, recomeçaremos com as mesmas convicções, com as mesmas ideias e com a mesma cara (Corção, 1 out. 1955, grifos meus].

No último artigo do ano de 1955, quando se despediu provisoriamente da coluna, a fim de dedicar-se a um trabalho, Corção analisou o acontecimento e, mais uma vez, acusou as elites virtuosas pelo resultado desfavorável. Estas não trabalharam com empenho para a eleição do udenista, principalmente Raul Pilla, "que deveria ter sido menos glacial", Lacerda, "menos afogueado", e o brigadeiro Eduardo Gomes, "menos silencioso" (Corção, 6 nov. 1955).

> É pueril acusar-nos de golpismo quando apelamos para o judiciário. Mas convém acrescentar que dão razão aos adversários os golpistas declarados que agora falam em batalha judiciária. A ri-

---

a ala conservadora da Igreja Católica do Brasil (Della Cava apud Abreu et al., 2001:1526).

[70] A declaração de d. Jaime reproduzida na coluna de Notas Políticas do *Diário de Notícias* de 22 set.1955 alertava: "se é pecado votar mal, não o é menos votar em branco ou deixar de votar exceto por grave impedimento".

gor só podem fazer esse apelo os que sempre se declararam contra intervenções e regimes de exceção [Corção, 6 nov. 1955].

Opondo-se veementemente à tese da maioria absoluta como meio legítimo de contestação do resultado eleitoral, Corção mostrou-se favorável à sua aprovação para os pleitos subsequentes. Todavia, advertiu que a fórmula deveria consistir na realização de dois turnos, ou ambos de forma direta, ou a primeira eleição indireta e a segunda direta (Corção, 6 nov. 1955).

Na sequência do argumento, o autor descarta qualquer ideia golpista, pois, para ele, o golpe consistiria numa trama sórdida cujo objetivo seria impedir a participação popular na coisa pública. Dessa forma, os homens excelentes do Brasil não despertaram para a realidade das massas na sociedade.

O problema não era dar ou não posse a Juscelino, mas sim responder adequadamente ao porquê do fracasso da candidatura mais preparada. E, para Corção, a resposta estava no mau funcionamento das minorias e na seguinte questão: "poderão elas tomar consciência disto e reparar os erros cometidos?" (Corção, 6 nov. 1955).

Tal como nas eleições legislativas do ano anterior, o erro do "primarismo político"[71] das elites virtuosas, que consistiria na polarização de toda ação política em termos de antigetulismo,[72] agregado ao anticomunismo canhestro dos integralistas, deu a vitória aos herdeiros de Vargas.

JUSCELINO KUBITSCHEK E A METASSÍNTESE

Durante a campanha, as referências a Juscelino Kubitschek foram ligadas à herança getulista e, ao final do governo, ao título de pior presidente do país.[73] Na construção desse percurso discursivo de

---

[71] Termo usado por Corção (16 jan. 1955) no artigo "Tirem d'ali o Machado de Assis".

[72] Maria Victoria Benevides (1981:242) refere-se à "máscara liberal como justificação do combate a Getúlio". O recurso ideológico do liberalismo para o udenismo revela-se "como máscaras para reais interesses".

[73] Essa execração nenhum outro presidente teve. Em contrapartida, o melhor presidente do país para Corção teria sido Rodrigues Alves, que desdenhou da

uma associação automática a Getúlio Vargas para o realce dos defeitos de JK, os cinco anos de governo constituem a estrutura, e o homem e suas ideias na presidência, o símbolo.

Ainda durante a campanha, Corção se mostra surpreendido com o candidato pessedista retratado na propaganda eleitoral. "É assaz incompleta a ficha que tenho desse pretendente à suprema magistratura do país. [...] Mas, em compensação, tenho o cartaz, a fisionomia, o ar, o trejeito de boca, o arqueado dos braços, o perdido dos olhos" (Corção, 1 jan. 1955).

Nitidamente, a proposta é depreciar Juscelino, é mostrar o continuísmo da mentalidade getulista de ser e fazer política, impresso nas imagens da "fisionomia, [...], no perdido dos olhos". O "ar", ou seja, o caráter de Juscelino recomendava à oposição que lançasse um apelo à memória do povo de que, tal qual Getúlio Vargas, Juscelino "é muito mais mãe dos ricos do que pretende ser pai dos pobres" (Corção, 6 mar. 1955).

A história e a memória são reservas da tradição que protegem o presente e resguardam o futuro. Bem ao gosto do conservadorismo, a sequência da argumentação de Corção destaca a história como experiência concreta que se realizou no governo de Getúlio Vargas. Experiência nefasta e, por isso mesmo, a ser lembrada na conjuntura eleitoral que se avizinhava. A solução estava na preservação e na difusão desse passado tão próximo pelas elites virtuosas, pois memória é vigilância.

Memória é nobreza. Sem registros fiéis, sem continuidade, e sem rigorosa exigência de uma concatenação dos atos e atitudes dos homens públicos, não há civismo, não há política exercida, vivida, participada por todos. Sem memória coletiva praticada não há critérios para a escolha dos partidos e dos candidatos e, por conseguinte, não há nenhum critério racional para o voto. [...] Cumpre seguir de perto os homens públicos. Cumpre anotar o que ele disse ontem e o que ele diz hoje. Cumpre reter para concatenar. E

---

popularidade, apoiou Oswaldo Cruz, livrando o Rio de Janeiro da febre amarela.

onde se notar incoerências e versatilidades pode-se garantir que falta o espírito público [Corção, 16 ago. 1954].

Diante dessa conclusão, o esforço vigilante da campanha de 1955 consistia em estabelecer a ligação entre Juscelino e Vargas e impedir que o povo atuasse como massa, sem memória, sem história e por determinismos históricos. Dessa forma, somente o comprometimento das elites mais esclarecidas impediria a hegemonia do "ilusionismo" e das "falsas promessas" divulgadas por essa elite deteriorada que disputava o cargo máximo da nação com Juscelino. Com esse intuito, a recordação dos "porões" do getulismo traz de volta as denúncias de corrupção e as qualidades nefastas de homens como Juscelino, que já em seu programa de governo mostrava o desvio entre suas intenções e a realidade nacional. Nesse sentido, as propostas de modernização do programa de Juscelino exibem as "falsas promessas" que mascaram aqueles princípios que deveriam nortear a boa administração do país.

Em matéria de binômio eu preferiria este outro: bom senso e honestidade. O bom senso nos defenderia do fascínio daquelas fórmulas que ninguém examina e todos aceitam, e nos conduziria a uma administração harmoniosa onde não fosse possível simultaneamente gabar a extensão das rotas aéreas e suspirar pela evasão de divisas. O bom senso deve ser para essa difícil orquestra dos serviços públicos o maestro que distribui e gradua. E a honestidade — não só de dinheiro — é a peregrina virtude que, no homem público, coloca o bem comum acima de seu prestígio [Corção, 1 jan. 1955].

Como dissemos, Corção afastara-se das lides jornalísticas em 6 de novembro de 1955, tendo retornado em 26 de fevereiro de 1956, aproximadamente um mês após a posse de Juscelino. Seus comentários sobre a posse já permitem antever a mudança do foco sobre o personagem Juscelino.

O fenômeno é mais amplo e chego até a pensar que valeria a pena esboçar um ensaio sobre a metafísica da importância e daí tirar algumas reflexões sobre o espírito do pessedismo. [...] Mas o mundo tem carinho especial pela raça de homens que tudo coloca em fruição do critério dos prestígios. O mundo é dos carreiristas [Corção, 26 fev. 1956]

A estratégia da campanha — destacando Juscelino como o herdeiro da corrupção, do nepotismo, do atentado da Toneleros e dos gregórios da vida — mostrou-se inútil. Portanto, com sua posse, Corção o identifica com o pessedismo, ou seja, "a política das competições, do poder por ele mesmo, do sucesso, da esperteza, da vaidade e do acaso" (Corção, 4 mar. 1956).

A mensagem presidencial de 18 de abril de 1956, que propunha a mudança da capital do Rio de Janeiro para o planalto central em 21 de abril de 1960, levou Corção a uma feroz oposição. Primeira proposição do Programa de Metas de JK, a mudança da capital e a construção de Brasília sintetizavam a visão de modernização e transformação que pretendia o governo de Juscelino. Seu objetivo era vencer os obstáculos estruturais que atravancavam o desenvolvimento econômico do país. O diagnóstico do novo governo era que a miséria ameaça a ordem e a via de acesso para dirimi-la ou diminuí-la era o desenvolvimento pela industrialização. Isto foi chamado ideologia do desenvolvimentismo (Cardoso, 1978).

A modernização anunciada, cuja materialidade era Brasília, voltava-se para o futuro, para um país que passaria a ser industrializado e urbano. A polêmica sobre a conveniência ou não da mudança da capital para Brasília mobilizou a sociedade e, principalmente, Corção, que duvidou de sua viabilidade e, mesmo depois de sua inauguração, permaneceu um opositor de Brasília.[74]

---

[74] Entre outros nomes contrários à construção de Brasília figuravam Carlos Drummond de Andrade e Nélson Rodrigues. O sinal de que era a tradição que constituía as capitais também se encontra em Joseph de Maistre que "achava graça e troçava da ideia de os americanos abandonarem cidades já construídas, como Nova York e Filadélfia, para irem se instalar numa região pantanosa e selvagem do Maryland, a fim de construírem *ex nihilo* a própria capital da nova nação. Não durará, dizia De Maistre" (Nisbet 1987:54-55).

Além dos debates sobre a mudança da capital,[75] Corção também atuou como caixa de ressonância para as denúncias udenistas de nepotismo, corrupção no governo[76] e ao não cumprimento do plano de metas referente à energia.[77] Em janeiro de 1958, Juscelino declarou que Brasília traria uma nova concepção de vida. Diante dessa colocação, Corção (23 jan. 1958) retrucou que a cidade nada mais era que a "aceleração de uma tendência que no Brasil já tem mais de trinta anos". Nota-se que ele recorre à tradição e à história brasileiras, para afirmar que Brasília é produto da mentalidade de uma minoria desvirtuada. O que Corção combatia era o "espírito de inovação" (o termo é de Burke), isto é, o culto da mudança pela mudança.

A justificativa oficial de que a mudança da capital para o planalto central obedecia a um preceito constitucional que fora ignorado por outros presidentes não era considerado um argumento válido, pois tal artigo destacava-se pela iniquidade, ineficácia e por ser "uma verruga jurídica no majestoso corpo da Magna Carta que mais deveria ocupar-se de normas duradouras que das obras transitórias" (Corção, 12 jan. 1960). Além disso, outras políticas públicas prioritárias estavam por ser implementadas. O que ficava evidente na proposição mudancista era o caráter caprichoso de um presidente da República que decidira pela transferência da capital "numa época inoportuna, com motivações inoportunas, com métodos inoportunos, para um lugar inoportuno, e em prazo culposamente inoportuno" (Corção, 12 jan. 1960).

Em dezembro de 1958, Corção arriscou:

---

[75] Meu objetivo não é analisar a oposição de Corção ao conjunto de propostas de governo de JK. Privilegiarei sua argumentação sobre Brasília, que definiu como a "burrice-síntese", e o debate sobre educação. Os outros temas serão objetos de notas.

[76] Corção realizou uma campanha denunciando as benesses do presidente à sua família, como o cartório ganho pelo noivo de uma de suas sobrinhas; a gestão da primeira-dama na Legião Brasileira de Assistência, entre outras denúncias de favorecimento e má gestão dos negócios públicos.

[77] Publicou dois artigos inteiramente dedicados ao tema da hidrelétrica de Três Marias (Corção, 9 e 20 jan. 1960) e sempre que analisou o governo de Juscelino retornou ao assunto.

Sei que não se fará em abril de 1960 a mudança da capital da República, se por mudança de capital entendemos a instalação das casas do Congresso e das famílias dos congressistas, a instalação do Supremo Tribunal Federal com residências condignas para os senhores ministros, a instalação da Presidência e dos Ministérios, com habitação e meios de sobrevivência para os trinta mil funcionários que foram considerados o mínimo indispensável para começar. [...] Quer apostar? [Corção, 11 dez. 1958].

Corção recorreu frequentemente ao seu capital simbólico de engenheiro, para se opor à construção de Brasília. Foi assim nos casos da telefonia e do lago Paranoá. Do alto de sua especialização em telecomunicações, afirmou a impossibilidade da construção das ligações telefônicas no tempo estipulado para a inauguração. Brasília, portanto, estaria sem comunicação com o restante do país.[78]

Faltam doze dias para a operação que, por eufemismo oficial, está sendo designada pela expressão mudança da capital. [...] Brasília não tem serviço telefônico. [...] Não sei se o circo russo, além de urso, tem aqueles dois personagens que todos os circos de minha infância infalivelmente traziam: o palhaço muito bem paramentado e o clown de colarinho imenso, cara de bobo, pago para receber bofetadas do palhaço. O Brasil tornou-se um vasto circo [...] com muitos palhaços de luxo. O clown é o povo, somos nós, é você, leitor. Com a diferença de que, em vez de sermos pagos pelas bofetadas, ainda pagamos. Brasília, meus amigos, é a bofetada síntese [Corção, 9 abr. 1960].

---

[78] Juscelino Kubitschek, na narração da construção de Brasília, reconheceu o problema das telecomunicações. "Tirando-se a média dos prazos exigidos por todas essas firmas [RCA e a Ericsson], chegava-se à conclusão de que a ligação Rio-Brasília, através de micro-ondas, não poderia ser efetuada em menos de dois anos. Na época, estávamos em setembro de 1959, o que queria dizer que dispúnhamos de apenas seis meses." Estabeleceu-se, pois, um impasse. [E] "já que as empresas haviam se confessado incapazes de enfrentar o desafio, o Departamento de Telecomunicações Urbanas e Interurbanas (DTUI) faria frente, sozinho, ao problema" (Kubitschek, 2000:343-344).

As previsões de Corção não se realizaram, e, no dia 17, Juscelino ligou de Brasília para a casa do escritor, mostrando-lhe o erro de suas previsões.[79] Quanto ao lago Paranoá, Corção (7 nov. 1959) afirmou que nunca encheria, pois o solo era poroso. Juscelino também respondeu aos artigos de Corção com um telegrama em que dizia: "Encheu, viu?"[80] Já o ato político de JK teria assumido conotações totalitárias, tendo Corção comparado a transferência da capital com a criação do Estado Novo em 1937.

> Um novo fechamento do Congresso se prepara festivamente diante de toda a nação previamente estupidificada por quatro anos de propaganda. [...] Sim, em Brasília, no isolamento de Brasília, no buraco cívico enfeitado pelo talento do sr. Niemeyer, será encerrado o Congresso por tempo indeterminado. [...] O que haverá em 21 de abril não é a interiorização da capital, é a sua internação [Corção, 10 abr. 1960].

A cidade "anti-histórica", sem memória, sem passado, portanto, sem tradição, resumiria as qualidades da "raça de nossos dirigentes" (Corção, 8 jul. 1956). A perspectiva que moveria a mudança e construção da capital é de falacioso progresso. O verdadeiro sentido de progresso crê que uma dada estrutura ou *modus vivendi*, por mais obsoleto que seja, possui uma função progressiva e ainda vital (Nisbet, 1987). Dessa forma, o novo somente se pode empreender a partir da consolidação do momento anterior. O ponto de vista é indiscutivelmente o da mudança a partir da conservação.

Dessa forma, para Corção (26 out. 1960), o governo JK e sua ideia de progresso, cuja materialidade foi Brasília, só serviram para "atrapalhar quem queria trabalhar [...], dificultar, desmontar, atrasar o que vinha de trás, entravar as atividades imanentes da

---

[79] Ver "Os críticos de Brasília". Disponível em:<www.projetomemoria.art.br/JK/biografia/4_criticos.html>. Acesso em: 5 dez. 2005.
[80] Ver "Os críticos de Brasília". Disponível em:<www.projetomemoria.art.br/JK/biografia/4_criticos.html>. Acesso em: 5 dez. 2005.

sociedade". A visão equivocada e talvez, para Corção, mal intencionada, dos objetivos desse governo impunha à sociedade brasileira o domínio do tecnicismo, que substituía o primado espiritual pelo técnico.

Esse desvirtuamento das funções do governo revelou-se claramente no debate sobre o voto do analfabeto e a Lei de Diretrizes e Bases da Educação.

Em agosto de 1957, foi apresentado o projeto de lei que estendia o voto aos analfabetos.[81] Corção acusou.

> O pronunciamento oficial em favor do voto dos analfabetos é um atestado de burrice passado ao povo. [...] O presidente parece ter chegado à terrível conclusão. Não há remédio. Há um analfabetismo fatal, um analfabetismo congênito, racial, sociológico, telúrico. Há um brasílico analfabetismo. Um invencível analfabetismo que nem nos cinco vezes dez anos de governo pode ser combatido,[82] ou sequer reduzido. É muito mais fácil um burro voar. É muito mais fácil, e muito mais bonito, fazer uma cidade nova no agreste [Corção 13 set. 1957].

Nesse período, a educação era compreendida como força transformadora do social. Como mostram Gomes, Pandolfi e Alberti (2002:425), várias iniciativas educacionais foram bem-sucedidas, mas também se evidenciou a assimetria entre os discursos políticos e a prática dos governos no incentivo à educação. Isso ficou evidente no Plano de Metas, que reservou uma pequena dotação para as áreas de educação e da saúde. De acordo com Corção (21 dez. 1958), educação "é uma atividade vital em que predominam as energias imanentes do educando. Ensinar, ou de um modo geral educar, é uma arte fina e *sui generis* que tem de respeitar o trabalho que a alma do aluno tem de fazer por si mesma".

---

[81] O projeto foi defendido pelo presidente JK e até pelo General Lott. Gerou enorme debate e foi derrotado sob pesada oposição da UDN (Benevides, 1981:278).
[82] A ironia de Corção se apresenta no trocadilho que faz com o *slogan* do governo JK (50 anos em cinco).

Pode-se concluir que um dos caminhos do progresso é a educação. Nesse sentido, em fins de 1957, a retomada do projeto da Lei de Diretrizes e Bases da Educação Nacional, que fora apresentado em 1947 e ficara parado oito anos no Congresso Nacional, incendiou a esfera pública brasileira. A decisão da Comissão de Educação e Cultura pela reelaboração do projeto, tendo entre seus responsáveis Anísio Teixeira e Lourenço Filho, que propunham a "defesa da escola pública, laica e gratuita, com uma orientação descentralizadora do sistema educacional" (Gomes, Pandolfi e Alberti, 2002:427), gerou enorme mobilização entre os católicos.

A proposta oficial atingia, principalmente, as escolas confessionais, hegemonicamente sob a responsabilidade da Igreja Católica. A ameaça do projeto provocou significativa reação nos meios católicos, sendo Corção uma das vozes mais atuantes.[83] Na Câmara dos Deputados, a oposição a esse projeto levou Carlos Lacerda a apresentar um substitutivo que "defendia a livre iniciativa ou o ensino livre, como preferiam" (Gomes, Pandolfi e Alberti, 2002:248), e a alocação dos recursos do Estado no subsídio às escolas privadas, cabendo à educação pública suprir as carências das escolas privadas.

---

[83] Anísio Teixeira enviou-lhe, em fevereiro de 1958, uma carta na qual contestou seu posicionamento no debate educacional. Disse ele: "Senhor Gustavo Corção: sou um leitor de seus artigos. Acompanho com extrema curiosidade a sua luta entre a independência intelectual, que me parece o seu natural, e o 'dogma', sempre pendente sobre sua cabeça, como 'Jeovah' sobre os hebreus. Essa espada de Dâmocles suprime o senso de humor. Como os hebreus, Corção não ri. Condena, adverte, aponta, profetiza tal qual um hebreu. Whitehead nota essa falta do riso entre os hebreus. Certo amigo lhe retorquiu que, quando o assunto é demasiado sério, não se pode rir. Este também me parece o caso Corção. Ainda agora nos seus últimos artigos sobre a liberdade de ensino. Defendo posição essencialmente idêntica à sua. A educação — não só a privada, como a pública — não deve ser sujeita ao Estado, mas, à Sociedade. Por isto defendo um governo independente para a educação: conselhos locais, de composição popular. No fundo, conselho de pais. A política educacional seria fixada por esses conselhos, ajudados pelos profissionais da educação, isto é, os professores. O senhor deseja, ao que parece, a mesma coisa. Como, porém, não defende a tese como uma plausibilidade imparcial, para a solução da educação dada pelo Estado e, ainda assim, independente, mas simplesmente como recurso de transferir o poder de educar à Igreja, toda sua argumentação soa falso" (Teixeira, 1958).

Corção entendia educação como um processo de longo prazo e sem espaço para novidades[84] que visava, antes de tudo, ao aperfeiçoamento moral e religioso, e qualquer tentativa de limitar a liberdade de ensino deveria ser interpretada como uma intromissão indevida do Estado na vida social, pois "uma sociedade se educa a si mesma. Por seus grupos, pelas espontaneidades e experiências que formam a rica trama de uma sociedade, ela se educa e produz uma geral elevação de nível humano" (Corção, 21 dez. 1958).

A oposição ao projeto enviado e apoiado pelo governo JK tinha como justificativa a noção de que a educação iria se tornar uma política pública desenvolvimentista e, portanto, proposição de uma elite "degenerada". Assim, Corção se defendeu da acusação de seus críticos de que propunha um retrocesso ao país.

Não julgue o leitor que nós não estimamos o desenvolvimento, ou o progresso econômico, técnico e científico. [...] Bem sabemos que o Brasil, para os brasileiros serem mais felizes, precisa de muita coisa. Mas daí a dizer que o homem deve ser educado para o desenvolvimento vai uma distância infinita. Isso não seria educação, seria mobilização. O fim da educação é a realização plenamente humana do educando, é a elevação do homem. Na verdade, cada um de nós se educa para Deus, para si mesmo e para o próximo [Corção, 9 jul. 1960].

O "ensino livre" e o combate a Brasília estão ligados à denúncia dessas elites que se locupletaram do poder e destruíram os laços da solidariedade do país.[85] Tanto a proposta educacional como a cons-

---

[84] Esclarecedor é seu posicionamento sobre o caráter educativo do rádio e da televisão. Diz ele: "no que concerne à modificação trazida pelo rádio não me parece que a novidade seja tão grande. [...] Receio até o contrário. Receio que o alto-falante da praça pública tenha tirado ao analfabeto a fina sensibilidade auditiva de anos atrás" (Corção, 22 set. 1957).

[85] "No futuro [Brasília] será uma coisa neutra, meio estuporada em sua pretensiosa arquitetura, e ninguém mais saberá que aquilo foi construído ao som de trombetas e em nome de um ideal desenvolvimentista, nacionalista, neutralista, e ninguém mais saberá até que aquilo foi construído para enriquecer meia dúzia de espertos. A única coisa que permanecerá por muito tempo, infelizmente, é o

trução de Brasília elucidam a degenerescência das elites brasileiras. Por conseguinte, Corção não compartilhou do otimismo dos "anos dourados" do governo de JK, que foram por ele definidos como os anos ímpares da mediocridade brasileira. No decorrer do governo e com a implementação das políticas públicas desenvolvimentistas, a herança getulista esmoreceu, e a ficha "assaz incompleta" de JK foi preenchida.

A ESPERANÇA VENCE O MEDO: JÂNIO PRESIDENTE

Para Corção (26 out. 1960), a chegada ao poder de JK pelas urnas e a execução de sua "burrice-síntese" só foi possível por causa da imaturidade política das massas e dos equívocos das elites virtuosas. A esperança de que o povo não continuaria a votar em "candidato errado" tornava imperiosa a missão das elites virtuosas nas eleições de 1960. E a solução era Jânio Quadros.

A UDN que foi às urnas em 1960 sofrera uma inflexão na sua convenção nacional, em 1957, com a eleição de Juraci Magalhães para a presidência do partido. Com uma plataforma centrada no *slogan* "crescer para vencer", Juraci inaugurara o realismo udenista e o encontro do partido com o popular, principalmente, com as "caravanas da liberdade". A nova estratégia udenista foi vista com desconfiança por Corção:

> O que mais me preocupa, como velho soldado das campanhas udenistas, é o sinistro programa alegremente publicado pelo sr. Juraci Magalhães: "Crescer para vencer". Tenho mais medo disto do que do contágio da peste. Sempre desejei que a UDN crescesse, e até, dentro dos meus parcos recursos, sempre lutei para que ela vencesse. Mas agora estou vendo que aqueles dois verbos ganha-

---

atraso, o emperramento, o desarranjo que agora, hoje, entre outras manifestações, toma a forma do tal 'repouso remunerado', que é uma pouca vergonha, mas uma pouca vergonha que deriva logicamente de outras muitas poucas vergonhas. A grande imoralidade, a imoralidade mãe de todas as brasilianas imoralidades, foi o entusiasmo do bloco mudancista [...]. A nação foi empulhada por seu presidente e pelos seus parlamentares" (Corção, 10 ago. 1961).

ram sentidos novos. Para mim a ideia de crescimento é correlata da ideia de constância, de mantença. [...] Ora [...] se não sonhei, ouso dizer que os realistas aproveitaram o terreno e com antigo material estão edificando um novo partido com linhas arquitetônicas muito semelhantes às do PSD [Corção, 23 out. 1959].

O desagrado de Corção, que sempre estivera ligado a alguns membros da "banda de música", com a proposta realista da UDN, atingiu o ápice na apresentação das pré-candidaturas do partido. O lançamento do nome de Juraci foi combatido por Corção. O candidato ideal era Jânio Quadros.

A crítica mais contundente feita pelos "realistas" a Jânio era sua característica apartidária. Na eleição de 1954, Corção (3 out. 1954) também desconfiara desse vestígio na personalidade de Jânio. "Se Ademar for derrotado, temos a sombra do carismático Jânio que ainda não roubou, que eu saiba, mas já deu provas abundantes de sua versatilidade e de seu desembaraço em relação aos compromissos," Todavia, o cálculo e as contingências do resultado eleitoral levaram Corção ao prognóstico: "Em São Paulo, enquanto não chegam os resultados oficiais, estamos reduzidos à humilhante torcida pelo Sr. Jânio, que é o mal menor" (Corção, 17 out. 1954).

A redenção de Jânio ocorrera em 1956, quando notara que o governador paulista cumpria "a palavra dada" (Corção, 23 set. 1956). Jânio também conquistou o voto de confiança do publicista católico por sua atuação à frente do governo paulista. De acordo com Corção (23 set. 1956), Jânio cumpriu todas as promessas que fez aos eleitores, e isto bastava, ainda que haja "quem continue a achar misterioso e enigmático o único homem público do Brasil que nesses últimos tempos deu boa conta de seu mandato. Aí está São Paulo".

O período pré-eleitoral de 1960 foi agitado nas hostes udenistas. Juraci Magalhães é lançado candidato, com o incentivo de Juscelino, que tentava com isso uma aproximação do PSD e do PTB com a UDN. Entretanto, a candidatura foi duramente criticada por Carlos Lacerda, que passou a militar por Jânio. Corção alinha-se ao grupo lacerdista, milita no *Diário de Notícias* a favor da candidatura janista e combate a pré-candidatura Juraci. Corção confronta os nomes de Jânio e Juraci e destaca a projeção nacional do primeiro candidato, além da sua inteligência e patriotismo, enquanto Juraci tem "qualidades" (ou melhor, defeitos) iguais às do candidato do PSD, Marechal Henrique Lott.

> Ambos gordos, viçosos, bonitos, lestos, erectos, bem dispostos, risonhos. Ambos também inválidos para as atividades militares e ao mesmo tempo válidos para a titânica tarefa de governar um país depois de um terremoto de cinco anos. Ambos reformados, pensionistas, aposentados, empijamados, enchinelados civicamente; e também, ao mesmo tempo possuídos de uma disposição, de um apetite para o poder, de uma ambição nacionalista que até nos leva a crer que já descobriram alguma novacaína especial para o rejuvenescimento da fibra cívica. [...] Na configuração da mentalidade política também se parecem, sendo ambos compostos de um hemisfério udenista e de outro hemisfério disponível e pronto para receber a pintura de qualquer legenda [Corção, 23 out. 1959].

Tais palavras de Corção revelam a intensidade do combate a que se propôs e a esperança que depositava na candidatura de Jânio. O desespero do apelo à similitude entre Juraci e Lott, além de resvalar para a grosseria pessoal, deixa claro o inconformismo com os rumos do partido. Outro aspecto realçado diz respeito à característica militar da candidatura de Juraci. Cumpre lembrar que isso não fora impedimento para a candidatura de Juarez Távora, cinco anos antes. Nesse sentido, a defesa da candidatura de Jânio foi um movimento desiderativo de recuperação da essência do udenismo, ameaçada pelo "realismo" de Juraci e seus correligionários.

Enquanto isso, a UDN continuava sem um rumo. A estrutura suprapartidária do janismo, centralizada no Movimento Popular Jânio Quadros (MPJQ), tendo como patrono Juarez Távora, consolidou a candidatura de Jânio na população. Em setembro de 1959, Jânio iniciou sua campanha e tinha a adesão do Partido Libertador (PL). No mês seguinte, foi tentado um acordo com Juraci, sem sucesso, o que resultou na homologação, pelo PDC, dos nomes de Jânio para presidente e de Fernando Ferrari para vice-presidente.

A insistência de Juraci provocou uma crise interna na UDN e a renúncia de Carlos Lacerda da liderança da bancada na Câmara. Nesse cenário, em novembro, a convenção nacional do partido homologou o apoio da UDN a Jânio. Mas também decidiu que a vice-presidência seria de Leandro Maciel, então governador de Sergipe e que Fernando Ferrari estava proibido de participar da campanha, pois era dissidente do PTB e fundador do Movimento Trabalhista Renovador (MTR).

Jânio usou essas condições como pretexto e renunciou à candidatura. Seu objetivo era conseguir maior autonomia em relação à UDN e aos outros partidos que o apoiavam. Assim, Corção comentou o fato:

> É bom que nessa atmosfera caia um raio que descarregue a tensão, que desfaça o gás da desconfiança metafísica no homem e na política, que desperte os homens para desejos melhores. Nesse sentido, a renúncia do sr. Jânio Quadros será melhor para nós do que seu governo, se é verdade que mesmo entre seus adeptos corria a lenda de uma esperteza parecida com a do sr. Alkmin, e uma ambição grosseira como a do sr. Goulart. Queime-se Jânio para provar que ainda há homens fora dos círculos espantosamente medíocres em que se agitam personagens que querem furiosamente ser presidente, ser deputado, ser vereador. Por mim, peço a Deus que proteja esta terra infeliz e que nos dê um presidente que não queira ser presidente, um candidato que dê sinais visíveis, claros, irrefutáveis, de sua independência e de seu desprendimento. No momento, o único que vejo com tais qualidades, ou pelo menos com tal evidência delas, é o próprio sr. Jânio Quadros [Corção, 1 dez. 1959].

No início da noite do dia 2 de dezembro, um regimento da Aeronáutica, em Aragarças (GO), sublevou. A renúncia de Jânio foi um dos motivos alegados para a ação. Os revoltosos buscavam fragilizar o governo de Juscelino, mas a maioria da oposição udenista — mais interessada em um ambiente de tranquilidade política, uma vez que percebia suas chances de vitória com Jânio — não apoiou a revolta de Aragarças (Abreu et al., 2001:277-278). Na ocasião, Corção (4 dez. 1959) afirma "Estou contra os rapazes que fugiram de avião, se é verdadeiro o boato que acabo de receber. [...] Discordo do processo. Qualquer perturbação maior, tendente a se generalizar, será transformada em Plano Cohen pelos que receiam a volta de Jânio". Dias depois, Jânio reconsiderou e, em definitivo, sua candidatura foi encampada pela UDN, só que agora com Milton Campos (UDN) candidato a vice.

Nos últimos meses da campanha, com a certeza do triunfo janista, Corção se voltou para a disputa da vice-presidência. A possibilidade real da eleição de João Goulart foi entendida como um perigo e sinônimo de uma vitória incompleta. Realizou, então, uma série de esforços com o objetivo de convencer o PDC e Fernando Ferrari do risco dessa opção e apelou para que votassem em Milton Campos, que era o vice na chapa com Jânio.

É importante destacar que, durante a campanha, Corção em nenhum momento discutiu as propostas de governo. Todos os seus argumentos foram morais, com Jânio ocupando o posto do salvador da pátria, e sua eleição, a chance da redenção. Nesse sentido, a vitória de Jânio significou a atitude inicial do país a fim de tomar consciência de si mesmo, de recuperar a "consciência moral polarizada pelo bem comum" (Corção, 21 jan. 1961). Por fim, Corção defendeu a responsabilização penal de Juscelino, dos membros de seu governo, dos envolvidos em corrupção; em suma, da elite degenerada.

> Não há nenhum ódio no desejo de justiça mais pronta e severa: ao contrário, há uma forma viril e impopular de amor. O Brasil está à espera desta forma viril e impopular de amor, contrariando mesmo algumas de suas tendências, para que as qualidades do povo não se transformem em defeitos graves. O novo presidente está em condições de realizar a tarefa decisiva para o Brasil, e na minha opinião trairá seu mandato se não o fizer. [...]. *É preciso prender, castigar, oferecer como exemplo, como prova de nossa maturidade, enclausurados, punidos, os que abusaram do poder, os*

que dividiram entre filhos, genros, noras etc., a coisa pública, os que trouxeram malas de contrabando para abrir boutiques de bobaginhas finas, os que compraram senadores e os que venderam as cadeiras do Senado. Sem essa dose forte de hidrazida, não vamos para frente [Corção, 21 jan. 1961, grifos meus].

Em 31 de janeiro de 1961, Jânio e Jango assumem, respectivamente, a presidência e a vice-presidência. Foram efêmeras as esperanças de Corção de que o governo de Jânio tivesse em seu bojo esse programa moralista. Já em março, Corção declarara-se perplexo com as atitudes do governo. A insatisfação com a recepção brasileira do enviado do governo americano Adolf Berle Jr. ao país foi o pretexto para criticar a política externa. Naquela oportunidade, o presidente brasileiro declarou publicamente sua oposição a qualquer ação intervencionista americana em Cuba.[86] A orientação da política externa confirmou-se, no mês seguinte, quando o Brasil reata relações diplomáticas e comerciais com os países do Leste europeu. Em agosto, a decepção torna-se completa com a condecoração do líder comunista Ernesto "Che" Guevara, que recebeu a Ordem do Cruzeiro do Sul, a mais alta insígnia na nação brasileira.

Em 24 de agosto de 1961, Jânio renuncia à presidência da República. Corção faz a seguinte análise:

Não foi com excessiva surpresa que recebi a notícia da renúncia, porque nessa ocasião Jânio Quadros já não era para mim o esperançoso candidato; ao contrário, era o presidente caprichoso, prepotente, incerto, beirando a cada momento a anormalidade e a tirania [Corção, 21 set. 1961].

Durante o breve governo de Jânio, Corção deu maior atenção à política externa brasileira.[87] Comparativamente, em relação à política econômica, somente em duas ocasiões escreveu sobre a maté-

---

[86] O artigo do dia 8 de março, intitulado "Adolf Berle", traz a primeira crítica de Corção ao governo janista.

[87] Nesse período, selecionei 89 artigos assinados por Corção. Destes, 33 abordam a política externa brasileira, 27 tratam de política nacional, 11 denunciam o comu-

ria: para defender a política cambial do governo e a dívida externa (respectivamente, 15 mar. 1961 e 7 abr. 1961). Essa assimetria é explicada pelos diferentes objetivos dessas políticas. Enquanto a política econômica promovia um alinhamento do Brasil com os Estados Unidos, a política externa afastava e, muitas vezes, negava esse alinhamento. Importa, aqui, também compreender esse desencanto. Corção não tinha como ignorar o personalismo janista. Ademais, ele evidenciara-se desde seu ingresso na política. Por que, então, Corção ignorou os indicativos desses traços de Jânio Quadros? Acredito que a resposta esteja na idealização de um governo democrático comandado por "virtuosos", que, calculou, existiria com um personagem político moralista, como foi Jânio durante a campanha. Todavia, o governo de Jânio lhe mostrou que de nada adiantava sua chegada ao poder, se suas práticas políticas e econômicas reproduziam as mesmas das elites degeneradas. Tal paradoxo nos conduz à próxima antítese: patriotismo e nacionalismo.

PATRIOTISMO *VERSUS* NACIONALISMO

No Brasil, desde a II Guerra, o problema não era mais a construção da nação, mas os caminhos do seu desenvolvimento econômico e social, cujos entraves passaram a ser a dependência política e cultural em relação aos centros imperiais. A vitória de americanos e soviéticos provocou o imaginário da superação do subdesenvolvimento através da centralização do poder e do planejamento econômico. Além disso, a substituição de importações ocasionada pela guerra transformou a estrutura econômica do país, redefinindo a base capital × trabalho, já que incrementou o surgimento de uma classe trabalhadora sediada na indústria.[88] Durante o segundo go-

---

nismo, nove abordam assuntos filosóficos, seis discorrem sobre questões ligadas à Igreja Católica e, por fim, duas matérias sobre a política econômica.

[88] Alguns números ilustram essa mudança: o emprego do setor secundário aumentou 71% entre 1940 e 1950, enquanto o setor primário cresceu somente 7% no mesmo período. Além disso, o setor terciário apresentou um crescimento de 34% nesses 10 anos (Borges, 1957:37 apud Abreu, 1996).

verno de Getúlio Vargas (1951-1954), o conceito de nacionalismo sofrera "uma alteração semântica de cento e oitenta graus" (Cândido, 2004:223) e tornara-se "de fato, a trama da vida política" (Pécaut, 1990:99).

Até o começo da década de 1940, nacionalismo era uma "palavra suspeita aos democratas mais consequentes e a toda a esquerda" (Cândido, 2004:222), pois no Brasil tinha "um primeiro significado, digamos positivo, que exprimia o patriotismo normal e correspondia ao grande esforço de conhecer o país". Também tinha o sentido negativo de "conservadorismo político, social e cultural; de sentimento antipopular e simpatia pelas soluções do autoritarismo de direita" (Cândido, 2004:222). Com o fim da guerra, o conceito conquistou novo sentido,[89] passando a ser identificado com o combate às oligarquias e ao imperialismo. Além disso, por parte das esquerdas, houve a fusão da luta de classes com o tema da nação.

Atento às questões de seu tempo, as primeiras reflexões de Corção sobre o nacionalismo remontam aos primeiros anos da década de 1950. No livro *As fronteiras da técnica*, cuja primeira edição é de 1951, Corção dedica um capítulo ao tema do "Patriotismo e o nacionalismo".[90] Nesse trabalho, nacionalismo e patriotismo são abordados como dois sentimentos ou duas atitudes cívicas que,

---

[89] "À direita se associa a ideia de servilismo cultural, alienação, imitação, cosmopolitismo; as tendências radicais incorporam a valorização dos traços locais, a procura do genuíno brasileiro, com valorização nunca vista antes nesta escala da cultura popular, das componentes africanas, e uma espécie de reação contra fórmulas manipuladas fora. Um intelectual combativo, Alberto Guerreiro Ramos, forja, para descrever a situação da sua disciplina, a expressão "sociologia enlatada", a fim de contestar a transferência mecânica de métodos e teorias elaborados noutros países, e acentuar a necessidade de elaborá-los aqui mesmo. A isto se associa como base condicionadora a luta pela defesa das riquezas naturais, sobretudo o petróleo, objeto, nos anos 40 e 50, de campanha memorável liderada pelas esquerdas, mas contando com apoios decisivos à direita, no Partido Republicano (Artur Bernardes) e na União Democrática Nacional (Gabriel Passos)" (Cândido, 2004:223).
[90] O texto foi uma conferência do autor, pronunciada na sede da UDN em 1950. E, mesmo consciente de que esta fonte não integra o corpo principal da produção selecionada para a análise, eu a considero extremamente relevante, pois mostra a permanência do tema nos seus escritos e, principalmente, permite-nos a comparação do enfoque em duas conjunturas diferentes.

112 | O BOM COMBATE

apesar da identidade comum, estão em oposição moral. Os critérios que os definem são diversos, sendo o patriotismo uma virtude cívica em contraste com o vício, que é o nacionalismo.

À virtude do patriotismo se opõem dois vícios, um por excesso, o nacionalismo, outro por carência, o internacionalismo. Mas teremos todo cuidado de não dizer e, sobretudo, não pensar que o nacionalismo é um exagero de patriotismo. Ninguém se arrisca a se tornar nacionalista por se tornar mais patriota. Mas qualquer um se arrisca a se tornar nacionalista, se deixar entortar-se o critério justo do patriotismo [Corção, 1955:241].

O patriotismo é uma virtude, anexo da justiça. É universal e não uma justificativa moral para o grupo assim definido ter "o direito de procurar o bem próprio em detrimento da justiça" (Corção, 1955:243). O nacionalismo, por seu turno, é imoral, deseja o "isolamento moral" do grupo (Corção, 1955:243). O nacionalista tem, portanto, incapacidade de "aprender o teor moral do patriotismo e sua dependência da justiça e, por conseguinte, a total incapacidade de simpatizar com o patriotismo alheio" (Corção, 1955:245).

Outra distinção entre patriotismo e nacionalismo que Corção estabeleceu diz respeito ao apego à tradição que funda o patriotismo, enquanto o nacionalismo tem como perspectiva um futuro, um vir a ser, "sonho de uns poucos, pesadelo de muitos" (Corção, 1955:247). Nesse sentido, o desejo de um país melhor pelo patriota consiste nas mudanças com continuidades, ao passo que o nacionalista quer a ruptura.

O nacionalismo, de fato, destrói a nação: transforma a diferenciada organicidade de um país num monólito sem vida; e, o que é pior, destrói nos homens as suas últimas reservas de civismo, porque, quebrando as células concêntricas, a autonomia estadual, a vida própria dos municípios, e o segredo da casa, está furtando ao homem, uma por uma, as sucessivas oportunidades de exercer o verdadeiro patriotismo, que nasce na casa, que se expande nos bairros [...] e que, assim, se alarga, se dilata, detendo-se um instante em cada limite que atinge e vence, recuando um pouco nas bordas do limite, para transpô-lo com mais força [...] e assim continua esse transbordamento sucessivo que o dinamismo da justiça impõe [Corção, 1955:263].

O objetivo da digressão moral sobre os conceitos, ou melhor, os termos, é chamar atenção para as ideias que se encarnam em inúmeros fenômenos históricos, tais como, no caso do nacionalismo, o *"affaire* Dreyfus", a política do marquês de Pombal, a Ação Francesa, a invasão da Polônia em 1940, a guerra da Abissínia, Hitler, Mussolini, Franco, Perón, a brasilidade, a hispanidade, a língua brasileira, o vovô índio, Anauê e, finalmente, a instauração do Estado Novo, em 1937. Em contrapartida, o patriotismo está, por exemplo, nos versos de Camões, na defesa da Polônia em 1940, com Péguy e Bernanos, Tiradentes, Saldanha da Gama e Capistrano de Abreu.

Em 1957, ao retomar o tema, que se tornara pujante no debate de ideias e propostas de desenvolvimento tanto no Brasil quanto na conjuntura internacional marcada pelo anticolonialismo, Corção nega peremptoriamente qualquer alteração semântica do vocábulo, como foi sugerido na análise de Antonio Candido. Reconhece, contudo, que o nacionalismo assumira novos conteúdos e conquistara novos falantes. Era inegável que as mudanças conjunturais e estruturais na sociedade brasileira, ocorridas no interregno dos dois textos, recolocaram o problema em outro diapasão, mas suas palestras visavam alertar para a ambiguidade do conceito, com o intuito de desqualificá-lo.

Na conferência proferida em julho de 1957, no Conselho Nacional de Comércio, e publicada no opúsculo *Patriotismo e nacionalismo*, Corção reitera suas noções sobre patriotismo e nacionalismo de 1951. O patriotismo permanece com o mesmo sentido e a mesma função para a boa ordem social. Seria a "virtude reguladora dos atos humanos especificados pelos laços de convivência que prendem os homens de uma comunidade marcada por unidade cultural e política" (Corção, 1957b:17-18). Ao assim proceder, Corção estrutura sua argumentação, com o objetivo de mostrar que, até a década de 1940, o nacionalismo tinha dois significados usuais:

a) seria a atitude cívica daqueles "que pretende[riam] servir à Pátria com os instrumentos da inimizade e da agressividade, como se ela fosse um fim absoluto" (Corção, 1957b:18);

b) seria a ideologia que proporia uma "política de socialização dos meios de produção, sendo sinônimo de estatismo e oposto ao liberalismo" (Corção, 1957b:25).

Sem dúvida, no primeiro caso, Corção sugere uma definição política de nacionalismo, de que são expressões o nazifascismo, a ditadura varguista e o integralismo. O fundamento dessa vertente de nacionalismo é a exacerbação do sentimento de nacionalidade que, para Corção, no Brasil só não se transformou em fascismo porque "sempre foi mais uma atitude de isolacionismo emburrado do que de agressividade bélica" (Corção, 1957:26). O outro sentido é econômico, de origem socialista, e seu objetivo é combater "a estrutura clássica do capitalismo e da livre concorrência" (Corção, 1957b:33). A ambiguidade do vocábulo desautorizaria seu uso pelos "verdadeiros democratas" (Corção, 1957b:33).

O termo que doze anos atrás designava uma idolatria detestada pelos democratas, ou significava um programa de socialização dos meios de produção apenas tolerado, tornou-se hoje uma bandeira, um símbolo que mais ninguém ousa recusar. Tudo é nacionalismo. Todos são nacionalistas" [Corção, 1957b:41].

O autor se dirige aos membros da UDN que defendiam uma política nacionalista. Nesse sentido, havia um evidente medo de que essas iniciativas passassem da conta, e se ampliasse o poder do Estado a tal ponto que ele dominasse toda a vida social. Ao mesmo tempo, como já disse, Corção era um crítico do liberalismo[91] e esta-

---

[91] Veja-se a análise de Cândido Mendes, em seu estudo sobre os intelectuais católicos e o problema do desenvolvimentismo, que chama atenção para o caráter liberal-conservador do "edifício mental" dos católicos da revista *A Ordem* e tam-

va em sintonia com a doutrina social da Igreja como sua proposta das "harmonias naturais". A Igreja Católica defendia algum nível de intervenção estatal na vida socioeconômica, porém advertia com ênfase sobre os perigos do seu excesso.

Começo por declarar que não tenho o menor empenho em defender os postulados da sociedade liberal. [...] Mas daí não se segue que simpatize com todos os movimentos que se apresentam como opostos do liberalismo econômico. Nem sempre quem se opõe a um erro está certo. [...] No que concerne ao comunismo, por exemplo, não tenho dúvidas em afirmar que muitas formas de reação conseguiram ser ainda piores. Não basta ser anticomunista para estar certo [Corção, 1957b:34].

Para Corção, essa era uma ameaça cada vez mais real, com a evolução e o processo de hegemonia do nacionalismo na sociedade brasileira, pois era evidente, em 1957, a justaposição das duas acepções de nacionalismo, decorrente do excesso das práticas de socialização e das políticas de proteção à nação. Dessa forma, não cabia atitude condescendente para com o nacionalismo econômico. Havia uma tarefa para as oposições: clamar, pregar, denunciar o ardil da premissa nacionalista, evidenciar quais seriam as causas reais do subdesenvolvimento do Brasil e combater os grupos nacionalistas.

SUBDESENVOLVIMENTO: CAUSAS E SUPERAÇÃO

Desde a I Guerra Mundial, o Brasil passava por transformações importantes na sua base econômica. O rápido crescimento industrial no pós-II Guerra consolidou as novas bases da sua economia, e a dinâmica do processo de substituição de importações engendrou impasses resultantes da necessidade cada vez maior de acu-

---

bém para a "condenação corajosa dos abusos do capitalismo, que empreenderam aqueles intelectuais" nacional-desenvolvimentistas e cristãos (Mendes, 1966:84).

mulação de capitais e técnicas de produção.[92] As respostas a essas questões produziram uma política de desenvolvimento que trouxe, entre outras consequências, o realinhamento ideológico em torno do capital estrangeiro na economia brasileira.

Nos anos 1950, duas correntes de pensamento buscaram influenciar os rumos da política econômica: a refratária ao capital estrangeiro no país — ou seja, nacionalista — e a dos paladinos do capital estrangeiro no país — ou "entreguista", conforme a linguagem utilizada por seus adversários.

Para os defensores do "nacional-desenvolvimentismo", a via de superação da estrutura colonial e do subdesenvolvimento seria uma política de desenvolvimento industrial autônomo. Esse era o único caminho que conduziria à emancipação e à plena soberania. Além disso, seria a forma de remover os entraves do sistema político e da estrutura econômica do país, uma vez que introduziria novas elites dirigentes cuja vanguarda seria da burguesia nacional, aliada aos proletários, aos grupos técnicos e administrativos e à *intelligentsia*. Com isso, as antigas elites dirigentes, ligadas à economia de exportação de bens primários, seriam alijadas do Estado, onde eram obstáculos ao pleno desenvolvimento industrial do país.

Os investimentos estrangeiros seriam empecilhos ao desenvolvimento industrial autônomo. Os interesses imperialistas, detentores do capital e da técnica, buscavam manter os países economicamente colonizados. Consequentemente, os "nacional-desenvolvimentistas" propunham que o Estado nacional desempenhasse o papel de protagonista de uma estratégia industrialista emancipadora.

---

[92] Nesse momento, os debates sobre as políticas adequadas ao desenvolvimento do país tornaram-se recorrentes com a redemocratização. No pós-guerra a contenda foi entre neoliberais e desenvolvimentistas. Os primeiros, liderados por Eugênio Gudin, consideravam que o investimento no setor agrícola, a não intervenção estatal na economia e a não aplicação de técnicas de planejamento eram o caminho do desenvolvimento econômico. Já para os desenvolvimentistas, o desenvolvimento estava relacionado a um maior incentivo à industrialização, com base na planificação, e na maior intervenção do Estado na economia (Abreu et al., 2001: 2801-2803).

No polo oposto, estavam os defensores do capital estrangeiro. Corção foi um deles. Tachado de "entreguista" pelos nacionalistas, envolveu-se na polêmica.

O primeiro ponto ressaltado por Corção, que o opõe aos nacionalistas, é a discrepância dos sentidos e finalidades das nações. Para Corção, não seria possível falar em desenvolvimento de um país antes de responder à seguinte questão: para que existem as nações?

Evidentemente, o católico-intelectual, por essa condição, defende uma visão cosmopolita que afirma a prevalência do homem como propósito dessas atividades. A "nação e todos os seus pertences é um meio [...] das atividades políticas e econômicas" (Corção, 10 maio 1959). Nesse sentido, as nações existem não como formas substanciais e bem definidas, uma vez que têm valor relativo e efêmero.

O mundo do homem não se divide em regiões demarcadas por cortinas de ferro e muito menos se pode dizer que uma nação constitua um todo fechado com uma espécie de habitante exclusivamente produzido por seu especial território. [...] Os povos que constituem hoje determinada nacionalidade não são frutos da terra e sim peregrinos, e sim imigrantes que por alguns séculos acampam numa região geográfica, falam uma língua e vivem dentro de uma unidade política e cultural [Corção, 30 mar. 1958].

Corção não nega que a nacionalidade tenha raízes na terra e no sangue, mas o que funda uma nação é o político, o jurídico e o moral. Nessa acepção do termo, a nação é a "alma" de Renan,[93] uma solidariedade de indivíduos que se constitui dos sacrifícios já feitos e daqueles que virão. Mas seu objetivo é o desenvolvimento de sua população, em termos de progresso integral do homem.

---

[93] Ernest Renan, na conferência "Qu'est-ce qu'une nation?", realizada em 11 de março de 1892, na Sorbonne, define sem exatidão a nação. Considerada liricamente como um princípio espiritual, a nação não é nem uma língua em comum, tampouco a ocupação do território. A nação seria um plebiscito diário.

Em artigo publicado na *Carta Mensal*,[94] revista da Confederação Nacional do Comércio, Corção faz longa digressão sobre essas temáticas. Negando o caráter filosófico e, portanto, conceitual tanto de desenvolvimento como de subdesenvolvimento, assume a premissa de que a discussão envolve o conteúdo ideológico dessas noções. O desenvolvimento não é um ente de razão que renega sua finalidade primeira, isto é, o engrandecimento espiritual de seus membros e, depois, do conjunto das nações. Dessa forma,

> [...] só vale a pena conceituar "desenvolvimento" e lutar pela coisa, em termos que interessam às pessoas [...]. Podemos defini-lo como uma perfeição social com todas as dimensões exigidas pela humanidade do homem. A noção de desenvolvimento deve envolver, além dos fatores econômicos, todos os outros, psicológicos, morais, religiosos que se referem à natureza do homem e às exigências indeclináveis dessa natureza [Corção, 1957b:5].

Na economia argumentativa de Corção, um país desenvolvido é aquele que conseguiu reduzir a um mínimo aceitável as desigualdades de sua população, "com os pés firmados em boa base econômica e o coração libertado para ideais verdadeiramente humanos" (Corção, 1957b:5). O desenvolvimento seria a consequência de um crescimento harmonioso e de uma distribuição "justa" das rique-

---

[94] Esse artigo consiste no conjunto de crônicas de Corção publicadas no *Diário de Notícias* que trataram do tema do subdesenvolvimento, reunidas na *Carta Mensal*, sob o título "Considerações em torno do subdesenvolvimento". A primeira publicação ocorreu em julho de 1959, e logo foi reeditada. Após confrontar os textos jornalísticos com esse artigo, verifiquei que o conteúdo era idêntico. Tendo em vista a insuperável qualidade técnica da reprodução da revista, comparativamente à do jornal, considerei pertinente utilizá-lo. Os artigos de Corção que compõem esse conjunto são: "Subdesenvolvimento" (10 maio 1959); "Subdesenvolvimento-atraso" (17 maio 1959); "As causas" (24 maio 1959); "Determinismo e indeterminismo" (31 maio 1959); "Círculo vicioso" (7 jun. 1959); "*Quadragesimo Anno*" (14 jun. 1959); "O fator ético do subdesenvolvimento" (21 jun. 1959); "Fatores externos e internos" (28 jun. 1959); "Conclusões" (5 jul. 1959).

zas. Desenvolvidos seriam os países cujas populações tivessem direito, para resumir, a "três alqueires e uma vaca".

Corção admite que o problema do subdesenvolvimento é um dado da realidade. Há países desenvolvidos e outros que não alcançaram uma eficiente redução das desigualdades. Todavia, se desenvolvimento é uma perfeição social, o subdesenvolvimento é "um processo com a lógica interna das doenças; é uma distorção mais do que um simples não atingimento, uma atrofia sistematizada mais do que uma simples carência. Mistura de acasos, determinismos parciais e fatores éticos" (Corção, 1957b:18). Portanto, é impossível restringir e entender o subdesenvolvimento somente a partir de seus dois aspectos extrínsecos: a pobreza e o atraso.

O primeiro aspecto, chamado por Corção de subdesenvolvimento-pobreza, funda-se na noção parcial de que "um país é pobre porque é pobre" (Corção, 1957b:17). Evidentemente, diz ele, há inúmeros indicadores, tais como fome crônica e alta taxa de mortalidade, que explicitam as diferenças entre os países, mas nenhuma abordagem quantitativa enquadraria a totalidade do fenômeno. Numa chave positiva, Corção afirma que a pobreza não se circunscreve à "causação circular acumulativa", como definida por Gunnar Myrdal.[95] Pois, "felizmente para os países subdesenvolvidos, a constelação circular contém fatores de outra ordem, e é por isso que o círculo é vulnerável e que nossa esperança tem fundamento" (Corção, 1957b:17).

Outro aspecto do subdesenvolvimento é o atraso histórico e cultural. Corção sustenta que os nacionalistas confundem uma das

---

[95] Karl Gunnar Myrdal (1898-1987), economista, sociólogo e político sueco; vencedor, com F. Hayek, do Prêmio Nobel de Economia em 1974, criou a teoria da causação circular, segundo a qual o círculo vicioso do atraso e da pobreza pode ser rompido pela aplicação planejada de reformas que provoquem modificações cumulativas e direcionadas, no círculo de causas responsáveis pelas desigualdades econômico-sociais. Foi ministro do Comércio da Suécia (1945-1947) e assessor econômico da ONU para a Europa (1947-1957). Entre outras obras, escreveu *Teoria econômica e regiões subdesenvolvidas*, em 1957, publicada no Brasil em 1960 pelo Iseb (Instituto Superior de Estudos Brasileiros). Foi um dos teóricos que fundamentou teses do nacional-desenvolvimentismo e teve grande influência nas formulações isebianas.

consequências do subdesenvolvimento com as causas do problema. A comparação entre ritmos de desenvolvimento/crescimento somente pode ser mensurada na relação civilizacional, isto é, quando o processo é referido ao conjunto ou grupo histórico a que pertence uma nação.

Se as consequências da pobreza dizem respeito à natureza do homem e às exigências dessa natureza, os efeitos do atraso cultural e histórico dos países subdesenvolvidos incidem sobre a nação, despertando em suas populações um sentimento de inferioridade que leva a um nacionalismo neurótico. Este processo levaria os países "terceiro-mundistas" a buscarem duas falsas saídas: a mudança de "grupo" ou a união de nações igualmente subdesenvolvidas. A principal crítica de Corção às propostas desenvolvimentistas assinala que elas são causa e efeito do subdesenvolvimento.

> Os estudiosos desses assuntos precisam possuir o sexto sentido e a finura mental para bem discernir [...] o universal e o particular contingente. Precisam saber que há muito acaso, muito indeterminismo, muita ambivalência de respostas humanas. E, sobretudo, precisam compreender que [são] ridícula[s] e estér[eis] [...] as explicações cristalinas das formas matemáticas, ou o encadeamento de causa e efeito das mecânicas perfeitamente isoladas do grande contexto. O mundo seria mais feliz se os historiadores, os sociólogos e economistas fossem homens mais inteligentes do que têm sido, fossem os mais finos dos homens e não os imbuídos de racionalismo grosseiro. O mundo seria mais feliz e mais humano, se aos estudiosos dos problemas humanos se pudesse aplicar um remédio que os curasse do *esprit de géométrie* [Corção, 1957b:14].

As referências analíticas à distinção realizada por Pascal entre o *esprit de géométrie* e o *esprit de finesse* [96] são transplantadas

---

[96] Blaise Pascal (1623-1662) sustentava que a característica do mundo moderno era a desarticulação entre dois princípios, que ele chamou de *esprit de géométrie* e *esprit de finesse*. "Espírito de geometria representa a razão calculatória, instrumental-analítica, que se ocupa das coisas. Em uma palavra, a ciência moderna que, com seu poder, mudou a face da Terra. Espírito de finura, que traduzimos

à realidade nacional como suporte aos seus exames e críticas. Em tal perspectiva, os problemas humanos devem ser analisados com o *esprit de finesse*. Ao fazê-lo, tornar-se-ia evidente que o único sentido de desenvolvimento é o homem, devendo, portanto, ser integral a noção de desenvolvimento. Ainda de acordo com Corção, os nacionalistas e desenvolvimentistas, ao se imbuírem do *esprit de géométrie*, não examinariam convenientemente as indeterminações causais do fenômeno do subdesenvolvimento. Indeterminações essas que se inscrevem nos acasos, nos incidentes e, principalmente, na "causa primeira", ou seja, na divina providência.

A noção de providência determina o lugar ético-político dos homens e das nações, e se mostra importante na legitimação e na resolução dos problemas de sua filosofia política e também no combate aos aspectos puramente racionalistas dos desenvolvimentistas. Logo, assume um significado literal que, todavia, em momento algum é identificado como atitude quietista ou fatalista. Para Corção, Deus espera que os homens atuem na história com seu livre-arbítrio. Porém, "só preceitua que tal conquista não inebrie de orgulho, e não o[s] leve a esquecer o Autor supremo de todas as grandes aventuras do universo" (Corção, 1957b:15). Portanto, a ação humana goza de plena liberdade, e caberia aos homens perceber e interpretar as marcas de Deus na história.

Na chave do "desenvolvimento integral", o fenômeno do subdesenvolvimento deveria ser entendido como um problema ético-moral. Para Corção, a ideia do subdesenvolvimento como uma causalidade econômica é um primarismo, pois não dá conta da diversidade de causas do subdesenvolvimento.

O problema dessa análise, como mostrou Cândido Mendes, é que

---

por espírito de gentileza, representa a razão cordial — *logique du coeur* (a lógica do coração), segundo Pascal — que tem a ver com as pessoas e as relações sociais. Em uma palavra, com outro tipo de ciência que cuida da subjetividade, do sentido da vida, da espiritualidade e da qualidade das relações humanas. Ambas as razões são necessárias para darmos conta da existência" (Boff, 2004).

[...] o conjunto de pronunciamentos e atitudes de vários intelectuais vinculados a "A Ordem" [entre os quais Corção] indica uma justaposição de princípios globais da doutrina social da Igreja, vertidos diretamente de sua aplicação às sociedades metropolitanas; a permanência residual de uma visão iluminística do capitalismo liberal; a transposição de juízos éticos e políticos no julgamento de fenômenos econômicos e sociais.

No que respeita ao desenvolvimento, não lograram qualquer sensibilização ao caráter de fenômeno dominante de todo o contexto em que atuavam, para, a partir do seu reconhecimento, como tese do nosso processo, impor-lhe as críticas essenciais.

Contornaram-no como fato social total, mascarando-o nas suas grandes determinantes, e sempre o entreviram parcialmente, na apreciação de um ou outro aspecto de seu impacto sobre a realidade nacional [Mendes, 1966:79].

Entretanto, defende-se Corção, o subdesenvolvimento é muito mais um produto de fatores internos: políticos e culturais. Os fatores políticos são a mediocridade dos governantes e suas tendências ao monumentalismo, a aceitação dessa característica pelo povo, o militarismo e a estatização, ao passo que os culturais são a baixa estima do povo pelos serviços públicos, a desigualdade "ostentatória de uns e a miséria elementar de outros" (Corção, 1957b:21). E o nacionalismo, tachado por Corção (12 out. 1958) como a "enfermidade mental" que exploraria o sentimento de inferioridade dos países subdesenvolvidos, simplificaria a questão e os impediria de perceber as verdadeiras causas do seu crescimento retardado.

O subdesenvolvimento assume características de híbrido resultante de fatores políticos e culturais. A consequência imediata é a negação do imperialismo e, por fim, do anticolonialismo *pari passu* à legitimidade e à neutralidade da liderança e da intervenção dos países desenvolvidos nos países atrasados, uma vez que atua como promotor do desenvolvimento e "é um mal muitíssimo menor (quando é realmente um mal) do que a política totalitária" (Corção, 23 dez. 1956).

Ao invocar o atraso cultural e político, Corção desqualifica as explicações que versam sobre os entraves, desequilíbrios e competição entre as nações desenvolvidas e as subdesenvolvidas. Claramente, sua justificação do colonialismo se insere numa perspectiva de gradualismo histórico entre as nações. Os meios que escolhem para sanar o subdesenvolvimento estão diretamente ligados às escolhas das causas essenciais que levam um país a um déficit de desenvolvimento.

Um país é subdesenvolvido quando a maior parte de sua população vive em situação infra-humana, e é por aí que se deve começar, ou melhor, é aí que deve estar a nova capital de nossas considerações, o polo de nossos cuidados, a meta número um de nossos programas. O círculo vicioso só pode ser vencido por uma centelha espiritual, só pode ser quebrado por uma decisão que apareça num grupo minoritário eficaz, e que se multiplique graças ao mecanismo que chamamos de processo cumulativo *up ward* [Corção, 1957b:23-24].

Evidentemente, essas posições de Corção não se restringiram à altercação teórica. As implicações da discussão em torno do subdesenvolvimento impunham divergências políticas concretas. Dessa forma, travou luta ferrenha com determinados grupos nacionalistas, em especial com o movimento estudantil e a juventude católica.

Como o argumento mobilizado é o da virtuosidade da elite que, em última análise, revela a subordinação da política, economia e sociedade aos ditames da moral, trava-se a luta com parcelas dessa elite que encamparam os temas e setores nacionalistas. Vejamos, então, as polêmicas do autor com os nacionalistas.

POLÊMICAS COM OS NACIONALISTAS

O nacionalismo ganhou sentido nos debates que antecederam a criação da Petrobras, em 1953. Desde então, aconteceu uma disputa acirrada entre nacionalistas e "entreguistas" sobre o monopólio estatal do petróleo e sobre a Petrobras. Para Corção, o erro do debate consistia em "identificar os destinos da pátria com os de um empreendimento técnico", em fazer do monopólio "artigo de fé".

> Publiquei recentemente minha opinião a respeito da Petrobras. Sou a favor. [...] Mas [...] não sou nacionalista [...] Na verdade, e sem vislumbre de ironia, o que me leva a ser a favor da Petrobras é mais uma ponderação política do que econômica: já que está feita e que todos lhe dão valor, então deve ser tocada para frente com a máxima eficiência e com a maior lealdade. [...] Mas, por favor, não façam desse problema a pedra de toque de uma ideologia. [...] O que desejo ardentemente é que a Petrobras deixe de ser bandeira, fanal, lábaro, e se torne uma empresa tão produtiva e tão bem dirigida como a detestada Standard Oil [Corção, 1957b:44-45].

Ainda que a crítica seja amenizada pela aceitação da empresa, ela revela o horror de Corção pela defesa do monopólio praticada pelos nacionalistas. Seu desejo é a exploração privada, uma vez que a característica na vida pública brasileira seria a má administração dos bens públicos. Além disso, é incongruente que o país queira ser "independente no petróleo, na energia elétrica e atômica" (Corção, 18 ago. 1959), mas não consiga suprir as necessidades básicas do povo, como no caso da falta de feijão e das vítimas de Orós.[97] O essencial para Corção era a hierarquia de prioridades, que a bandeira do petróleo e da Petrobras obscurecia.[98]

O embate mais constante de Corção contra o monopólio estatal da Petrobras foi travado com o deputado udenista Gabriel Pas-

---

[97] Em marco de 1960, durante a construção, ocorreram chuvas na região que ocasionaram o transbordamento da barragem, desabrigando inúmeros moradores. A inauguração do açude data de janeiro de 1961.

[98] Em 1959, as cidades do Rio de Janeiro e de Santos estiveram ameaçadas de desabastecimento de feijão, tendo o governo brasileiro recorrido à importação americana. Corção publicou o artigo *"Go home, beans"*, datado de 18 ago. 1959, e num texto irônico conclama os nacionalistas de todas as estirpes a realizarem atos contra o desembarque da mercadoria ianque. No caso do açude de Orós, Corção ironicamente pergunta aos nacionalistas o porquê de eles não desfraldarem essa bandeira.

sos, membro atuante da Frente Parlamentar Nacionalista (FPN). Em março de 1960, o atrito veio a público, quando Gabriel Passos respondeu em carta às críticas de Corção, principalmente à oposição ao acordo de Roboré.[99] Na correspondência, o nacionalista da UDN acusa Corção de ser "um oposicionista circunstancial, sem maiores responsabilidades políticas, pois não [fazia] política" e se perdia em picuinhas e ataques pessoais, enquanto ele — Gabriel Passos — fazia uma oposição construtiva e debatia ideias (Dep. Gabriel Passos..., 1960). A réplica de Corção foi carregada de ironia quanto à atuação política de Gabriel Passos:

> Evidentemente, não faço política se por tal expressão se entende ter cargos, empregar filhos e genros, gozar de imunidades parlamentares e receber todos os meses um subsídio por essa espécie de atividade já remunerada em espécie. Escrevo há vinte anos, e creio que sou mais constante na coluna que o ilustre deputado na tribuna. Não me espanta muito o que quer dizer "política" naquela proposição do sr. Gabriel Passos, pois tenho visto, mais de uma vez, identificada a ação política com o mandato, como se a imprensa fosse obra de amadores e diletantes [Corção, 23 mar. 1960].

E continuou Corção atacando, agressiva e ofensivamente, a noção de oposição construtiva de Gabriel Passos:

> [...] mas ainda consegui me espantar com o que o sr. Gabriel Passos pensa do conceito de "responsabilidade" [...] [e da] espécie de oposição que o sr. Gabriel Passos, como udenista, vem fazendo na Câmara. [...] Como? Combatendo o acordo de Roboré! Sim, senhores. Denunciar as podridões do Ministério da Saúde [...] é fazer picuinhas; oposição é combater o acordo de Roboré. Criti-

---

[99] Em março de 1958, o governo brasileiro atualizou um tratado assinado 20 anos antes com a Bolívia, que ficou conhecido como acordo de Roboré, estipulando a participação de empresas brasileiras na exploração do petróleo boliviano. O acordo foi intensamente contestado pelos setores nacionalistas brasileiros, por admitir a participação de capital privado, o que abria uma brecha no monopólio estatal da Petrobras (Abreu et al., 2001:1028).

car a loucura que se pratica em Brasília, denunciar os ministros que depositam dinheiro em bancos de parentes do sr. Juscelino Kubitschek (*e também do sr. Gabriel Passos*), reclamar contra a depredação do Quinto Distrito Policial, clamar contra a nomeação de um moço de dezenove anos para um cartório, evidenciar a impostura das metas, o abuso das cifras, tudo isso é fazer picuinhas pessoais e destituídas de caridade. Oposição alta, construtiva, profunda, é a que o sr. Gabriel Passos vem fazendo aos americanos e bolivianos. Oposição é Roboré. [...] Oponhamo-nos ao acordo, oponhamo-nos a Roboré, e logo veremos a fatura e a prosperidade voltarem a este grande país. *Oponhamo-nos ao tratado de Roboré, e nesse meio-tempo nada nos impede de arranjar um bom, um excelente emprego para o genro. É só pedi-lo ao Juscelino que é conterrâneo e muito compreensivo para este tipo de oposição tão profunda e construtiva* [Corção, 23 mar. 1960, grifos meus].

Sua aversão ao monopólio do petróleo era somente um caso emblemático da sua visão do papel que deveria ser atribuído ao Estado. Afinal, diz Corção (26 nov. 1960), "não vejo com alegria a estatização de coisa nenhuma quando vejo um Estado conduzido por loucos mais ou menos varridos, incompetentes, gatunos, omissos, bananas etc. etc. etc.". O uso da máquina pública e a incompetência administrativa das classes dirigentes e burocráticas brasileiras constituíam aspectos recorrentes em sua economia discursiva.

Dessa forma, a denúncia de Gabriel Passos de que Walter Link, técnico contratado para liderar as pesquisas da Petrobras, era um "espião" da Standard Oil foi interpretada de forma a desqualificar o argumento nacionalista da acusação de Gabriel Passos e reiterar a impropriedade do monopólio estatal:

Por mim, não sei quem é esse sr. Link. Quem sabe se não é o "*missing* Link" tão procurado pelos evolucionistas? Também não sei se temos ou não petróleo. O que sei, sem sombra de dúvidas, é que estamos expostos ao ridículo por aqueles mesmos que fazem profissão de sentimentos de exaltação dos valores nacionais. Sem o petróleo, ou sem competência, ficamos mal depois de tanto alarido, coisa que não aconteceria se fôssemos mais humildes e objetivos [Corção, 26 nov. 1960].

O que vale destacar é que, nesse período, Corção não foi incisivo no combate à FPN[100] nem ao Instituto Superior de Estudos Brasileiros (Iseb).[101] Faz-se mister destacar que, desde 1959, a oposição ao Iseb já mobilizava tanto intelectuais paulistas como a grande imprensa (Abreu, 2005:106-114). Corção foi voz tímida nesse contexto. Não publicou diretamente nenhuma crônica versando sobre o instituto, ainda que fizesse eventual referência a seus intelectuais, sempre denunciando o caráter integralista dos "rapazes do Iseb", especialmente Roland Corbisier.[102] Ao que parece, Corção não desconhecia a importância do instituto para o movimento nacionalista, todavia não o percebia seu adversário principal.

Seus ataques foram reservados aos estudantes. Possivelmente, por considerá-los o fiel da balança do movimento, mas, certamente, em resposta à mudança política que a direção da UNE imprimiu ao movimento a partir de 1956, e que levou a um amplo movimento de politização estudantil.

É importante notar que Corção sempre estivera preocupado com as questões educacionais, pois percebia na educação a via de transformação para um mundo de base cristã. Isso ficara evidente na polêmica em que se envolveu com Euryalo Cannabrava. Por

---

[100] A primeira manifestação da FPN na Câmara dos Deputados foi o discurso do deputado Abguar Bastos, do PTB de São Paulo, em 6 de junho de 1956, anunciando sua criação "através de um documento que traz 55 assinaturas de senhores deputados". A partir de então, a FPN configurou-se um importante componente do movimento nacionalista (Abreu et al., 2001:2398).

[101] No capítulo seguinte, veremos que essa indiferença termina com a radicalização política. O Iseb fora criado em 1955 por um grupo de intelectuais que buscavam influenciar os rumos do desenvolvimento brasileiro e formar quadros adequados para a administração pública (Abreu et al., 2001:2801-2803).

[102] Alzira Alves de Abreu (2005:113) mostra que o mesmo teor de crítica aos intelectuais do Iseb também era partilhado pelos professores Luís Costa Pinto, de sociologia, e Darcy Ribeiro, de antropologia, ambos da então Faculdade Nacional de Filosofia.

outro lado, a partir de 1956-1957, o "idioma nacionalista" (Weffort apud Pécaut, 1990:105) integrou-se ao debate público da esquerda brasileira e, principalmente, à retórica e práxis da UNE,[103] primeira entidade a adotar em seus estatutos a luta "pelo nacionalismo e contra o entreguismo" (Abreu et al., 2001:5847). Imediatamente, o movimento estudantil passou a ocupar as preocupações de Corção.

Na crônica "Estudantes", de 8 de setembro, Corção praticou seu estilo habitual de primeiro elogiar algum ponto secundário e depois atacar. No caso, a contenda era com o rumo adotado pela liderança estudantil. O ponto positivo era a busca por participação na vida política. "Politizam-se. Interessam-se pela coisa pública. Acompanham o drama coletivo. E isto é bom" (8 set. 1957). A sequência do argumento, contudo, expôs seu inconformismo com a participação dos estudantes nos debates políticos.

A primeira objeção referia-se ao "tom circunspeto e soleníssimo" da realização de mesas-redondas com pretensão de formular políticas públicas e discutir os problemas políticos, quando, na verdade, o papel reservado ao estudante seria simplesmente o de ocupar as ruas e "estudar os costumes do planeta em que um dia feliz aterrissou, [...] o mundo, [...] a vida" (1 ago. 1961). A crítica seguinte e central no argumento de Corção dizia respeito às considerações de que os estudantes comporiam classe. A autoimagem do movimento estudantil pelo prisma da classe significava a expressão da sua politização. Formulação rejeitada e construída por contraste à seguinte: o conjunto dos estudantes era um "estado provisório", uma vez que formado por um grupo social fluido e acidental, cuja função resumia-se a "estudar as matérias de seu curso, e deve[ria] aplicar-se intensamente nesse propósito" (Corção, 8 set. 1957).

---

[103] Com a posse de uma direção renovada, uma nova postura vinculou o movimento estudantil brasileiro no debate nacionalista. Foram iniciativas da UNE a promoção de uma série de reuniões com o intuito de planejar as bases do novo movimento. Inicialmente as participações eram restritas a poucos estudantes, mas já em fins de 1956 o movimento era lançado em praça pública, em ato público, na Cinelândia, no Rio de Janeiro, com a colocação de uma torre simbólica de petróleo e a leitura do documento intitulado Frente Nacionalista Brasileira (Abreu et al., 2001:2398).

Para Corção, os estudantes deveriam conhecer seu lugar na hierarquia das sociedades e respeitar as escalas de autoridade, principalmente, dos "que sabem mais do que eles e [...] pelos problemas que exigem maturidade e reflexão" (Corção, 8 set. 1957). Com efeito, a proposta de Corção é o comodismo dos estudantes na fórmula de que o melhor é estudar do que participar ativamente das questões e problemas do país.

Evidentemente, essas críticas veementes de Corção à participação estudantil referiam-se às defesas nacionalistas adotadas pela UNE. No caso, se não havia classe estudantil, consequentemente os estudantes não eram uma "minoria autêntica" e nem poderiam estar a serviço de uma causa e falar à nação.

Todavia, Corção se viu confrontado com a efervescência e fortalecimento do movimento estudantil brasileiro. Ressalte-se que o conteúdo da sua oposição não mudará, mas o envolvimento cada vez maior do movimento estudantil na defesa do monopólio estatal do petróleo, no movimento anticolonialista e no combate ao capital estrangeiro acirrou sua oposição, transformando o movimento estudantil no seu alvo preferencial após setembro de 1957.

O leitor é testemunha da aspereza com que frequentemente tenho discordado, nesta e em outras colunas, da política chamada estudantil, e das publicações dirigidas por grupos que também reclamam a mesma terrível denominação. Mais de uma vez disse o que penso desses movimentos que fazem tremer reitores e que fazem presidentes voltar atrás à palavra dada. Não julgue o leitor que eu esteja aqui me gabando valentia. Não. Não tive de gastar nenhuma coragem para atacar e denunciar como tal o espantalho montado por uma minoria esperta e desembaraçada [Corção, 25 ago. 1959].

Portanto, a contrapartida do movimento estudantil não surpreendeu. Corção foi tachado pelas publicações estudantis e nacionalistas de inimigo da causa nacionalista e dos estudantes. As páginas de *O Metropolitano* — suplemento que também circulava no *Diário de Notícias* e refletia as opiniões da União Metropolitana de Estudantes (Umes) — traduzem muitas das polêmicas de Corção com o movimento estudantil. A ponto de Corção afirmar, em uma de suas crônicas:

Já fui chamado, tempos atrás, de inimigo número um ou número dois dos estudantes por um jornal da frente, ou da traseira nacionalista; e anteontem tive o prazer de ver repetida a mesma tremenda acusação na seção também dita estudantil deste mesmo jornal [Corção, 25 ago. 1959].

O antagonismo entre Corção e os estudantes se radicalizou com as decisões da conferência nacional da JUC, em 1959, que deliberou pelo engajamento na ação política como parte de seu compromisso evangélico. Mainwaring (1989:84) mostra que essa mudança levou a JUC ao debate sobre a realidade brasileira, aproximou-a dos movimentos de esquerda e levou-a ao envolvimento com a política estudantil.

Essa "virada" tornou-se definitiva no ano de 1960, quando foi publicado o texto "Algumas diretrizes de um ideal histórico cristão para o povo brasileiro", escrito pelo Comitê Regional do Centro-Oeste da JUC, a partir do que se decidiu pela participação da entidade na direção da UNE, principalmente com a divulgação do documento "Um ideal histórico católico para o Brasil".

Os novos rumos da JUC causaram desconforto a alguns intelectuais católicos, (caso de Corção) e a segmentos mais conservadores do clero brasileiro. Para Corção, se o movimento estudantil já era motivo para preocupação, seu fortalecimento com estudantes católicos tinha efeito explosivo, uma vez que simbolizava rachaduras na muralha.

Em julho de 1960, o descompasso de Corção com os novos ventos que sopravam na Igreja Católica ficou explícito com entrevista concedida pelo frei dominicano Cardonnel, em *O Metropolitano*. Como afirmam Luís Alberto Gómez de Souza e Herbert José de Souza (1962), na apresentação da coletânea *Cristianismo hoje*, os artigos do dominicano francês que "viveu no Brasil durante alguns meses [...] causaram o impacto que foi a linha de separação de duas gerações". Esse episódio catalisou a percepção de que havia uma harmonia absoluta entre o movimento estudantil e a JUC.

Na entrevista sob a manchete "Deus não é mentiroso como certa paz social", frei Cardonnel prega:

> É fácil, nessa perspectiva, apresentar o Ocidente como São Miguel, mandado pelo Céu para esmagar o dragão representado pela dialética materialista. O mundo, ao qual notava Pio XII atribuir-se enfaticamente a denominação de "mundo livre", apresenta-se como possuidor de valores espirituais, aos quais ele dá valor de capital, e por meio disso evita qualquer reformulação. O "Mundo Livre" adota uma consciência de justo. Ora, nada é tão oposto ao Evangelho quanto a "boa consciência", pois contradiz a necessária consciência de pecador [Cardonnel apud Souza e Souza, 1962:23].

Corção retrucou, enfaticamente, ao dominicano, no artigo "Sinais dos tempos" (31 jul. 1960). Acusou-o de herege, de defender o totalitarismo soviético, comentando:[104]

> A posição do dominicano, muito encontradiça aqui nas reuniões estudantis e nas frentes nacionalistas, pretende ser de isenção, de equilíbrio, de neutralidade, de desgosto simétrico entre os dois blocos que dividem o mundo. Infelizmente, para ele, para o Convento de São Paulo e para a França, tudo isso é uma algaravia muito banal e tristemente destituída de qualquer profundidade filosófica ou teológica [Corção, 31 jul. 1960].

Em agosto, Vinícius Caldeira Brant, membro da JUC que ocuparia a presidência da UNE em 1962, publica uma carta aberta a Corção, cujo conteúdo evidencia o quão intransponível era a distância entre as duas gerações de católicos. Caldeira Brant declarou:[105]

---

[104] Corção escreveu mais dois artigos sobre frei Cardonnel: "Os dois mundos", datado de 11 set. 1960, e "Ainda os dois mundos", de 18 set. 1960. O artigo de frei Cardonnel e as repercussões de suas ideias encontram-se em Souza e Souza (1962).
[105] O artigo de Vinícius Caldeira Brant encontra-se no arquivo privado de Corção.

Devo dizer-lhe, de início, que sempre julguei devesse haver uma aposentadoria para intelectuais. Por mim, antes de cuidarem da pensão, acho que deveríamos instituir para os mesmos intelectuais um exame vestibular [...]. [E concluiu] esses homens [os católicos da geração de Corção] já morreram: apenas se esqueceram de deitar [Brant, 1960].

A resposta de Corção (29 ago. 1960) ressalta a belicosidade do missivista e faz uso do polemista católico da Primeira República Carlos de Laet, para retrucar: "essa questão de idade é muito relativa na escala zoológica, e [...] ao passo que um homem de sessenta anos ainda está na força da idade, um burro de vinte e poucos é inteiramente imprestável".

Na sequência de sua réplica rebate a acusação de Vinícius de que a "velha guarda" dos intelectuais católicos não queria diálogo e atrapalhava a luta nacionalista. Caso emblemático, segundo Brant, de um artigo de Corção defendendo o aumento das tarifas pela Companhia Telefônica no momento em que a sociedade mineira se revoltava contra a exploração da mesma. Corção, incisivamente, chama Brant de "mentiroso" em sua colocação, visto que "é falso dizer que explora o povo pelo preço que cobra, pois é fácil provar que suas tarifas são cada vez mais baixas entre as mais baixas do mundo" (Corção, 28 ago. 1960).

Caldeira Brant também acusou Corção de fariseu, o que despertou sua ira.

Vocês declararam a guerra. São nacionalistas quando antes de vocês terem barba na cara nós já ensinávamos que isso é um erro. Vocês nos chamam de reacionários e de entreguistas só porque não acompanhamos os berros e as reações emocionais de um grupo que vê todo mal do Brasil na pressão econômica vinda de fora. Vocês, jovens de 1960, se colocam ao lado dos espoliados e acidentalmente ao lado do dr. João Goulart: eu, por não querer a sovietização do Brasil, sou entreguista, burguês e inimigo do povo. Levo a mesma vida que levava anos atrás, quando vocês dizem que me estimavam. Não mudei. [...] Na verdade foram vocês que romperam. *Queixam-se da reação que manifestei e que hei de manifestar enquanto estiver vivo*, sem se lembrarem que foram vocês que mudaram [Corção, 28 ago. 1960, grifos meus].

O antagonismo entre as duas gerações de católicos também se estendeu ao posicionamento político, tendo Caldeira Brant acusado Corção de anticomunista. Corção refuta a afirmação e critica os métodos da atuação dos movimentos anticomunistas. Ressalte-se a importância do contexto político, econômico e social na formação de suas opiniões e na práxis publicista. Sem dúvida, na década de 1950 o inimigo era o nacionalismo. O comunismo aparece no horizonte de Corção como a expressão máxima de totalitarismo e antagonista da democracia. Esta é a última antítese que apresento na economia discursiva de Corção na década de 1950. Assunto das linhas a seguir.

DEMOCRACIA *VERSUS* TOTALITARISMO

Homem de seu tempo, Corção deu enorme valor à democracia. A conjuntura política de seu ingresso na vida pública foi marcada por esse tema. A eclosão da II Guerra Mundial e, paradoxalmente, a vitória dos aliados indicava a liquidação da sociedade liberal e a possibilidade concreta da fundação de um novo regime político, essencialmente democrático e cristão. Em suma, assistia-se "em obra de parto" (Corção, 8 abr. 1961) a democracia "que poderia ser chamada de 'integral', 'orgânica', 'cristã' ou 'democracia do bem comum' (Corção, 8 abr. 1961)", ou seja, a democracia integral imaginada por Jacques Maritain. Cumpre lembrar que o ideal democrático de Maritain envolve a formulação em bases modernas da democracia com uma ética católica. Desse modo, não há qualquer possibilidade de saudosismo. Na verdade, a proposta é incentivar o nascimento de um regime que já se mostrava na história e seria a terceira via entre a democracia liberal e o comunismo.

Nesse sentido, são perceptíveis nos escritos de Corção dois combates. O primeiro, pela divulgação das teses da democracia integral e das suas diferenças com a democracia liberal. O outro, contra os totalitarismos, fossem eles os regimes franquista, peronista ou comunista.

A diferença entre a democracia liberal e a integral é a filosofia política que anima cada uma delas. A primeira se baseia no individualismo e no igualitarismo como os fundamentos da ordem social, enquanto a democracia integral encontra seus alicerces na filosofia que provém de Aristóteles e São Tomás de Aquino, ou seja, no bem comum e na diferenciação e hierarquização das sociedades.

A democracia que defendemos se caracteriza pelos seguintes elementos: presença cada vez mais efetiva de uma opinião pública real e livre, respeito às atividades próprias da sociedade que não devem ser valorizadas pela estatização, primado do político sobre o econômico, zelo moral por uma distribuição mais justa das riquezas, reconhecimento da transcendência da pessoa humana, polarização de toda a atividade política pelo Bem Comum [Corção, 8 abr. 1961].

O conceito de bem comum é a *raison d'être* do governar. E é definido por Corção como a promoção para todos os governados das benesses conquistadas pelo gênio humano com vista à elevação dos níveis culturais e econômicos da dignidade humana. Portanto, a democracia integral é o regime de governo regido pelo bem comum, defensor das liberdades civis; da desigualdade natural de talentos, dons e qualidades dos homens; e é regido por referências éticas. A vocação da política está no objetivo último das ações humanas, que é Deus. O que importa é a pureza de intenções e a coerência entre intenção e ação no resultado final.

Com efeito, a política assim entendida se transforma na exteriorização da espiritualidade. Não é nem o contrato hobbesiano que os indivíduos fazem a fim de perpetuarem e protegerem suas vidas, nem uma moral diversa da cristã para os negócios do governo, como em Maquiavel,[106] pois,

---

[106] "Com Maquiavel, rompe-se a antiga *tábua de valores*: a bipartição do mundo em Bem e Mal será 'posta de ponta cabeça', invertendo-se radicalmente a experi-

[...] se o homem não é um ser dotado de alma espiritual, feito à imagem e semelhança de Deus; se o sentimento do bem agir é mais um dado emocional do que um dado de sua natureza racional; então toda a ética se reduzirá a uma ajustagem social [...]. Chegado neste ponto, aceita essa dissolução do homem e esse deslocamento da moral, é evidente que o mundo está preparado para as aventuras do totalitarismo [...]. A partir desse instante, nós vamos ver o tecnicismo infiltrar-se na política previamente esvaziada de qualquer conteúdo moral e produzir a nova ética do partido, da raça ou das razões do Estado [Corção, 1955:57-58].

Assim, é claro que o reino da política é o domínio da moral. Evidentemente, não se admite a separação do Estado e da religião, com a qual a tese liberal relega a religião ao domínio privado. É a religião, católica é claro, a bússola das ações humanas na *polis*, concretizada no idealizado regime político da democracia integral.

Por mais que Corção reiterasse as divergências filosóficas entre a democracia integral e a democracia liberal, é evidente que há uma convergência na defesa das liberdades civis. Liberdade de expressão, de associação, de propriedade e de participação são pressupostos da democracia integral.

Na teoria política, a formulação contemporânea da distinção entre dois conceitos de liberdade se deve a Isaiah Berlin (2002). O primeiro implica a liberdade como "negativa", no sentido da não interferência do Estado na liberdade e propriedade, exceto para evitar dano à sociedade. É o conceito da tradição liberal que associa liberdade às conquistas civis. Liberdade, portanto, é "estar livre de" coerções. O segundo conceito reivindica um sentido positivo para a liberdade. Sua matriz encontra-se em Aristóteles, na

---

ência política do mundo. A visão anterior do poder apresenta um télos claro: levar os homens à Eternidade. O Bem Comum prefigurava o Reino de Deus na terra. Em face do poder secular, a Igreja, *Unam Sanctam*, ou a República Universal dos Cristãos, seria a fonte de todo valor, decidindo sobre cada ato humano. [...] Quando o desígnio divino para a sociedade começou a ser contestado, a subversão teórica e simbólica do político surge como o Mal. [...] Neste instante, Maquiavel e Lúcifer passam a equivaler-se" (Romano, 1981:13-14).

premissa de que o homem é um animal essencialmente político, logo moral. Liberdade, portanto, é "estar livre para" participar do governo, compartilhar do bem público ou comum e resistir às tentativas de indivíduos particulares de se apoderarem do patrimônio público.

Corção não percebia o conceito dessa forma dicotômica. Para ele, as liberdades civis tinham como condição de existência as liberdades "positivas" da participação. Evidentemente, havia a crítica às restrições ao exercício da liberdade "negativa", mas o importante era a comunhão. Nos debates sobre educação, em 1958, o argumento das liberdades "negativas" é usado favoravelmente à liberdade total de ensino, mas Corção reitera que nenhum direito civil prevaleceria sobre o bem comum (Corção, 7 ago. 1960). E é na defesa da liberdade de pensamento que essa crença se mostra em toda a sua plenitude. Diz Corção:

> Para a progressiva e penosa conquista da verdade em todos os domínios que são da competência da razão natural, o homem precisa sentir-se livre de todas as opiniões e de todos os juízos que lhe pareçam precários e insuficientemente demonstrados. Seria melhor dizer liberdade de pesquisa ou de busca, em vez de liberdade de pensamento, porque o pensamento não se dignifica e não atinge a sua perfeição na liberdade e sim na perfeita submissão à verdade. O que o pensamento humano procura ansiosamente é a luz que o determine, a evidência que o prense, o laço indissolúvel que o liberte da liberdade. Não constitui, pois, a liberdade uma perfeição para o pensamento, mas constitui um clima indispensável para a pesquisa.
>
> [...] Defendamos, pois, a liberdade de pesquisa e a inevitável liberdade de errar como um direito inerente à nossa condição peregrinal, mas não esqueçamos um só instante que não consiste no uso dessa liberdade a dignidade mais alta da inteligência. Essa só pode consistir na submissão à verdade. [Corção, 28 out. 1956].

Outra característica da democracia integral é o respeito às desigualdades forjadas pelo pecado original. A base do edifício social é a *virtú*. Ontologicamente, a crença democrática de igualdade essencial entre os homens teve sua origem ideológica na fraternidade cristã, "onde todos são filhos de Deus" (Mannheim, 1986:251). Todavia, se a democratização postula a participação de todos os homens nas decisões políticas, ou seja, rechaça qualquer divisão da sociedade em classes superiores e inferiores, isso não quer dizer que todos os homens são iguais em suas qualidades, méritos e dons. Em linguagem cara à retórica cristã, somos todos "filhos de Deus", mas também desiguais nesse vale de lágrimas.

A sociedade humana, meus amigos, é uma beleza de variedade, é uma riqueza de espontaneidades internas, e é essa atividade variada e espontânea que põe em todos os humildes negócios humanos um ar de liberdade, como se as almas transbordassem dos corpos e enchessem a atmosfera da cidade [Corção, 9 abr. 1961].

A soberania não é a vontade popular, atribuída à nação ou ao Estado. A democracia integral não se funda "na ideia de que política seja uma espécie de física do poder" (Corção, 8 set. 1957), como afirma a democracia liberal, pois "acima da noção de poder está a noção de autoridade" (Corção, 8 set. 1957). E a autoridade está baseada no respeito à lei natural, e "não há autoridade que não venha de Deus" (Corção, 21 out. 1956); portanto, o povo não é a fonte primária de onde emana todo poder ou toda a autoridade.[107] A autoridade vem de Deus e pelo povo se manifesta. "O poder é a fraqueza dos governos, e a genuína força de uma democracia orgânica reside no primado da autoridade e do direito" (Corção, 21 out. 1956).

Corção percebia a crescente participação da "multidão" na *polis* como inexorável, mas ressaltou:

Torno a dizer que não me queixo do processo, da regra, da essência do sufrágio: queixo-me, ou entristeço-me, ao verificar o estado

---

[107] É vasta a literatura que mostra a permanência dessa ideia no pensamento político brasileiro. Para maiores detalhes, ver a tese de doutoramento de Rogério Dultra dos Santos (2006).

de imaturidade política em que se acha nossa gente. Há, porém, nos mecanismos da democracia, ainda que exista o despreparo a que acima me referi, meios de suprir o que o eleitorado não soube fazer [Corção, 12 out. 1960].

A democracia é o regime mais adequado ao exercício das atividades de condutores das massas pelos intelectuais. Imaturas politicamente, as massas na democracia têm parâmetros para sua ação: instituições e minoria, a exercerem função pedagógica junto ao povo. Como assinala Corção (3 jul. 1955, grifos meus):

> [...] *nem sempre o povo sabe, clara e conscientemente, o que quer, podendo "votar certo em candidato errado".* Compete pois às elites e às estruturas de direção esse papel de consciência de um povo, com a específica contribuição de uma elaboração racional e explícita que o povo por si mesmo nem sempre pode dar; mas, por outro lado, nunca deverão essas estruturas se transformar numa espécie de superego que tiraniza as obscuras tendências do povo que esperam o parto. *Esse deve ser o grande papel das instituições partidárias: uma espécie de consciência de maiêutica.*

Nenhuma novidade trazia Corção, ao afirmar o lugar de "consciência de maiêutica" das minorias excelentes. Esse era um dos pontos centrais dos escritos de Ortega y Gasset (Bastos e Rego, 1999; Bastos, 2003). Todavia, havia inovação na ênfase em considerar os partidos o fundamento, e a melhor expressão, para os regimes democráticos, pois traduziriam o pluralismo das sociedades e constituiriam o espaço próprio para o exercício da "amizade cívica, além de viveiro político dos candidatos" (Corção, 31 out. 1954), "canal de realização do Bem Comum, de preparação, evolução e consolidação das convicções democráticas" (Corção, 29 maio 1955).

Como vimos, o problema é a elite.[108] O postulado da democracia integral é o ideal da democracia parlamentar sem liberalismo.

---

[108] "Política, no que tem de essencial, é a procura do bem comum, da ascensão de nível e dignidade de uma população imensa que vive confinada na subumanidade

O ordenamento social se funda numa concepção organicista de sociedade, onde cada peça da engrenagem contribui para a perfeição social. É indissociável a fruição da liberdade nessa ordenação social, pois a sociabilidade se inscreve na natureza humana. Entretanto, adverte Corção (9 abr. 1961), "essa atividade imanente, fonte de combinações fecundas, improvisadora de conúbios felizes, só funciona se todas as instituições de governança a respeitarem e até venerarem". Conclui-se, portanto, que são estas as guardiãs e promotoras da liberdade.

No caso brasileiro, assinala Corção, falta definição doutrinária clara dos partidos em lugar daquelas baseadas em episódios emocionais e/ou pessoais, o que impede as tomadas de posição com discernimento. Essa opção deveria ser feita pelas elites. Mas outra escolha se colocou no caminho.

O fim da II Guerra Mundial trouxera o vento da democracia para os países ocidentais, e também a divisão assimétrica do poderio e das zonas de influência entre as duas superpotências que emergiram: União Soviética — que controlava a zona ocupada pelo Exército Vermelho e por outras forças comunistas —, e os Estados Unidos — que dominavam o resto do mundo. Até o desmoronamento da União das Repúblicas Socialistas Soviéticas (URSS), em 1989, o regime [capitalista] sempre se supôs ameaçado pelo comunismo (Hobsbawm, 1995:115-116).

O produto dessa bipartição mundial foi a Guerra Fria, que forjou "gerações inteiras [...] à sombra de batalhas nucleares globais que, acreditava-se firmemente, podiam estourar a qualquer momento, e devastar a humanidade" (Hobsbawm, 1995:224). Todavia, a longa duração das tensões não foi constante, tendo o confronto ocorrido de forma mais intensa até o início da década de 1970. Esse momento foi chamado por Hobsbawm (1997:226) de "Paz Fria". Foi nesses anos que ambas as potências mundiais em-

---

que não logra atingir os primordiais direitos da pessoa humana. Para nos aproximarmos desse resultado, é preciso, sem dúvida, que homens valorosos removam os obstáculos da corrupção e do crime, mas é preciso também, e principalmente, que os partidos políticos ganhem estrutura sólida e genuíno conteúdo de justiça social" (*Diário de Notícias*, 24 out. 1954).

preenderam uma corrida armamentista e tecnológica e, principalmente, uma intensa batalha ideológica.

O totalitarismo foi o conceito, o termo, a forma apropriada pelos partidários do "mundo livre" para referir-se ao anticomunismo e mobilizar "uma larga corrente da opinião pública" (Lefort, 1987:71). Inúmeros pensadores dedicaram-se ao tema do totalitarismo.[109] Domenico Losurdo (2003),[110] na reflexão que realizou sobre essa categoria, chama atenção para seu caráter polissêmico. Foge ao objetivo deste trabalho uma digressão sobre o conceito de totalitarismo; entretanto, importa ressaltar o sentido dado por Corção à noção, uma vez que assume claramente o lugar de uma das antíteses na sua economia discursiva:

> [...] o que divide o mundo é mais político do que simplesmente econômico, e por isso começamos por tomar este esquema, ainda pobre, mas verdadeiro: democracia e totalitarismo. [...] Podemos lastimar que o lado democrata seja tão imperfeito, podemos dizer que estamos na pré-história da democracia, mas não podemos esquecer que deste lado do planeta possuímos já as condições mínimas para a edificação de uma nova cristandade [Corção, 6 nov. 1960].

O totalitarismo, para Corção, é o outro lado da moeda do liberalismo.[111] Integra o mesmo sistema filosófico que renega o caráter espiritual do homem e prega o progresso das nações baseado puramente no domínio econômico. Antinatural e contrário ao bem comum, o totalitarismo tem como princípio o controle total da sociedade e se realizou de forma acabada e perfeita na política totalitária da União Soviética (Corção, 15 mar. 1956).

---

[109] Só como ilustração podemos citar: Hanna Arendt, com *Origens do totalitarismo* (1989), e Karl Popper, com *A sociedade aberta e seus inimigos* (1974).

[110] Disponível em: <www.unicamp.br/cemarx/criticamarxista/cm17losurdo.htm>. Acesso em: 14 fev. 2006.

[111] Essa concepção do comunismo como produto do liberalismo estava inscrita na tradição católica. As cartas papais *Rerum Novarum* (1891) e *Divini Redemptoris* (1937) mostravam que o liberalismo irreligioso e amoral gerava o socialismo, que gerava o comunismo.

O CONSERVADOR | 141

Assim como aqui os comunistas e os integralistas acabaram unidos, como unidos já estavam pelas raízes profundas, quando ainda se apresentavam aos observadores superficiais como adversários, também a União Soviética e os totalitarismos de direita se encontraram e se encontrarão nas esquinas da história. O que nenhum deles pode entender e tolerar é a democracia integral, a democracia orgânica, a democracia da pessoa humana e das liberdades cívicas, a democracia cristã [Corção, 29 mar. 1960].

Na passagem acima, o uso do plural para o vocábulo totalitarismo é intencional. São vários totalitarismos, cujas primeiras manifestações estiveram relacionadas à direita. Portanto, qualquer regime autoritário era tido por totalitário por Corção. O nazifascismo, o peronismo, o salazarismo, o getulismo e o franquismo foram alvos de sua pena. Neste último caso, a oposição de Corção reporta-se ao apoio católico a Franco. Para ele, os católicos buscaram na fórmula do oficialismo a recuperação da descristianização das massas produzida pelo liberalismo, "em vez de procurá-lo na conversão do povo" (Corção, 25 dez. 1954).

Corção era incisivo na condenação do apoio católico aos totalitarismos de direita. Ele demonstra um claro inconformismo com a condenação vigorosa do catolicismo ao comunismo e, ao mesmo tempo, a crítica amena e/ou apoio dos católicos a certos regimes totalitários. O fato é que, na primeira metade da década de 1950, ainda era possível Corção afirmar:

O erro ainda maior, nessa proporção geométrica de disparates, é nosso ao admitir que os direitos da Igreja possam florescer onde fenecem os direitos do homem. [...] Tudo isso, no que concerne à política de Perón ou de Franco, não é evidente, como é evidente a malignidade do materialismo comunista, porque não é fácil provar que aquelas estruturas políticas, o peronismo e o franquismo, ferem a lei natural. Os ditadores desse tipo se abstêm de proclamar uma filosofia de materialismo ateu, e é nessa margem de imprecisão maliciosamente mantida que se instala a malignidade dos que vivem a sonhar com um policiamento católico da sociedade [Corção, 25 dez. 1954].

As mudanças na conjuntura política nacional e internacional dissiparam essa oposição cordata, ainda que firme, de Corção. Em 1955, morre Joseph Stalin e, no ano seguinte, Nikita Kruschev torna-se primeiro secretário do Partido Comunista da União Soviética (PCUS). Nesse ano, foi criado o Pacto de Varsóvia e, em fevereiro de 1956, Kruschev, em discurso no XX Congresso do PCUS, condena o stalinismo, o que gerou inúmeras especulações de que o bloco soviético se dividira.

A consequência das críticas oficiais ao stalinismo foi a eclosão de reformismo na Polônia, que foi tolerado por Moscou, e na Hungria, que não teve o mesmo destino. O governo húngaro de Imre Nagy anuncia modificações no sistema de poder, a retirada da Hungria do Pacto de Varsóvia e sua futura neutralidade. Esse conjunto não foi aceito por Moscou e, em outubro de 1956, eclodiu uma revolução na Hungria. No mês seguinte, as tropas soviéticas reprimiram violentamente a revolta húngara.

O caso húngaro foi uma arma de propaganda importante para os anticomunistas, principalmente, para os anticomunistas e católicos.[112] Ainda em 1956, a opinião pública mundial foi instada a se posicionar, com a deflagração do conflito pelo controle do Canal de Suez.[113] Corção serviu-se desses acontecimentos para mostrar comparativamente a diferença que marcava as ações ocidentais e as comunistas.

---

[112] Cumpre lembrar que o credo da maioria da população húngara era o catolicismo e que a Igreja Católica era uma das maiores proprietárias de terras do país. A perseguição comunista ao clero (principalmente após 1948, quando o cardeal da Hungria, Joseph Midszenty, foi condenado à morte por traição, subversão e espionagem, pena que foi revertida para prisão perpétua) e a realização da reforma agrária minaram o poder político e econômico da Igreja.

[113] Em julho de 1956, o presidente egípcio Gamal Nasser nacionalizou o canal e impediu a passagem de navios com a bandeira de Israel. A decorrência dessa ação foi um conflito armado entre Egito e Israel, apoiado pela Inglaterra e pela França. Os interesses soviéticos e americanos convergiram, e a solução encontrada foi a aceitação da nacionalização por franceses e britânicos. Os egípcios, em compensação, teriam de garantir a todos o direito de utilizar o canal.

É preciso ter coragem e paciência para afirmar e reafirmar que não há paridade entre as duas ocorrências, que não há simetria entre as duas operações militares. Ou, então, se querem algum paralelo, deve ele ser traçado entre a figura do ditador Nasser e a figura do ditador Bulganin. Até agora não sei se os ingleses e franceses fizeram bem [...]. Mas de tudo que possa haver de menos certo na política dos ingleses, subsiste um abismo de diferença entre o que acontece no Egito e o que se passa na Hungria [Corção, 18 nov. 1956].

O trecho acima integra o artigo intitulado "O martírio da Hungria" e marcou o princípio das preocupações de Corção com a política internacional. Até então, suas crônicas pouco se dedicaram ao tema, quase ausente ou sub-representado. Hungria e Suez lhe mostraram a impossibilidade de debater somente os problemas nacionais. Havia uma disputa que não podia mais ser ignorada, ainda que, no calor dos acontecimentos, Corção não tenha escrito nada a respeito de uma intervenção liderada pelos Estados Unidos na Hungria, como pediam os mais aguerridos anticomunistas.[114]

Em 1958, os acontecimentos na Hungria foram ressignificados por Corção:

Lembro-me bem dos detalhes de nossa modesta, ridícula participação na tragédia de Budapeste. Quem deu a ideia foi meu filho, por telefone. [...] Combinei encontro no Centro Dom Vital com outros moços do Centro, da JUC e de outras associações católicas. Éramos uns cinquenta e poucos. Pintamos uns cartazes às pressas e marcamos encontro embaixo do edifício da ASA, ali na Rua São José. Cerca de quatorze horas estávamos reunidos e prontos para sair pelas ruas [...] Foi talvez, depois de vinte anos, a única vez que saí pelas ruas gritando vivas e morras, mas até hoje creio que foi a melhor coisa que fiz na vida.

---

[114] "O fato de essa grande crise dentro do bloco soviético não ter sido explorada pela aliança ocidental (a não ser para fins de propaganda) demonstrou a estabilidade das relações Oriente-Ocidente" (Hobsbawm, 1995:387).

À noite, fomos à sede da UNE, a convite da presidência dessa entidade, para lavrar nosso protesto no auditório, mas tivemos o dissabor de saber que já tinham programado, na mesma hora, uma manifestação em favor do Egito, ou melhor, em favor do Sr. Nasser. [...] Foi uma sessão tumultuada e desagradável. Quando vi chegar os oradores oficiais da causa egípcia, os rapazes do Iseb, achei melhor sair da sala com a minha gente [Corção, 9 nov. 1958].

A memória dos tumultuados dias de 1956 apontaria aspectos cruciais na economia discursiva de Corção. Um deles, a evidente importância desse acontecimento, da sua relação com a questão de Suez e da defesa de uma ou outra causa no jogo de forças da conjuntura nacional; outro, o recrudescimento da sua retórica anticomunista, quando, comentando o caso húngaro, critica a postura dos Estados Unidos, que, ignorando o apelo: "não enviaram seus aviões, seus soldados, suas bombas como milhões de pessoas desejavam que fizessem" (Corção, 9 nov. 1958).

Mas o totalitarismo ainda é uma preocupação longínqua, externa, de outro continente. Todavia, em 1959, o comunismo se estabelece perto, no mesmo continente, na América Latina. A Revolução Cubana marcava o fim de uma era. Inicialmente saudada por Corção, logo ganhou nova interpretação, agora em chave negativa e temerosa, pois a partir de então o espectro estava real e próximo do Brasil.

Dois anos atrás, quando chegou a notícia da vitória de Fidel Castro sobre as forças de Batista [...] não escondi meu júbilo. Nesta mesma coluna, deste mesmo jornal, expandi-me, soltei vivas, tornando assim patente a esperança que depositava naquele movimento, o crédito que abria ao seu jovem chefe, e o horror que sempre tive pelos regimes totalitários. Quinze dias depois, já me arrependia de minha precipitação; três meses depois, envergonhava-me dela. Tínhamos em Cuba, para gáudio dos amadores de mordaças e chicotes, uma nova ditadura, uma nova tirania, com a originalidade de ter declarada inspiração soviética [Corção, 18 abr. 1961].

O totalitarismo era agora o "comunismo" e conquistava "corações e mentes" nos países latino-americanos. No Brasil o avanço do nacionalismo fez com que Corção relacionasse qualquer proposta nacionalista com possibilidades de "sovietização" ou "cubanização". Agora, a luta era contra o regime "alienígena" que ameaçava nos capturar. O comunismo invadiu sua produção discursiva como inimigo central — senão o único — a ser combatido.

CAPÍTULO 4

O ANTICOMUNISTA

"Estamos preparando o advento do comunismo em nossa terra".
(Corção, 26 jul. 1961)
"Queremos o verde e amarelo, sem foice e sem martelo"
(Corção, 22 mar. 1964).

A RADICALIZAÇÃO do cenário político e social alcançou o ápice no governo de João Goulart (1961-1964). Conforme vimos no capítulo anterior, Corção percebera, e denunciara, os setores da elite brasileira que, no seu entender, defendiam o totalitarismo de esquerda. O curto período da crise de 1961 revela uma mudança semântica em sua acusação ao comunismo. É evidente, na sua produção discursiva, que o inimigo externo, identificado pelo vocábulo totalitarismo, adquiriu materialidade na vida política e social brasileira, tornou-se alternativa para certos grupos e ameaça real à integridade da nação brasileira. Seus medos nacionais e internacionais uniram-se e geraram o sentimento da ameaça real do comunismo.

O inimigo interno, visível, próximo e cada vez mais influente esteve inerentemente relacionado ao contexto político-social e ao "clima de época" da Guerra Fria, exacerbado pela opção comunista dos "barbudos" da Revolução Cubana e suas consequências nos países latino-americanos.[115] Encontrar saídas, soluções e propostas opostas a essa visão de mundo foi também um dos objetivos da produção discursiva de Corção. Em todas as suas proposições, o combate deveria ser exercido pelos "homens bons". A implantação do comunismo no Brasil lhe parecia iminente, e é com essa visão que podemos compreender e explicar sua práxis no *Diário de Notícias* nesses anos.[116] O comunismo passa a agregar os temas negativos da década de 1950 — elites degeneradas, nacionalismo e totalitarismo.

Para dar conta dessas questões, apresento o anticomunismo de Corção em três dimensões: o mundo da política, o mundo da sociedade civil e o mundo do catolicismo brasileiro. Evidentemente, Corção as considerou no conjunto, mas a separação permite que vejamos os diversos ritmos e intensidades do seu anticomunismo e o que ele considerou "infiltração comunista".

A INFILTRAÇÃO COMUNISTA NO MUNDO POLÍTICO

Os oito meses do governo de Jânio Quadros, sua renúncia, a crise provocada pelo veto militar à posse do vice-presidente eleito João Goulart, a solução parlamentarista, os vários primeiros-ministros e suas políticas, o plebiscito e, finalmente, o programa político e de governo de João Goulart formaram o contexto da atuação anticomunista de Corção e reforçaram sua retórica do medo.[117]

Corção interpretou o governo de Jânio Quadros como de terreno fértil na aproximação entre nacionalismo e comunismo:

A vitória da candidatura de Jânio foi a derrota, em todos os planos, da conjuração comuno-nacionalista que atacava o país. [...]

---

[115] Girardet (1987) aponta a importância da mitologia na construção dos discursos políticos. O "mito da conspiração" será uma constante na economia discursiva de Corção a partir de então, sendo os "homens das trevas" os comunistas e seus simpatizantes.

[116] Motta (2002:XXII) sugere que o anticomunismo deva ser entendido como uma produção de discursos e argumentos relevantes para compreendermos e explicarmos a atuação dos segmentos sociais contrários ao governo de João Goulart.

[117] Para a importância do "medo" na retórica conservadora, ver Hirschman (1992).

Porém, logo nos primeiros dias de governo, Jânio prestigiava os mesmos comuno-nacionalistas que derrotara com o nosso voto. Dia a dia tornou-se mais nítida a traição, a primeira, a grande traição de Jânio Quadros. [...] Em pouco tempo vimos que elegêramos um alucinado [...] que culminou com a condecoração pendurada no peito de um mercenário desclassificado. Veio depois a renúncia, o golpe astucioso que visava transformar o governo democrático em regime de exceção [Corção, 4 out. 1961].

Desde abril de 1961, Corção advertia sobre o risco de o país pender para o "totalitarismo de esquerda", tanto que reviveu o movimento de Resistência Democrática que animara os católicos de "*A Ordem*" nos anos 1940.

Da convicção cada dia mais forte, de que o Brasil precisa orar e vigiar para não cair na tentação do totalitarismo, nasceu-me uma ideia que tem o risco de parecer megalomaníaca e que só medrará se tiver o apoio do leitor. Trata-se simplesmente de ressuscitar, ou pelo menos de avivar os ecos da antiga Resistência Democrática. [...] A sede da ressuscitada seria este canto de jornal, uma vez ou outra, sem dia marcado, sem ordem rigorosa na apresentação da matéria. [...] Chamemos as folhas soltas [...] Cartilha da Resistência Democrática [Corção, 8 abr. 1961].

Esse uso de um recurso do passado na valorização da democracia e no combate ao comunismo nos sugere que Corção não notara as distinções entre as conjunturas, mas logo se torna evidente que sua análise da crise desencadeada pela renúncia de Jânio Quadros aponta novos riscos para a ordem política e social, além dos combatidos na década de 1950: Jânio Quadros com "seu socialismo improvisado, desastrado e acintoso" (Corção, 1 set. 1961) e as "agitações de caráter esquerdista com que a opinião pública foi violada e bestificada" (Corção, 1 set. 1961).

Não obstante o perigo, o veto militar à posse do vice-presidente eleito João Goulart, que se encontrava em viagem diplomática por países do Leste europeu e China, foi tachado por Corção de ditadura: "Pelo que leio nos jornais, estamos de hoje em diante nivelados pelo gabarito do Paraguai e de Cuba. Temos ditadura, e ditadura militar, que é uma espécie de ditadura ao quadrado" (Corção, 1 set. 1961).

Para Corção, a crise institucional não abalava seu respeito à regularidade jurídica:

> Na minha opinião — opinião de perseverante resistente democrata — deveríamos, logo de início, sem dramas e sem grandes frases, ter dado posse ao vice-presidente João Goulart, que considero um homem pouco estimável, e muito pouco admirável. Não é pior, entretanto, que o farsante Ali-Babá [...] e creio até poderia ser menos mau que o próprio Jânio [Corção, 29 ago. 1961].

Moniz Bandeira (1983:43) indica como argumentos mobilizados contra a posse de Goulart a acusação de que ele era incapaz, administrativa e politicamente, de governar o país, além, é claro, da herança getulista. Corção não desconhecia nem rejeitava a pertinência da observação, mas chamava atenção para o casuísmo do veto militar.

O parlamentarismo como solução do impasse foi aclamado por Corção como recurso legítimo, além de ter inúmeras vantagens: extinção do "superpresidencialismo" que dominava a política brasileira e barreira à realização do programa das reformas de base proposto por João Goulart.

Havia, além disso, uma vantagem explícita num governo de João Goulart originado da crise: ele e os grupos de esquerda teriam o cerco da opinião pública. Esse era o ponto decisivo. A solução parlamentarista cumpria esse requisito. Era uma vitória da opinião pública brasileira, que repudiava tanto o totalitarismo de direita como o de esquerda. Também mostrava que não havia espaço na política brasileira para nenhum representante do caudilhismo sul americano. Em suma, como solução para a crise que atravessa o país em setembro de 1961, o parlamentarismo foi considerado um mal menor que, no limite, poderia propiciar maior controle do governo pela sociedade brasileira.

150 | O BOM COMBATE

DURANTE O PARLAMENTARISMO

A saída conciliatória do parlamentarismo aceita pelas forças políticas encerram o período de crise iniciado com a renúncia de Jânio Quadros. Todavia, o espectro do presidencialismo pairava já na posse de João Goulart em 7 de setembro de 1961. Pragmaticamente, Corção, desde os primeiros dias da nova experiência de governo, percebeu as possibilidades do fracasso da experiência. Mais uma vez a missão cabia à opinião pública. Quanto aos órgãos de imprensa, era necessário distinguir a figura de João Goulart das ações do governo e mostrar que a chefia do país estava nas mãos do primeiro-ministro Tancredo Neves. Essa postura era o antídoto ao retorno do presidencialismo que impregnava o imaginário político brasileiro.

> É necessário, imprescindível, e até urgente que os jornais e revistas ilustradas tomem consciência de que o atual governo é o governo do sr. Tancredo Neves e não o governo do sr. João Goulart. Cabe aos jornais e revistas ilustradas essa cooperação, esse trabalho na opinião pública. [...] Os leitores podem trazer uma preciosa contribuição para engrossar a onda parlamentarista e assim permitir que o nosso Congresso tenha uma oportunidade de recuperação séria. Se não fizermos assim, teremos uma estrutura política em contradição com os costumes e com os hábitos do povo. Será parlamentarista a forma oficial, mas continuará presidencialista, supersticiosamente presidencialista a substância da opinião pública. Ora, não é nada bom que essas coisas andem assim, desencontradas, [...] e é por isso que faço este apelo aos órgãos formadores da opinião pública: ajudem o regime, favoreçam a experiência proposta, e deixem na penumbra a fisionomia já bastante conhecida do sr. João Goulart [Corção, 15 set. 1961].

É importante ressaltar que, em setembro de 1961, Corção ainda encontrou espaço para proclamar convictamente sua crença nos ideais republicanos:

> Recebi [...] uma carta muito amável de dona Sofia [que] declara não acreditar nas soluções arranjadas, e me propõe a monarquia! Não,

O ANTICOMUNISTA | 151

Dona Formiga, por mais simpática que seja, a sua cartinha não logrou converter-me à causa do trono. Sou republicano, visceralmente republicano, e, além disso, se quero ardentemente combater o comunismo, acho que só é possível combatê-lo acelerando o passo para frente e não voltando ao *ancien régime* [Corção, 20 set. 1961].

República baseada em valores e conceitos aristocráticos: honra, respeito à palavra dada e ética da convicção, eis a fórmula ansiada por Corção. Mudanças eram desejadas, mas dependiam do rumo que teriam. Se fossem ancoradas na ética cristã, o rumo era correto.

A crença na virtuosidade ético-política de alguns nomes do Parlamento e da opinião pública brasileira era o pressuposto para aceitar os imprevistos do cenário nacional e o remédio contra a infiltração comunista. Todavia, a conjuntura política mostrou-lhe que "andávamos para trás". Caso emblemático do reconhecimento de Leonel Brizola como personalidade de destaque e herói da Campanha da Legalidade.

São realmente curiosos os paradoxos de nossos tempos. Vejam o caso do sr. Leonel Brizola. Defendeu ardorosamente a posse do sr. João Goulart e foi aplaudido por um setor da opinião pública que passou a chamá-lo "Campeão da Legalidade". Esse setor da opinião pública deve saber, como todos os outros setores, que o sr. Leonel Brizola é cunhado e correligionário do sr. João Goulart; mas a coincidência não foi levada em conta pelos entusiastas que aplaudiram o sr. Leonel Brizola como paradigma de virtudes cívicas [Corção, 29 set. 1961].

No que se referia à montagem do governo e às políticas adotadas pelo gabinete de Tancredo Neves, Corção mostrou-se receoso. Assustava-o a ambiguidade da equipe do primeiro-ministro.[118]

---

[118] Em relação à composição do governo, Corção (14 set. 1961) criticou especialmente a nomeação de André Franco Montoro, nome dos mais representativos do PDC, para a pasta do Trabalho.

Contudo, foi a fixação das políticas prioritárias que suscitou em Corção o medo de que o espectro do comunismo ainda ameaçasse o Brasil. Temor realçado, em novembro, quando três dias antes de mais um festejo militar pelos mortos na "Intentona" Comunista de 1935, o governo brasileiro reatou relações diplomáticas com a União Soviética. Era, portanto, evidente a manutenção da política externa independente, objeto de pesadas críticas de Corção ao gabinete de Tancredo Neves.

A política externa foi assunto constantemente examinado por Corção. A defesa do princípio de autodeterminação dos povos pelo governo brasileiro na conferência da Organização dos Estados Americanos (OEA), ocorrida entre 22 e 31 de janeiro de 1962, na cidade uruguaia de Punta Del Este, confirmou-lhe a dubiedade do gabinete de Tancredo Neves.

Na ocasião travou-se forte polêmica quanto à imposição de sanção ou intervenção armada em Cuba, propostas defendidas pelos norte-americanos. Para Corção, o princípio da não intervenção era contrário à lei natural e, em essência, consistia numa tomada de posição a favor do regime comunista na ilha do Caribe. Nesse sentido, a defesa da autodeterminação dos povos teria se transformado em "autodeterminação ao governo de Fidel Castro" (Corção, 25 jan. 1962), o que subvertia o sujeito da prerrogativa da autodeterminação do povo para o Estado. A soberania era obra e graça divina e sujeitava-se à simbiose entre Estado e povo.[119]

Nossa democracia [...] não aceita como critério último a vontade popular. Rigorosamente, admitimos o direito de intervenção num país com eleições e com vontade popular manifesta, desde que essa vontade contrarie criminosamente os direitos do homem e a lei natural. É claro que, entre admitir o princípio da intervenção e recomendá-la, há o abismo das circunstâncias e dos imponderáveis. Seja como for, o essencial é marcar nesse assunto o critério

---

[119] A refutação à autodeterminação dos povos que Corção empreendeu está explicitamente ligada ao pensamento político de Francisco Campos, como aponta Santos (2006).

último, que não está nas mãos dos príncipes e na vontade geral, como dizia Rousseau. Não, o critério último seria Deus, se não fosse julgado excessivamente pueril trazer o nome de Deus para as "*finesses*" da diplomacia. *Em seu nome poderia o critério último ser um de seus pseudônimos: os direitos do homem, a lei natural* [Corção, 25 jan. 1962, grifos meus].

Evidentemente, Corção usou esses argumentos para justificar e legitimar a intervenção militar americana em Cuba. Contudo, as negociações efetuadas na conferência de Punta Del Este não resultaram na aprovação dessa proposta e sim numa condenação da adesão cubana ao comunismo, o que foi do agrado de Corção. Para ele, ainda que modestas, as decisões mostraram a evolução "desfavorável a Fidel Castro e à infiltração soviética no hemisfério americano" (Corção, 26 jan. 1962). Quanto à posição brasileira, Corção ironizou San Tiago Dantas:

> O nosso brilhante chanceler evoluiu bastante, e levou a Punta Del Este um anticomunismo mais nítido e mais veemente do que costumava apresentar aqui em seus discursos. Evoluiu, manobrou, foi habilíssimo, inteligentíssimo, mas ainda assim deixou o Brasil quase totalmente isolado das outras vozes americanas. Como, porém, não terminou ainda o jogo, pode ser que nosso veloz extrema-esquerda consiga melhorar a contagem de pontos [Corção, 26 jan. 1962].

O jogo terminou com a abstenção do Brasil na expulsão de Cuba da OEA e com a aprovação de uma declaração condenando sua adesão ao comunismo (Bandeira, 1983:49).

Com o fim do encontro da OEA, Corção voltou-se para a questão do capital privado e estrangeiro no país. A encampação, em fevereiro de 1962, da Companhia Telefônica Rio-Grandense, subsidiária da International Telephone and Telegraph (ITT) foi interpretada como mais um degrau da infiltração comunista. Cabe inquirir se a objeção de Corção foi meramente ideológica, pois devemos recordar suas estreitas relações com as empresas privadas de telefonia. Na condenação à ação do governador gaúcho Leonel Brizola, apelou para seus conhecimentos técnicos, defendendo assim o serviço prestado pelas concessionárias e acusando o governo de impedir as melhorias, com sua política inflacionária. O significado da "estatização" — além de atacar os efeitos do problema e não suas causas — indicava que "o desencadear de encampações prova que a inflação combinada com a demagogia e outros fatores psicossociais gera o totalitarismo". E continuou Corção, apontando o futuro que se descortinava: "assim vamos de petrificação em petrificação, de paralisação em paralisação, até alcançarmos o Estado Providência, o Estado Total, que ainda há de encampar as crianças e nacionalizar as mulheres" (5 abr. 1962).

A queda do gabinete de Tancredo Neves em junho foi, para Corção, a certeza da falência da experiência parlamentarista. Isto porque, no período em que ficou à frente do governo, Tancredo Neves não teria exercido a função. Era um "pseudogoverno" (Corção, 31 maio 1962), pois nunca deixara de servir a Goulart. O nome de San Tiago Dantas para substituí-lo foi combatido por Corção em quatro crônicas praticamente seguidas.[120] Nelas Corção atacava o postulante ao cargo de primeiro-ministro e foi uma das vozes udenistas na grande imprensa contra a indicação.[121] As acusações de Corção estiveram centradas especialmente no apoio nacionalista e comunista a Dantas, na sua condução da política externa. San Tiago Dantas seria um materialista comuno-petebista (Corção, 27

---

[120] San Tiago Dantas foi tema nas colunas de Corção nas datas de 24, 26, 27 e 29 de junho de 1962.

[121] A indicação de Dantas suscitou celeuma entre os udenistas e a bancada do PSD, que se uniram no veto ao seu nome e criticavam principalmente sua atuação na condução da política externa brasileira. As resistências acabaram por ser bem-sucedidas, e Goulart indicou o nome do presidente do Senado Auro Moura Andrade, obtendo a aprovação do Congresso. Todavia, as lideranças sindicais, que apoiavam Dantas, juntamente com os setores nacionalistas e de esquerda, convocaram uma greve geral para o dia 5 de julho. Auro Moura Andrade renunciou, mas o impasse somente seria resolvido cinco dias depois, com a aceitação pelo Congresso do nome de Francisco Brochado da Rocha (Abreu et al., 2001:1795).

jun. 1962). A retirada da indicação foi saudada como "uma vitória da democracia", do parlamentarismo e contra as forças da reação comunista (Corção, 29 jun. 1962).

A crise que eclodiu com a indicação e rejeição a San Tiago Dantas, o programa pelas reformas de base e a antecipação do plebiscito definida pelo empossado gabinete de Brochado da Rocha significaram para Corção que aqueles eram "tempos de falsificações e subversões" (Corção, 9 set. 1962). Sem dúvida, esse argumento o filiava à conspiração anticomunista que intensificava suas ações e já se mostrava às claras, com os violentos ataques de Carlos Lacerda a Goulart.[122]

Lacerda teve na pena de Corção um aliado tenaz nas denúncias à "subversão" de Goulart e seus correligionários. A nota crítica enviada pelo Conselho de Ministros a Lacerda, nos primeiros dias de setembro, foi interpretada por Corção como uma tentativa de calar a oposição, tachando-a de subversiva, quando quem estava fazendo pregação subversiva era Brizola, que

> pode pregar o que quiser contra Deus e contra os homens, contra a lei escrita e contra a lei não escrita, contra o regime, as tradições e os interesses do país: desde que não diga nada contra o presidente e seus ministros, a fala não é subversiva [Corção, 7 set. 1962].

Ainda em setembro caiu o gabinete de Brochado da Rocha, tendo sido escolhido um gabinete provisório sob o comando de Hermes Lima, ministro das Relações Exteriores. Também nesse mês foi aprovada a antecipação, para janeiro de 1963, do plebiscito sobre a forma de governo. O caráter temporário do gabinete permitia a Corção denunciar a artificialidade do parlamentarismo, o que desde o início era pretendido por Goulart:

---

[122] Lacerda acusou Goulart "de estar comprometido com os comunistas e tramar um golpe, além de apontar insistentemente que a concessão de plenos poderes ao presidente apenas o ajudaria em seus propósitos 'subversivos'" (Abreu et al., 2001:2986).

Conseguiram para janeiro próximo, adiantado, o famoso estrogonofe cívico com que o povo se saciará. E não nos iludamos, o povo, mais desinformado ainda do que o personagem de Artur Azevedo, vai votar contra o plebiscito. Vai atirar no que viu e matar o que não viu. O que não viu é o famoso parlamentarismo de que tantas vezes, e com tanta pureza, se ocupou o dr. Raul Pilla; o que viu é isto que aí está. [...] Nesse meio-tempo, enquanto não matamos o inexistente, o não nascido, divirtamo-nos com o que temos, isto é, com o novo Gabinete, que tem chefe, ministros e tudo como ouvimos dizer que fazem na velha Europa. Até chamamos de "premier" o designado para ser um fiel Deuxième [Corção, 19 set. 1962].

Em outubro, por ocasião das eleições, é interessante notar a mudança na participação de Corção, muito menos contundente que na década de 1950. A falta de entusiasmo era resultado do engajamento na candidatura vitoriosa de Jânio e do dissabor que provocou. Mesmo assim, Corção aconselhou seus leitores sobre as qualidades e posicionamentos adequados a um bom candidato e fez publicamente sua declaração de voto: "para deputado federal, voto em Adauto Lúcio Cardoso, para deputado estadual, em Sebastião Madeira, da UDN; e evidentemente voto nos dois senadores, Juraci e Gilberto" (Corção, 4 out. 1962).[123] De todo modo, ao longo da campanha, Corção destacou muito mais os defeitos que não aconselhariam o voto em determinados candidatos e apelou ao discernimento e atenção às posições "nocivas" que serviriam como parâmetros para o voto. Em suas palavras, era importante considerar

[...] se o candidato aplaudiu a condecoração de Che Guevara ou esteve indiferente; se foi mais sensível ao negócio do canal de Suez do que ao sangue dos patriotas húngaros, se disse que Brasília inaugurava um novo Brasil; se pertence a um grupo que vem governando ou desgovernando o Brasil há mais de trinta anos e

---

[123] Corção refere-se a Juraci Magalhães e Gilberto Marinho, do PSD.

põe no estrangeiro a culpa de nossos descalabros [Corção, 23 set. 1962].

O resultado do pleito[124] desagradou Corção, principalmente a vitória expressiva de Brizola.[125] Além dessa, a conquista do governo de Pernambuco por Miguel Arraes e as interpretações da esquerda para os êxitos eleitorais — recusa dos entreguistas pelo povo, a maturidade política e desejo de liberdade — também foram rechaçadas pelo publicista. Novamente a crítica de Corção foi dirigida à noção de soberania. Para Corção, essas interpretações partiriam de um falso pressuposto de imagem do povo pelo qual a parte seria tomada pelo todo. Se essa perspectiva fosse verdadeira, os resultados eleitorais diriam que, por exemplo, o povo pernambucano havia escolhido marchar para o socialismo. Todavia, a resposta das decisões das urnas exprimiria "a imobilidade do nosso atraso" que seria o aspecto mais grave da conjuntura nacional (Corção, 19 out. 1962). E seria sua imagem "da imobilidade '*piétinant sur place*'" a mais adequada para explicar a eleição de candidatos como Brizola e Arraes (Corção, 19 out. 1962).

Enquanto o país vivia às voltas com questões eleitorais, acontecimentos internacionais também acirraram o anticomunismo

---

[124] A eleição de 1962 foi marcada pelo crescimento da representação dos partidos progressistas e pelo financiamento de candidatos contrários ao governo pelo Instituto Brasileiro de Ação Democrática (Ibad) e pelo Instituto de Pesquisas e Estudos Sociais (Ipês). Miguel Arraes conquistou o governo de Pernambuco, Leonel Brizola foi eleito pela Guanabara com a maior votação dada a um deputado federal no país, o PTB duplicou sua bancada no Congresso e a FPN também se fortaleceu (Bandeira, 1983:76).

[125] Corção combateu Brizola desde a Campanha pela Legalidade, mas foi em setembro de 1962 que ele fez suas críticas mais duras ao governador gaúcho. A ocasião foi a polêmica deste com Carlos Lacerda em razão da proposta de antecipação do plebiscito. No artigo publicado no dia 28, Corção comentou a declaração dada por Brizola à imprensa gaúcha, na qual acusou o governador da Guanabara pela morte de Brochado da Rocha. Para Corção, o ocupante do Palácio Piratini pretendia tirar proveito eleitoral da morte de um correligionário, o que só comprovaria "que o sr. Brizola é incontestavelmente, e irremediavelmente Brizola, e só pode fazer declarações naquele estilo hípico".

de Corção. O mais significativo foi a crise dos mísseis cubanos,[126] que trouxe ao mundo a percepção de que a eclosão de uma guerra mundial era iminente (Hobsbawm, 1995:227). Para Corção, a decisão do presidente americano John Kennedy (1960-1963) de usar a força contra a ação soviética foi interpretada como uma vitória da cruzada anticomunista, pois

[...] o presidente Kennedy pecaria gravemente se deixasse os totalitários caminharem de impunidade em impunidade para a conquista do mundo, e para o aviltamento de toda a população do planeta. Há certos valores que valem todos os riscos. Estamos nesta encruzilhada. De certo modo, a situação foi criada pela ingenuidade dos americanos no fim da guerra, na famosa reunião de Ialta, que, a meu ver, foi mais vergonhosa para o mundo do que a de Munique. É justo agora que sejam os americanos que tenham a grande iniciativa da correção [Corção, 24 out. 1962].

Na sequência de seu argumento, Corção criticou a posição brasileira e novamente deixou claro que a política externa independente consistia numa perigosa aproximação com o comunismo. Declarou ele:

[...] só lamento que não estejamos nós também empenhados no mesmo bloqueio, ombro a ombro com os amigos do norte. É humilhante dever toda a defesa do que reputamos mais sério, e até mais sagrado, a um outro povo, enquanto o nosso ainda se dá ao luxo de brincar de comadre e compadre com os comunistas [Corção, 24 out. 1962].

---

[126] Em meados de outubro de 1962, o governo dos Estados Unidos decretou o bloqueio naval a Cuba e ameaçou invadir a ilha, caso a União Soviética não desmontasse as bases de mísseis que lá instalara. O presidente Kennedy escreveu ao governo brasileiro e pediu-lhe apoio, mas João Goulart manteve a atitude de condenar a invasão da ilha por tropas americanas. Para um relato da troca de correspondência entre o governo brasileiro e o americano ver Bandeira (1983:76-80).

Após o pleito, Corção voltou-se para a campanha do plebiscito, que considerou uma "palhaçada" (Corção, 29 dez. 1962), mas, ainda assim, engajou-se na luta a favor do parlamentarismo. Combateu a forma da consulta popular do *Sim* ou *Não*, advogando que os eleitores deveriam escrever o nome do regime que preferissem, pois a pergunta nesses termos seria "discutível no seu mérito democrático" (Corção, 30 dez. 1962). O fenômeno linguístico do *Não* para escolher o presidencialismo foi analisado como contrário aos parlamentaristas, uma vez que "o NÃO [é] a palavra mais espontânea, mais instintivamente pronunciada por um povo que vem sofrendo as consequências dos maus governos sucessivos" (Corção, 8 dez. 1962). Nesse sentido "o sim e o não do dia 6 de janeiro possuíam a malícia do maquiavelismo" (Corção, 30 dez. 1962) e não resultariam em engrandecimento cívico por duas razões: (a) a falta de conhecimento da população do que seria parlamentarismo e presidencialismo e das suas diferenças; e (b) a inexistência de uma experiência realmente parlamentarista no país.

No dia 6 de janeiro de 1963, o presidencialismo saiu vitorioso no plebiscito, o que, para Corção, não constituiu surpresa. A pergunta que ele gostaria que fosse respondida era: o que seria o governo de João Goulart num regime presidencialista?

NO PRESIDENCIALISMO

Com a recuperação das plenas prerrogativas de chefe do Executivo, Goulart centrou suas ações em solucionar a crise econômico-financeira e na execução de seu programa de governo, isto é, das reformas de base. O combate aos altos índices de inflação era o objetivo do governo no início de 1963 e para isto foi posto em prática o Plano Trienal de Desenvolvimento Econômico, sob a direção de San Tiago Dantas e Celso Furtado. As medidas conjugavam redução da pressão inflacionária produzida pelos déficits do setor público com a execução de uma reforma fiscal, com a abolição dos subsídios ao trigo e às importações de petróleo.

Nas palavras de Corção, as causas da inflação eram a demagogia e o populismo, tanto do governo Goulart como dos seus antecessores.[127] A herança getulista e as ações a favor da estatização, como no caso das companhias telefônicas, foram interpretadas como fatores para o aumento do déficit público. Dessa forma, o problema não era, como afirmavam os nacionalistas e comunistas, oriundo da "espoliação" americana, mas sim dos maus governantes brasileiros, da nacionalização e do monopólio estatal. Além disso, a solução não era meramente econômica "senão no que tange aos meios que devem ser empregados" (Corção, 23 jan. 1963), mas de natureza ética, pois está referida "aos fins, à força dos imperativos, às exigências desencadeadas" pela questão moral (Corção, 23 jan. 1963). A ação eficaz contra o problema inflacionário, portanto, é aquela "capaz de deter a demagogia econômico-financeira" (Corção, 23 jan. 1963).

Na tentativa de implementar as medidas necessárias para resolver os problemas econômicos, o governo Goulart buscou a obtenção de empréstimos nos Estados Unidos e com o Fundo Monetário Internacional (FMI). Com o objetivo de alertar os americanos, Corção ressaltou a necessidade de que eles demandassem garantias ao governo brasileiro.

Em fevereiro de 1963, houve o anúncio pelo PCB da realização do Congresso Continental de Solidariedade a Cuba, no estado da Guanabara. Para Corção, o encontro recebera, por parte do governo Goulart, tratamento ambíguo. Enquanto o Itamaraty buscava impedir sua realização, o Ministério do Trabalho o apoiava. No mês seguinte, o governador da Guanabara, Carlos Lacerda, proibiu o encontro no estado.[128] Corção se posicionou contrário à decisão de Lacerda, o que revela a falta de unidade dos anticomunistas quanto aos instrumentos que seriam mobilizados para refrear a ação comunista. Escrevia Corção:

> Não sei se terá sido feliz a proibição do Congresso de Solidariedade a Cuba, anunciada pelo governador da Guanabara. [...] E digo

---

[127] "O que enriquece, neste Brasil, não é o balcão, nem a Empresa, é a faixa presidencial" (Corção, 16 jan. 1963).

[128] O congresso foi transferido para Niterói e acabou acontecendo na sede do Sindicato dos Operários Navais.

isto porque estou convencido do desprestígio em que se encontram. Mas creio que minha principal objeção foi suscitada pelo instrumento usado pelo governador: a segurança nacional. [...] Não sei se seria possível promover a proibição com outro instrumento: eu preferiria que eles tivessem a licença de reunião cassada em nome do decoro, pela polícia de costumes, como suponho teria licença cassada uma reunião de homossexuais. Sim, em nome dos bons costumes. [...] Receio que a proibição do governador dê importância demais ao conceito de segurança nacional, que está a pedir melhor definição, mas confesso ao leitor que digo isto tudo com certa vacilação [Corção, 27 mar. 1963].

Ao comparar comunismo e homossexualismo, Corção circunscreve o fenômeno à esfera da moral. O comunismo tornou-se o antinatural, como prescrevia a tradição católica a respeito do homossexualismo. Dessa forma, não é somente uma ameaça à nação, mas à civilização cristã. Ao comentar o resultado das negociações conduzidas por San Tiago Dantas com os americanos, Corção destacou a habilidade do ministro da Fazenda em contornar as dificuldades tanto do lado americano como do brasileiro. Sua habilidade "em dizer, com pequeno intervalo de tempo, coisas diferentes do que quando apelidava de autodeterminação de Cuba sua simpatia pelo regime castrista" (Corção, 30 mar. 1963) teria sido fundamental para o sucesso das negociações. Para Corção, dois outros fatores também se mostraram tão ou mais decisivos do que a atuação de San Tiago Dantas. O primeiro, "por mérito de seu povo" (Corção, 30 mar. 1963), foi o de ser o Brasil um país com futuro. O outro foi a generosidade, "a boa vontade e cordialidade dos americanos" (Corção, 30 mar. 1963).

Paralelamente às expectativas e notícias sobre o desenrolar das negociações entre o governo brasileiro e os americanos, intensificaram-se as acusações de infiltração comunista nos meios governamentais brasileiros. Lincoln Gordon, embaixador americano no Brasil, prestou declarações à imprensa nas quais denunciava a proximidade de membros da equipe de Goulart com os regimes comunistas. Essas afirmações suscitaram debates e terminaram por ser retificadas pelo Departamento de Estado americano (Abreu et al., 2001:2608). Corção participou ativamente da discussão.

Nos primeiros dias de abril, Corção deu outra demonstração de que seu pavor anticomunista ainda não tinha atingido o paroxismo:

A verdade manda dizer que os estrangeiros se enganam a nosso respeito. Apesar de todas as evidências, e de todas as solidariedades hipotecadas, não há comunismo, não há sequer vestígios de ideologia marxista na cabeça do sr. Brizola [...]. O que há, em dose forte, é o confusionismo brasileiro, é essa dubiedade, essa mistura de ideias e de noções, geradora de duplicidade de atitudes, que é um de nossos mais característicos defeitos. O próprio presidente João Goulart é um exemplo muito representativo desse fenômeno [Corção, 10 abr. 1963].

As reformas de base, que tinham como objetivo explícito resolver as distorções e o dilema distributivo brasileiro, levarão Corção a maior radicalismo. Sua pedra angular era o problema da terra, a estrutura fundiária marcada pelos latifúndios. Mário Alves ressaltou que foi no ano de 1962 que o conteúdo do que se pretendia ao dizer "reforma agrária", tanto para os grupos de esquerda como para os de direita, se definiu. A partir de então, o divisor de águas era o "caráter da reforma agrária que se pretende, [...] os seus objetivos, [...] os meios para sua consecução" (Alves, 1962:36).

O campo progressista iniciara o debate sobre reforma agrária muito antes do fato político marcante de 1960: as eleições presidenciais. Ainda em agosto, o PCB aprovara, entre as linhas diretivas do V Congresso,[129] "a conquista da emancipação econômica do país do domínio imperialista e a eliminação da estrutura agrária

---

[129] O caminho era claro para os comunistas. Adiar a luta por uma sociedade socialista e aliar-se à burguesia nacional e às forças progressistas "para concentrar sua ação política em transformações sociais mais imediatas e graduais" (Figueiredo, 1993:67). No tocante às medidas para reforma da estrutura agrária, o PCB adotara uma linha moderada, como a desapropriação de grandes propriedades incultas ou pouco cultivadas.

atrasada, assim como o estabelecimento de amplas liberdades democráticas e a melhoria das condições de vida das massas" (Figueiredo, 1993:67). Por outro lado, as ligas camponesas há muito haviam deixado claro seu projeto: reforma agrária, na lei ou na marra.[130]

Ainda em 1960, o pensamento católico brasileiro entrara na polêmica com a publicação do livro *Reforma agrária: questão de consciência* — escrito a oito mãos, por d. Antônio Castro Mayer,[131] d. Geraldo de Proença Sigaud,[132] Plínio Corrêa de Oliveira[133] e Luiz Mendonça de Freitas[134] —, cujo objetivo era sistematizar uma proposta concorrente à defendida pelas esquerdas para a questão da terra no Brasil.

Em linhas gerais, o livro propunha "falar de uma reforma agrária sadia, que constitua autêntico progresso, em harmonia com nossa tradição católica", em oposição à "reforma agrária revolucionária, esquerdista e malsã" (Mayer et al., 1960:IX). Para esses autores, qualquer proposta de reforma agrária visava à instauração do regime socialista no país. A questão central do livro era questionar as posições que afirmavam ser a estrutura rural brasileira contrária aos princípios da justiça. A resposta era que não havia problemas com a estrutura agrária do país, uma vez que ela cumpria com suas funções sociais e de promoção do bem comum.[135]

---

[130] As ligas camponesas eram associações de trabalhadores rurais fundadas inicialmente no estado de Pernambuco, posteriormente na Paraíba, no estado do Rio de Janeiro, em Goiás e em outras regiões do Brasil que pregavam a reforma agrária. Tiveram intensa atividade no período que se estendeu de 1955 até a queda de João Goulart, em 1964. A liderança de maior projeção nacional foi Francisco Julião.

[131] Bispo de Campos, um dos fundadores da Sociedade Brasileira de Defesa da Tradição, Família e Propriedade (TFP).

[132] Bispo de Jacarezinho, também um dos fundadores da TFP.

[133] Jornalista. A principal liderança da TFP. Faleceu em 1995.

[134] Economista ligado à TFP.

[135] Entre os vários argumentos favoráveis à manutenção da estrutura agrária, temos uma passagem bastante ilustrativa do pensamento desses autores: "Senhor de terras adquiridas pelo trabalho árduo e honrado ou por uma legítima sucessão hereditária, não se contentava em tirar delas, preguiçosamente, o estrito necessário para sua subsistência e a dos seus. Pelo contrário, movido por um nobre anseio de crescente bem-estar e ascensão cultural, aspirava ele ao pleno aproveitamento da fonte de riqueza que tinha nas mãos. Para isto, franqueava largamente suas terras às famílias

Corção discordou frontalmente desses representantes do pensamento católico, e Plínio Corrêa de Oliveira lhe respondeu nas páginas do *Diário de São Paulo*, acusando-o de representar os interesses do agrorreformismo. A abertura dos comentários de Corção ao livro mostra toda a sua virulência:

> [...] não se trata de obra com tais ou quais lacunas, com estes ou aqueles erros acidentais e sim de uma obra maciçamente errônea, falsa no todo, no espírito que a anima, na mentalidade que traduz e com que se arrumaram diversas afirmações, algumas verdadeiras, algumas santas, num conjunto que se me afigura monstruoso [Corção, 22 jan. 1961].

Para Corção, os autores basear-se-iam numa falsa tese de igualdade, para defender a conservação da estrutura agrária brasileira. Por essa tese, a igualdade "não [seria] apenas de natureza essencial e de direitos fundamentais, mas também de condições e atributos de todos os homens" (Corção, 22 jan. 1961). Na sequência de seu argumento, Corção alerta que esse pressuposto era o mesmo da esquerda. O que os diferenciava eram somente os fins. Para a esquerda, o monopólio estatal, a "Terrabras", era a saída para superar a desigualdade de condições e de atributos dos homens. Já para os representantes do pensamento católico, a proposta acabava sendo a defesa do *status quo* e das classes dirigentes.

Seu espanto com a posição desses católicos fica evidente, ao escrever: "será possível que ainda exista hoje, na posição social dos autores, alguém tão assustadoramente alheio ao que vai pelo mundo? Será possível, dentro da Igreja, encontrarmos ainda hoje

---

de trabalhadores braçais que, vindos de todos os quadrantes do Brasil e das mais variadas regiões do mundo, procuravam no campo as condições de uma existência honesta e segura. Dedicado de sol a sol à direção da faina rural, o proprietário, associado assim aos trabalhadores braçais na tarefa de tirar do solo recursos de que um e outros iam viver, era verdadeiramente o 'pater', o 'patrão' de cujos bens e de cuja atuação todos recebiam alimento, teto, roupa e meios de poupança, na medida da situação e da cooperação de cada qual" (Mayer et al., 1960:15).

o respeito pela riqueza formulado com tamanho desembaraço?" (Corção, 22 jan. 1961).

A divergência no campo conservador católico explicita a existência de dois grandes matizes: o primeiro, de manutenção do *status quo*, e o segundo, de aceitação de "alguma" reforma. Neste caso, propunham-se pequenas modificações na estrutura agrária brasileira, principalmente, aquelas que pudessem favorecer o agronegócio. Já para os primeiros, qualquer proposta de reforma agrária conduzia ao comunismo.

Na matriz reformista moralista a que se filiara — na qual o pensamento social cristão encarnou-se e precisava dar respostas adequadas à realidade brasileira —, Corção expunha sua perspectiva de estrutura agrária: "uma razão que me leva a desejar impetuosamente uma revisão, uma reforma que torne mais espalhada não somente a propriedade da terra como também dessa coisa maravilhosa que se chama lar" (Corção, 22 jan. 1961).

Coerente com a tradição e a doutrina católica, Corção defende a intocabilidade da propriedade privada. Todavia, como ensinara São Tomás de Aquino, a divisão das propriedades não é marcada por direito natural, antes dependendo das convenções humanas e pertencendo ao domínio do direito positivo. Assim, mesmo o direito de propriedade sendo a condição *sine qua non* das sociedades, ele deve estar subordinado ao bem comum, devendo cumprir sua função social. Portanto, para Corção, os ultraconservadores incorrem no erro filosófico de apelar para a filosofia das Luzes, ou seja, para o liberalismo. Ora, a tradição católica não é a liberal. Esse é o ponto central da refutação de Corção ao livro. A premissa da tradição católica funda-se na *amicitia* escolástica, em que "natural se refere àquilo pelo que o homem é humano: à sua essência, à sua natureza específica". E "a sociabilidade propriamente dita, a cidade verdadeiramente humana não é obra de nossa natureza primitiva, terrestre, animal; é obra do nosso espírito, fruto do conhecimento dos anos" (Corção, 1967:27-28). E, ainda: "a vivência política em que as exigências de direito natural são atendidas de um modo pleno, que supõe logo dois fatores importantíssimos — a máxima participação e a máxima valorização do homem" (Corção, 1967:75)

— não ocorria no Brasil, principalmente, no que se refere à estrutura fundiária. Evidentemente, em janeiro de 1961, ele ainda podia afirmar que a propriedade privada era inviolável, mas não intocável. Sua defesa da necessidade de reformas na estrutura agrária brasileira o afastara dos setores mais radicais do conservadorismo. Entretanto, como veremos, as mudanças no contexto sociopolítico, com o acirramento das propostas e a elevação da temperatura política, o colocarão entre as "vivandeiras" dos quartéis.[136]

A conturbada conjuntura política do governo Jânio, sua renúncia e a instauração do parlamentarismo como solução para que fosse aceita a posse de João Goulart retiraram o foco do debate agrário. Ainda assim, em novembro de 1961, os movimentos rurais organizados mostraram que a luta pela reforma agrária não havia esmaecido.[137] Com o retorno ao presidencialismo, o problema agrário ressurgiu de maneira definitiva. Em abril de 1963, na Mensagem ao Congresso Nacional, Goulart apresentou seu projeto de reforma agrária, que abolia o pagamento prévio, em dinheiro, para desapropriação de terras de acordo com o interesse social. Mas isto requeria emenda constitucional, e a iniciativa governamental incendiou o debate. Ainda em abril, o líder do PTB, Luís Fernando Bocaiúva Cunha, apresentou ao Congresso o projeto de emenda constitucional necessário para a implantação do plano de reforma agrária do governo. Corção novamente concordou com a necessidade de transformação da estrutura agrária do país, mas discordou da solução do problema proposta pelo governo.

---

[136] No breve governo de Jânio Quadros, o debate sobre reforma agrária recebera alguma atenção, com a criação, por iniciativa do Executivo, de uma comissão, no Congresso Nacional, presidida pelo senador udenista Milton Campos, e outra, liderada pelo deputado pessedista José Joffily. A renúncia de Jânio Quadros interrompeu os debates.

[137] Nesse mês, foi realizado o I Congresso Nacional de Lavradores e Trabalhadores do Campo, cujo resultado foi a aprovação da Declaração de Belo Horizonte, que definiu como seus objetivos e estratégias a luta por uma reforma agrária radical. Disponível em: <www.gedm.ifcs.ufrj.br/documentos.php?page=2>. Acesso em: 22 mar. 2006.

Quem tiver um pouco de piedade por este nosso maltratado povo não pode deixar de sentir um aperto no coração diante do clima de demagogia, de nervosismo, de irresponsabilidade, e de capitulação ou medo de parecer retrógrado, dentro do qual se processa a procura de uma das mais importantes e das mais consideráveis reformas que se impõem para um Brasil melhor. Qualquer pessoa medianamente informada sabe que é preciso melhorar nossa estrutura cultural, técnica, econômica no setor agrícola. Mas também sabe que o problema da terra não se resolve com fórmulas primárias de terra para todos, prelúdio de outra fórmula de terra para ninguém, ou só para o Estado [Corção, 24 abr. 1963].

O fim do latifúndio era, assim, uma "fórmula primária", pois reforma agrária não era simplesmente modificar o modo de possuir a terra. Para Corção, a distribuição de terras por si só não resolveria o problema, uma vez que o Brasil não teria capacidade econômica e administrativa para a empreitada, e nem o povo estaria preparado para receber e utilizar as terras distribuídas. Baseado nessa posição, Corção propôs uma reforma agrária que preservasse a propriedade privada da terra e transformasse os camponeses em classe média. As consequências do projeto do governo, que desconsiderava o conjunto de medidas que deveriam ser tomadas para elevar as condições do homem do campo, estavam evidentes e seriam um "passo para o totalitarismo" (Corção, 24 abr. 1963) ou, com o fracasso da ação governamental, "a estatização" (Corção, 24 abr. 1963).

Em sua opinião, reforma agrária seria o conjunto de medidas culturais, educacionais, econômicas, sanitárias etc. aplicadas à estrutura agrária brasileira, com o objetivo de torná-la melhor. E era temerário reduzi-la a desapropriações de terras mal cuidadas pelos latifundiários. Sem divergir completamente dessa proposta, Corção propugnou uma desapropriação lenta, "para que a própria experiência vá ensinando como se deve fazer em seguida" (Corção, 24 abr. 1963). Ou seja, reforma sim, revolução não. Mudanças graduais são bem-vistas pelos conservadores, como era o caso de Corção, mas sempre com prudência e cautela. Nesse sentido, a reforma constitucional que acompanhava o projeto do governo simbolizava a fórmula do "acelerar para tornar mais fácil a desapropriação" (Corção, 25 maio 1963, o que evidenciava a que estava direcionada: "a demagogia petebo-comuno-nacionalista" (Corção, 25 maio 1963). Aqui já se estabelecia a relação entre reforma agrária e comunismo, ou seja, entre o governo e o comunismo. E apesar de Corção (25 maio 1963) afirmar que sobre reforma agrária havia "uma dúzia de ideias a respeito", a sequência de seu argumento explicitou que, na verdade, só havia duas propostas: "uma tendente ao totalitarismo, e outra em defesa da democracia" (Corção, 25 maio 1963). No maniqueísmo totalitarismo-democracia, qualquer proposta de reforma agrária vinda do governo passou a ser identificada como passos para o comunismo.

Nesse sentido, foi coerente sua aclamação à rejeição pelo Congresso Nacional do projeto de emenda constitucional apresentado pelo PTB[138] e à atuação da UDN. A maioria udenista que votou contra a ideia da emenda estaria a demonstrar que a bandeira democrática ainda estava nas mãos do partido, uma vez que repudiou a criação da "Terrabras" e o conluio dos comunistas, petebistas e nacionalistas. O *gran finale* do debate, ocorrido no Congresso Nacional, suscitou em Corção a crença de que uma batalha havia sido vencida, mas a guerra ainda não.

O revés do governo Goulart trouxe consequências tanto para os grupos de esquerda como para os de direita. A esquerda compreendeu que o único caminho era a radicalização contra o Congresso Nacional e a favor da execução das reformas de base acima das prerrogativas legislativas. No que se refere à direita, ficou evidente a fragilidade da coligação político-partidária de Goulart no Parlamento. Para ambos ficou evidente o fracasso do reformismo

---

[138] As negociações, no Congresso Nacional, na tramitação da emenda dependiam basicamente do PSD, que aceitou introduzir algumas modificações que retardariam a aplicação da nova lei e apoiar o anteprojeto. Todavia, a posição flexível dos pessedistas foi alterada após a convenção nacional da UDN, cujas bases mostraram-se contrárias à aprovação da emenda. Com isso, o PSD rompeu sua aliança histórica com o PTB, liberando sua bancada para votar contra (Abreu et al., 2001:2624).

constitucional, mesmo que esta percepção se restringisse, nesse primeiro momento, às discussões sobre reforma agrária (Figueiredo, 1993).

A saída encontrada pelo presidente foi a organização de um novo ministério, com nomes expressivos dos conservadores e das esquerdas. A tentativa de renovar os apoios políticos, contudo, não foi bem-vista por Corção. Chamava-lhe atenção não a troca de ministros, mas as ações do presidente. Assim, a escolha do conservador Carvalho Pinto para o Ministério da Fazenda foi interpretada com muitas suspeitas, pois todo poder estava com o presidente e, em último caso, as propostas de Carvalho Pinto teriam de passar por ele. O problema era menos de nome do que de atitude de governo. Goulart jogava "xadrez, um xadrez ruim, aliás" (Corção, 21 jun. 1963), em vez de governar. Evidentemente, para Corção, o sentido de governar não era o mesmo de Goulart. Ao mesmo tempo, as indefinições e tentativas do governo de construir e/ou reconstruir uma base parlamentar de centro não eram bem compreendidas por Corção, que tachou o presidente de "charada" (Corção, 21 jun. 1963).

Em setembro, a "charada" começou a ser revelada. A reação do presidente à entrevista concedida pelo governador do estado da Guanabara, Carlos Lacerda, a um jornalista americano, atacando violentamente o governo brasileiro e o presidente Goulart pessoalmente, detonaria nova crise. Os ministros militares consideraram a entrevista injuriosa às Forças Armadas e sugeriram a Goulart a decretação do estado de sítio, para afastar Lacerda do governo da Guanabara, Ademar de Barros, do governo de São Paulo e Miguel Arraes, do governo de Pernambuco, e, com isso, deter o radicalismo crescente de direita e de esquerda. Goulart enviou ao Congresso Nacional, no dia 4 de outubro, a mensagem solicitando a decretação do estado de sítio por 30 dias. Inicialmente, contava com o apoio de Brizola, da bancada do PTB e dos movimentos de esquerda, mas logo os petebistas mudaram de ideia, e a medida foi rejeitada pelo Congresso Nacional.[139]

---

[139] Oswaldo Lima Filho, deputado pelo PTB de Pernambuco, em entrevista ao Cpdoc, afirmou que o fracasso na decretação do estado de sítio foi ocasionado pelo

A tentativa malsucedida aumentou as desconfianças quanto às intenções de Goulart e recebeu o repúdio dos principais grupos políticos tanto de esquerda como de direita.

Corção analisou o acontecimento por um prisma inusitado: seu grupo seria o centro político. Evidentemente, ele estava defendendo e compartilhando das opiniões sobre a conjuntura política nacional expressada por Carlos Lacerda: um golpe está sendo tramado contra a democracia brasileira.

Está à vista de todos o duplo aspecto do mesmo monstro antidemocrático que ameaça tragar nossas instituições e nosso brio cívico. Monstro de duas cabeças, mas de substância igual, a chamada esquerda e a chamada direita nos ameaçam, e cada uma estimula a outra, provoca a outra. E muito provavelmente, qualquer que seja a loteria totalitária, seremos ainda nós os culpados. Sim, nós, os democratas, seremos apontados como conspiradores, como desordeiros. Qualquer golpe precisa de uma desculpa, de um Plano Cohen que o justifique diante da consciência nacional. Salta aos olhos que a ameaça de ditadura militar não nasceu no vazio: a terra e o estrume, sobretudo o estrume com que se nutriu, foi dada por esses ministros que atiçam estudantes contra professores, por esses precoces que vão buscar em Praga diretrizes para o progresso do novo Brasil e, principalmente, por esse governo que não governa, que agita, divide, descarrega nos outros a culpa de tudo, inclusive das greves forjadas diretamente nas cúpulas governamentais" [Corção, 5 out. 1963, grifos meus].

E o pedido de estado de sítio, sob o pretexto da entrevista do governador da Guanabara, nada mais seria que o pretexto para a implantação de uma ditadura militar no país, uma ditadura de esquerda, de João Goulart. Em suas palavras,

---

recuo de Goulart sobre o afastamento de Arraes, o que provocou a retirada do apoio à medida pelas Forças Armadas: "Isso liquidou o estado de sítio, porque os militares então negaram apoio, e o Congresso no Brasil geralmente ouve as Forças Armadas antes de toda decisão importante". Disponível em: <www.cpdoc.fgv.br/nav_jgoulart/htm/depoimentos/Osvaldo_Lima_Filho.asp>. Acesso em: 15 out. 2006.

O fato é que esse triste episódio [...] colocou-se sob o signo do NÃO. Foi invocado com um NÃO. E só produziu até agora o que seus eleitores pediram: um grande, um enorme NÃO. Agora, para continuar sua trajetória negativa, terá de dizer NÃO à Constituição, terá de dizer NÃO à tradição cristã e democrática do Brasil. Mais adiante quando não tiverem mais nenhum recurso para ocultar a nulidade completa, tornarão a nos carregar de culpas, inventarão declarações antipatrióticas; *prenderão; espoliarão; perseguirão e Deus queira que não cheguem ao assassinato oficializado, como o que se pratica na admirada Cuba* [Corção, 5 out. 1963, grifos meus].

João Goulart enfrentava resistências à aprovação de suas políticas no Congresso Nacional e estava cada vez mais pressionado, quer por concessões para formação de uma base parlamentar conservadora, quer para a defesa incondicional das reformas de base. Setores da direita e da esquerda sustentavam seu governo num jogo de pressões e contrapressões (Bandeira, 1983:98; Figueiredo, 1993:87-130). Para Corção, os lances de Goulart, aproximando-se dos movimentos organizados da esquerda mostravam que "v[inha] da própria Presidência da República o vento da desordem" (Corção, 2 out. 1963).

A aceleração da inflação transformou-se na principal denúncia de Corção ao final de 1963 e primeiros meses de 1964. Pedia que Goulart empreendesse ações para combatê-la, aproveitando o interlúdio de tranquilidade que viveria o país até a quarta-feira de cinzas, pois "quem irá fazer uma revolução antes do Carnaval? Quem dará um golpe de Estado nos meses em que se prepara a competição dos sambas?" (Corção, 8 nov. 1963).

Ainda nesse mês, aconteceram as mobilizações pela encampação da refinaria de Capuava, definida como bandeira dos comunistas, pois partiria dos grupos de pressão "interessadíssimos na conquista do poder totalitário". Para Corção (13 nov. 1963), não era um movimento de ingênuos nacionalistas e católicos, ou seja, dos "bons parvos", mas dos que "querem o poder, querem generalizar no Brasil o que já conseguiram na Petrobras: a sovietização de tudo" (Corção, 13 nov. 1963).

Finalmente, o enigma foi revelado, com a regulamentação da Lei de Remessas de Lucros, aprovada no Congresso Nacional em 1962. A partir de então, Corção cerrou fileiras pelo golpe.

Todavia, a pregação golpista de Corção está relacionada também aos movimentos da sociedade brasileira pelas reformas de base. Num movimento dialético, a radicalização das esquerdas levou à radicalização da direita e vice-versa. Contudo, é inegável que foi em reação tanto à esquerdização de movimentos da sociedade civil como do mundo católico que seu discurso anticomunista tornou-se práxis política. Dessa forma, antes de continuarmos a análise da radicalização de seu posicionamento no mundo da grande política, faz-se mister abordar o fenômeno no mundo social.

A INFILTRAÇÃO COMUNISTA NA SOCIEDADE BRASILEIRA

Corção situara nos movimentos nacionalistas a porta de entrada do comunismo no Brasil. Entretanto, é sabido que outros setores da sociedade brasileira também intensificaram as lutas pela realização de suas reivindicações. Casos exemplares, no meio rural, são a criação das ligas camponesas, e, nos meios sindicais, a participação dos sindicatos nas lutas políticas do período.

Apesar de todas essas manifestações terem sido percebidas por Corção enquanto contribuições à implantação do comunismo, ele não as combateu com o mesmo empenho. Em sua crônica de 19 de janeiro de 1961, Corção manifestou-se sobre quais eram os atores que considerava mais abertos ao comunismo: "tenho medo de estudante que quer sopa de graça do Estado Mãe [...], Iseb e da Faculdade de Filosofia, católica ou leiga".

Estavam escolhidos os antagonistas: o movimento estudantil, representado pela sua entidade máxima — a UNE; a Faculdade Nacional de Filosofia (FNFi) e os isebianos. Todos, ou representantes ou em formação, da *intelligentsia* brasileira. A pergunta que se impõe é: E os outros grupos, tais como as ligas camponesas e os sindicatos? Por que não receberam a mesma atenção na pena de Corção?

Acredito que a resposta esteja na coerência de sua trajetória intelectual, que primou por uma perspectiva hierárquica e elitis-

O ANTICOMUNISTA | 173

ta de sociedade. Sem dúvida, a origem de classe dos participantes desses movimentos foi um componente fundamental na distinção explicitada na produção discursiva de Corção. No caso das mobilizações, camponesa e operária, seus membros pertenciam aos estratos inferiores na hierarquia social, enquanto aos estudantes estava destinado um papel social importante na transformação da sociedade brasileira (Poerner, 1979; Foracchi, 1966). Isso explicaria a marginalização daqueles grupos na sua produção de cronista. Evidentemente, isto não significa que ele se esquivou de escrever sobre as greves, que foram intensas no período, nem sobre sindicalismo, nem sobre a experiência das ligas camponesas.[140] Contudo, o retrato desses movimentos sempre esteve sob o crivo da arruaça, portanto não era tão ameaçador ao sistema quanto o movimento estudantil.

A preocupação de Corção com a juventude brasileira tem dupla explicação: a juventude católica e a ocupação profissional de professor de engenharia da Universidade do Brasil. Em ambos os casos, as estreitas relações revelavam a efervescência do movimento estudantil e suas opções pela esquerda. A filiação católica dessas entidades ou indivíduos não pode ser desconsiderada.

Tal constatação é reforçada pelo diagnóstico de Herbert José de Souza, o Betinho, de que "no Brasil, até 64, uns 90% dos militantes políticos, ou eram católicos ou tinham pai e mãe católicos" (Souza apud Ridenti, 1998:2). Ou seja, o catolicismo era um fator integrador e forneceu sentido à onipresença da temática da juventude na pena de Corção. Caso emblemático é o da luta contra o Iseb, percebido como uma influência nefasta para a juventude brasileira,[141] mas em que Corção privilegiou o combate às ideias

---

[140] Na produção discursiva de Corção, os trabalhadores e sindicatos só emergiam enquanto assunto para denunciar as greves. Sempre apareceram como desordeiros e vinculados politicamente às esquerdas, tendo suas reivindicações desqualificadas (Corção, 8 jul. 1962, 29 nov. 1963, 17 e 19 jan. 1964). Já as ligas camponesas eram identificadas como movimentos de comunistas, cujas ações estavam voltadas para a implantação do regime comunista no país.

[141] "A partir de 1958, com a publicação do livro *O nacionalismo na atualidade brasileira*, de Hélio Jaguaribe, as divergências acirraram-se, resultando numa crise que provocou alterações profundas na orientação das atividades do Iseb. As

de Vieira Pinto[142] e Roland Corbisier — ambos haviam sido católicos — o que ressalta que qualquer identificação com o catolicismo assuma uma conotação de "traição" e constitua dado fundamental na escolha dos inimigos.

Não surpreende, portanto, que sua oposição ao movimento estudantil, iniciada nos últimos anos da década de 1950 com a guinada à esquerda da JUC, tenha se exacerbado em 1961, com a eleição do jucista Aldo Arantes para a presidência da UNE. Contando também com o apoio dos comunistas, a eleição marcou a "ascensão católica" na liderança do movimento estudantil brasileiro (Poerner, 1979:188). Corção não abordou o acontecimento. Seu silêncio imediato expôs a certeza de que os acordos que levaram à "ascensão católica" confirmavam a escolha política "esquerdista" da entidade, exemplificada no apoio ao regime socialista cubano, a Fidel Castro,[143] às propostas nacionalistas, à política externa in-

---

ideias lançadas por Jaguaribe desencadearam uma forte reação dentro e fora do instituto, formando-se duas facções opostas, não só em torno do livro, como também em relação à orientação que deveria ser imprimida ao Iseb. Os opositores de Jaguaribe, representados principalmente por Guerreiro Ramos, Álvaro Vieira Pinto e Roland Corbisier, consideravam que a instituição deveria ser menos acadêmica e mais engajada politicamente. Fora do Iseb, as críticas ao livro de Jaguaribe partiram principalmente da União Nacional de Estudantes (UNE) e dos jornais que davam cobertura às suas atividades, ou seja, *O Semanário, O Nacional* e *Última Hora*. Esses grupos passaram a exercer pressão no sentido de afastar Jaguaribe do conselho curador do Iseb. [...] Em 1960, o diretor-geral do Iseb, Roland Corbisier, elegendo-se deputado estadual, afastou-se do cargo. Substituiu-o o professor Álvaro Vieira Pinto. [...] Nessa fase, o Iseb aderiu à ação de mobilização política, aliando-se a outros grupos nacionalistas, como a Frente Parlamentar Nacionalista, estudantes, sindicatos e o Partido Comunista Brasileiro, numa luta mais agressiva pelo controle dos lucros das empresas estrangeiras, por uma política tendente a uma maior distribuição de renda, pela extensão dos benefícios do desenvolvimento a todas as regiões do país e pela transformação da estrutura agrária" (Abreu et al., 2001:2803).

[142] Sobre a vinculação e ruptura de Vieira Pinto com o catolicismo brasileiro, ver Freitas (1998:71-81).

[143] Em dezembro, Corção apontaria claramente a relação da nova direção da UNE com o regime de Fidel: "é preciso cobrar da entidade máxima estudantil (como é gostoso dizer 'Entidade Máxima') as visitas que fizeram à Embaixada Cubana e o apoio que correram a dar, logo após a vitória eleitoral do último pleito da UNE" (Corção, 6 dez. 1961).

dependente, ao princípio de autodeterminação dos povos e ao anti-imperialismo.

Logo após a posse de Aldo Arantes, ocorreu a renúncia do presidente Jânio Quadros e o engajamento da liderança estudantil na Campanha da Legalidade. Este, sim, assunto de várias crônicas de Corção.

Na crise da renúncia, a UNE orientou os estudantes a defenderem a posse de João Goulart. Numa medida inédita, transferiu provisoriamente sua sede para o Rio Grande do Sul. Essas ações receberam a atenção de Corção, que criticou a estreiteza da análise do movimento estudantil. Para ele, a liderança estudantil reiterava a "falácia de que a defesa da legalidade se concentrava nos esforços de Brizola e [os estudantes] não percebiam que estavam sendo usados como massa de manobra do governador gaúcho e de líderes demagógicos e antidemocratas" (Corção, 12 set. 1961).

Em outubro, Corção ampliou seu leque de inimigos no movimento estudantil e voltou sua artilharia contra os estudantes secundaristas. Acontecia no Rio de Janeiro o Congresso da Associação Metropolitana dos Estudantes Secundaristas (Ames), sobre cujos participantes Corção (26 out. 1961) teceu comentários ríspidos. Os estudantes foram descritos como "admiradores de paredón e arame farpado, [...] vagabundos dos dois sexos, [...] e energúmenos". E o propósito do encontro de discutir a realidade nacional era "gritaria, inculcação emocional de frases, adestramento para futura sincronização de gestos e berros nas praças da sonhada República Socialista Brasileira" (Corção, 25 out.1961).

Não havia dúvida: o movimento secundarista se mostrava dominado pelos comunistas. Cabia, então, uma solução drástica: a intervenção das autoridades competentes (Corção, 25 e 26 out. 1961) nas entidades estudantis. Apelo dirigido ao juizado de menores e ao ministro da Educação para que extinguissem a Ames, a fim de evitar problemas maiores no futuro. O contra-ataque da entidade dos estudantes secundaristas foi publicado em *O Metropolitano*. Corção retrucou, com o argumento de autoridade, e respondeu da seguinte forma às perguntas de seu oponente sobre a defesa da escola pública, do anti-imperialismo e do controle de remessa de lucros para o exterior: "quem aos treze ou quatorze anos de idade escreve para um professor [...] não é comunista, é apenas um jovenzinho prosa e bobo que está capitalizando farta munição para arrependimento" (Corção, 21 nov. 1961).

Nos primeiros dias de 1962, o prédio da UNE foi metralhado, e a autoria do atentado, atribuída ao Movimento Anticomunista (MAC), que viera a público pouco antes com pichações nos muros da entidade estudantil. A evolução das considerações de Corção sobre o acontecido é exemplar tanto da marca anticomunista em sua pena neste período como dos seus inimigos, os estudantes. A primeira reação de Corção às ações do MAC foi intrigante. Repudiou seus atos e distinguiu dois tipos de anticomunismo: o "saudável e responsável" e o "anormal". O primeiro tinha o propósito de denunciar e combater o comunismo pacificamente; já o outro era "sinônimo de integralismo e afeito a métodos homicidas" (Corção, 9 jan. 1962). Contudo, três dias depois, Corção mudou completamente a interpretação dos acontecimentos. O título do seu artigo expõe a dissonância: "Plano Cohen às avessas" (12 jan. 1962).[144] Deve-se recordar que nesse intervalo levantou-se uma onda de repúdio às ações anticomunistas em vários setores da sociedade brasileira, preocupados com a ofensiva do grupo, e a UNE organizou um ato de protesto com a participação de nomes ligados à esquerda, como Francisco Julião e Roland Corbisier, entre outros. A rejeição de amplos setores da sociedade brasileira resultou na propagação de uma versão falaciosa por parte dos anticomunistas, entre os quais Corção, que escreveu:

> Pode ser que me engane, mas a manifestação cubano-comunista, dita estudantil, veio reforçar as suspeitas que muitos democratas já

---

[144] O Plano Cohen foi um documento divulgado pelo governo brasileiro, em 1937, que serviu para justificar a adoção da ditadura estado-novista. O plano previa a mobilização dos trabalhadores para a realização de uma greve geral, o incêndio de prédios públicos, a promoção de manifestações populares que terminariam em saques e depredações e até a eliminação física das autoridades civis e militares que se opusessem à insurreição. Anos mais tarde, descobriu-se que o documento fora forjado.

formularam. [...] A reunião motivada pela depredação (aliás muito relativa) do prédio onde funciona a célula comunista sustentada pelo governo, e consequentemente por mim, transformou-se em comício, em pregação, em uma efervescência de entusiasmos canhotos que vem confirmar o letreiro estampado no prédio. Se nós estivéssemos nos áureos tempos do partido integralista eu não hesitaria em atribuir aos fanáticos do sigma a ridícula façanha. Mas os integralistas andam murchos, e depois da descoberta do denominador comum, o nacionalismo, eles andam de mãos dadas. [...]

Não há, pois, nenhuma indicação séria para atribuir aos integralistas a bobagem que deixou os mocinhos da UNE extasiados de cubanismo. E não sendo os integralistas, só podem ter sido os próprios mocinhos da UNE, ou na melhor das hipóteses, os próprios comunistas que ainda não pertencem à UNE [Corção, 12 jan. 1962].

Assim, a transformação de uma chave negativa para outra, positiva, dos atos terroristas do MAC mostra o alinhamento de Corção com a rede das organizações anticomunistas e com a divulgação das imagens tanto dos comunistas como dos anticomunistas. Todavia, havia claramente o receio da pecha de terrorista por parte dos anticomunistas, e o método foi abandonado durante o governo de João Goulart (Motta, 2002:XIX-XXVIII).

Nota-se que a inflexão refletiu o aspecto ainda titubeante, mas coerente, da participação de Corção nas organizações anticomunistas, pois, como mostrou René Dreifuss (1981:103), parcela das elites brasileiras já tinha se organizado para combater o comunismo. Corção foi um importante propagandista das organizações anticomunistas.

A primeira menção a elas ocorre em abril de 1961, quando divulgou o simpósio sobre a reforma agrária, promovido pelo Instituto Brasileiro de Ação Democrática (Ibad)[145] e que também contou

---

[145] O Ibad foi criado em maio de 1959 por Ivan Hasslocher e tinha como objetivo combater o comunismo no Brasil. Para a história do instituto, ver: Abreu e colaboradores (2001:2781-1782). Para uma análise minuciosa das atividades do Ibad, ver Dreifuss (1981).

com sua participação na qualidade de expositor.[146] Como mostrou Dreifuss (1981:103), o Ibad ligou-se aos membros do Centro Dom Vital, principalmente pela adesão de Corção, já então líder importante na organização de intelectuais católicos.[147] Ainda de acordo com Dreifuss (1981:103), o Ibad "sincronizou suas atividades às de organizações paramilitares como o MAC".

Ainda em 1961, Corção unira-se a outra organização anticomunista, o Instituto de Pesquisas e Estudos Sociais (Ipês),[148] onde, em 1963, ministraria palestra no seminário "Reformas democráti-

---

[146] Acredito que Corção tenha iniciado extraoficialmente seu contato com o Ibad no ano de 1960, em decorrência do apoio irrestrito que tanto o Ibad como Corção deram à candidatura de Jânio Quadros. Todavia não consegui nenhuma fonte que confirmasse minha suposição. De qualquer modo, esse primeiro artigo de divulgação das atividades do grupo (Corção, 16 abr. 1961) mostra a ligação de Corção com o instituto (Dreifuss, 1981:103).

[147] A relação entre Corção e o Ibad também fica evidente quando se observa que vários membros do seu grupo *A Ordem* estavam entre os principais articuladores do instituto. É o caso de José Artur Rios e Gladstone Chaves de Melo. Dreifuss afirma, em seu expressivo trabalho sobre o Ibad e o Ipês, que o apoio de Corção ao Ibad também redundou em "ligação significativa com a organização tecno-clerical de direita Opus Dei" (Dreifuss, 1981:103). Eu não encontrei referência que confirmasse essa informação. Há, no arquivo de Corção, uma correspondência de Max Basile, em 1975, comunicando-lhe que indicara seu nome para integrar a Opus Dei, mas não sei se Corção aceitou.

[148] Fundado oficialmente em 2 de fevereiro de 1962, no Rio de Janeiro, o Ipês resultou da fusão de grupos de empresários organizados no Rio e em São Paulo, e rapidamente ganhou a adesão das classes produtoras das outras unidades da federação. O instituto promoveu intensa campanha antigovernamental. Associando as propostas do governo ao comunismo, a entidade utilizou os mais diversos meios de comunicação na defesa da "democracia" e da livre iniciativa. Publicou artigos nos principais jornais do país; produziu uma série de 14 filmes de "doutrinação democrática", apresentados em todo o país; financiou cursos, seminários, conferências públicas; publicou e distribuiu inúmeros livros, folhetos e panfletos anticomunistas, entre os quais *UNE, instrumento de subversão*, de Sônia Seganfredo, dirigido aos estudantes universitários, então tidos como um dos pilares da infiltração comunista. O Ipês também atuou no financiamento de outras entidades contrárias ao governo Goulart, tais como os círculos operários carioca e paulista, a Confederação Brasileira de Trabalhadores Cristãos, a Campanha da Mulher pela Democracia (Camde), do Rio, a União Cívica Feminina, de São Paulo, o Instituto Universitário do Livro e o Movimento Universitário de Desfavelamento. O Ipês-RJ auxiliava igualmente a Associação de Diplomados da Escola Superior de Guerra.

cas para um Brasil em crise", cuja proposta era oferecer uma "solução cristã à crise" (Dreifuss, 1981:255). O ativismo anticomunista de Corção não se reduziu ao complexo Ibad-Ipês. Deve-se destacar, também, a Associação dos Amigos das Nações Cativas, que presidiu e tinha por objetivo trocar propaganda anticomunista entre o Brasil e os outros países (Dreifuss, 1981:293) e o Movimento Democrático Brasileiro[149] (Corção, 21 fev. 1962). Em todos os artigos de divulgação das organizações anticomunistas, Corção (21 fev. 1962) destacou a presença dos "estudantes-que-estudam".

A dedicação de Corção ao tema dos estudantes universitários cresceu ao longo do ano de 1962. Em março, a UNE realizou o II Seminário Nacional de Reforma Universitária e decidiu pela luta da inclusão da Reforma Universitária no âmbito das reformas de base e "ponto de partida para a teorização da aliança operário-estudantil-camponesa" (Poerner, 1979:194).

A primeira ação concreta pela reforma universitária reivindicava a participação na base de um terço dos estudantes, com direito a veto, nos órgãos colegiados de administração da universidade: congregação e conselhos (Poerner, 1979:195). A luta era pela proporção de um terço, uma vez que a Lei de Diretrizes e Bases da Educação Nacional (Lei Federal nº 4.024, de 20 de novembro de 1961) assegurava a participação estudantil nos órgãos decisórios da universidade. A UNE desencadeou uma ofensiva pela sua regulamentação nos estatutos das faculdades e universidades, cujo prazo final de adequação à lei era 27 de junho de 1962. A campanha da UNE, que incluía a criação de caravanas chamadas de "UNE-Volante" e o lema "universidade para todos", não obteve sucesso, e a instituição estudantil decretou greve geral no final de junho, fatos que acirraram a discussão sobre a reforma universitária (Poerner, 1979:195-197).

A decretação de greve geral nacional dos estudantes levou Corção (6 jun. 1962) a manifestar seu desejo de que houvesse "uma

---

[149] O Movimento Democrático Brasileiro (MDB) era mais uma organização anticomunista. Não consegui maiores informações sobre o movimento, e mesmo o trabalho de René Dreifuss somente o cita.

ação corajosa e simples dos homens de governo" e a UNE fosse fechada. A greve durou mais de um mês, tendo colhido bastante sucesso com a paralisação da maior parte das 40 universidades brasileiras, mas, em agosto, estava esvaziada e não conseguira alcançar seus objetivos iniciais. Corção assim se referiu ao fim da greve:

> Os princípios democráticos marcaram mais um tento contra a investida da subversão. [...] Terminou a greve, a greve mais tola do mundo, com um resultado que honra os verdadeiros estudantes: repúdio cada vez maior das cúpulas, que são verdadeiras excrescências da classe estudantil. Assim, como é, a UNE não devia existir. É ilegal. É inconstitucional. Decreta dentro do país como um governo dentro de outro governo. Pressiona. Desvirtua. Ilude. Ainda que seus diretores fossem menos inescrupulosos, menos precoces, a UNE não deveria existir. É um monstrengozinho que atrapalha este pobre país já tão maltratado pelos brizolas e juscelinos [Corção, 11 ago. 1962].

É interessante notar que também se encontra presente na análise de Poerner a interpretação de que o fracasso da greve geral dos estudantes desgastara as lideranças do movimento. Para este autor, as falhas dos organizadores da greve resultaram "no enfraquecimento da atuação política estudantil, mesmo se computados os sucessos parciais ou regionais da greve" (Poerner, 1979:197). Todavia, é evidente que, ao contrário da análise de Corção, Poerner ressalta como vitórias do movimento o incremento da consciência política dos estudantes e a mobilização da opinião pública para problemas universitários.

Nos idos de 1962, Corção denunciava a infiltração comunista no movimento estudantil na UNE, na JUC (como veremos no próximo tópico) e na FNFi. Quanto à primeira, a reação de Corção — após o término da greve dos estudantes — foi de investir contra o repasse de recursos do governo às entidades estudantis, em especial à UNE. Para ele, a concessão de verbas públicas financiava a ação política subversiva dos dirigentes estudantis e revelava a complacência, o comodismo do governo brasileiro com o desca-

O ANTICOMUNISTA | 181

labro da situação estudantil nacional. Já o caso da FNFi mobilizou a produção discursiva de Corção ao longo de 1963, desviando-a da UNE.

Evidentemente, isso não significa que Corção tenha ignorado a FNFi nos anos anteriores, assim como não o fez com a UNE em 1963. Mas é inegável que sua preocupação passou a ser a FNFi,[150] até pela conjuntura vivida pela faculdade.[151] Antes, porém, de continuarmos a falar da reação de Corção à FNFi nesse momento mais acirrado, devemos pôr em perspectiva essa relação.

A percepção de que o curso de filosofia da Universidade do Brasil era um dos braços do comunismo no país já é encontrada nas crônicas de Corção no ano de 1962, ainda que de forma esporádica e conjuntural, como ocorreu em março, quando ele teceu comentários sobre uma proposta que mobilizava a faculdade. Naquele mês, paralelamente à luta dos estudantes pelo terço, foi recusado pela congregação da FNFi o projeto encampado por setores de esquerda da faculdade de instauração de um segundo vestibular. Para Corção (16 mar. 1962), foi a vitória da "boa e autêntica FNFi", representada pelos mestres do passado e do presente: "Joaquim Costa Ribeiro, padre Penido, Alceu Amoroso Lima, Eremildo Viana, Sousa da Silveira, Matoso Câmara, padre Magne, Sílvio Elia, Miss Hull, Aila Gomes, Hilgard Sternberg, Gladstone Chaves de Melo e outros" (Corção, 16 mar. 1962).

Ao mesmo tempo, Corção (16 mar. 1962) explicitava sua repulsa aos estudantes da faculdade afinados com a proposta vencida, ao descrever um deles: "rapaz alto, meio escuro ou meio sujo, com barba crescida e rala, [que declarou ser] agora pela Revolução Russa para encostar todos eles no 'paredón'".

---

[150] A literatura existente sobre a criação da FNFi ressalta a importância do catolicismo e sua fundação como parte do esforço da conciliação entre o Estado e a Igreja no Brasil. Para maiores detalhes, ver Oliveira, 1995:246-253.

[151] Da seleção por mim realizada dos artigos escritos por Corção no ano de 1963, houve seis relacionados exclusivamente à situação da FNFi, enquanto a UNE somente foi citada em três artigos como exemplo da "comunização" da sociedade brasileira.

Desde 1960, os estudantes da FNFi mobilizaram-se por melhores condições de ensino, que resultaram na dinamização de centros de estudo, na criação do curso pré-vestibular — que cobrava mensalidades mais baixas e mantinha um excelente padrão de ensino —, em cursos, conferências, sessões de cinema, entre outras atividades. A conquista do diretório acadêmico pelo grupo de Enylton de Sá Rego "iniciou a fase dourada da FNFi" (Poerner, 1979:210) e representou a chegada ao poder dos estudantes de esquerda e dos comunistas, com bandeiras como a criação do curso noturno e a reformulação do sistema de preenchimento das vagas (Poerner, 1979:211). Em 1963, a FNFi já impregnava o imaginário nacional como um espaço da esquerda onde os estudantes tinham ativa participação política.

Assim, não nos surpreende que Corção — após voltar-se para os problemas da grande política, marcas da sua produção nos últimos meses de 1962 e ao longo de 1963 (as eleições, a campanha do plebiscito, o problema inflacionário e o debate sobre a presença do capital estrangeiro no país) — dedique, ao volver sua pena para a sociedade civil, enorme energia em denunciar a FNFi, uma vez que identifica como "um dos fenômenos mais turvos, mais tristes de nosso tempo, esse desvirtuamento da mocidade [...]. É claro que o fenômeno triste a que me refiro ainda está circunscrito a uma zona pequena onde vicejam os chamados intelectuais de esquerda" (Corção, 31 mar. 1963).

A FNFi, "antro comunista" dos estudantes universitários brasileiros, como não poderia deixar de ser, tinha de ter seu grande nome: Álvaro Vieira Pinto. Catedrático de história da filosofia, diretor do Iseb, defensor das reformas de base, consequentemente, da reforma universitária, foi considerado o responsável por ensinar aos estudantes da faculdade as "doutrinas do erro" (Corção, 31 mar. 1963).

A denúncia de Vieira Pinto como mentor da infiltração comunista na FNFi aparece explicitamente na declaração de Corção: "o que a mãe desolada pode fazer é rezar, é crucificar-se para que a filha possa ver nela o reflexo de alguma coisa mais alta do que os conselhos do professor Vieira Pinto" (Corção, 31 mar. 1963).

Voltando à luta política no interior da FNFi, a estratégia do diretório acadêmico daquela faculdade, de derrubar o então diretor da Faculdade de Filosofia, Eremildo Viana, "em nome do estabelecimento do diálogo direção-alunos" (Poerner, 1979:214), foi o estopim para que, naqueles anos, os problemas internos extravasassem os muros da instituição e provocassem a reação de setores da opinião pública nacional.

Para Corção, a "guerra", deflagrada pelos estudantes contra um dos membros da "boa e autêntica FNFi", expunha a crise de autoridade que atravessaria o mundo e o país e, mais do que isso, mostraria o "grau de desgoverno e subversão" (Corção, 29 set. 1963) a que chegara o Brasil.

> Os moços teleguiados que ofendem os professores e envergonham os colegas são os menos responsáveis. [...] Os culpados são os incitadores, os aprovadores, os encorajadores e os omissos. Para começar temos um ministro que atiça, que atira os alunos contra professores [...]. E para fechar a lista dos responsáveis temos um Congresso onde não se levanta uma voz contra a sedição mais grave do país, essa que se trava num instituto de ensino, e que envenena as fontes de vida espiritual [Corção, 29 set. 1963].

A omissão do Congresso em relação às ações subversivas dos estudantes da FNFi e da UNE foi comparada ao empenho da Comissão Parlamentar de Inquérito (CPI) contra o Ibad.[152]

---

[152] O ápice da atuação do Instituto foi na campanha eleitoral de 1962. Nesse período, o Ibad engendrou ferrenha campanha contra o governo Goulart e os candidatos ao Legislativo identificados pelos ibadianos como comunistas. O instituto produziu e difundiu grande número de programas de rádio e televisão e matérias nos jornais com conteúdo anticomunista. A participação do Ibad-Adep na campanha eleitoral de 1962 foi tão ostensiva, que levou parte considerável do Congresso a suspeitar da origem dos recursos utilizados na campanha. Assim, ainda em 1962 foi sugerida a criação de uma Comissão Parlamentar de Inquérito (CPI) para investigar as atividades do Ibad e de suas subsidiárias. Contudo, o envolvimento dos parlamentares no pleito abortou a iniciativa. Com a posse da nova legislatura em 1963, foi renovada a proposta de investigar o instituto e suas subsidiárias. Em

Fizeram enorme alarde com os inquéritos sobre as atividades do Ibad, mas não vejo nenhum favor, nenhuma solicitude, nenhuma demonstração de coragem neste setor da FNFi e da UNE. Todo o país sabe que são dois focos de subversão antidemocrática e de insubordinação antinatural, todos os verdadeiros estudantes estão cansados de saber que a UNE não representa estudante nenhum. É antes uma espécie de negócio da Rússia, ou negócio da China para meia dúzia de bobos e outra meia dúzia de precoces. O Brasil inteiro sabe [...]. Mas, os membros do Congresso não tomam conhecimento, ou tratam do assunto como se tivesse diminuta importância [Corção, 29 set. 1963].

A novidade no discurso de Corção é a responsabilização do governo Goulart[153] e do Congresso Nacional pelo estado de coisas nos meios estudantis. É verdade que com atributos diferentes: o

---

maio, a CPI foi instalada. Pouco tempo depois, seus trabalhos foram interrompidos em virtude de um decreto presidencial que determinou o fechamento do Ibad e da Adep por três meses. No entanto, as suspeitas sobre as atividades do Ibad continuavam, e a CPI foi rapidamente recomposta. Seus trabalhos resultaram em centenas de depoimentos, denúncias e comprovantes de despesas e de doações. Um dos pontos que a CPI conseguiu apurar foi que os papéis do Ibad haviam sido queimados quando suas atividades começaram a ser investigadas por ordem do presidente da República. A CPI não chegou a concluir pela dissolução do instituto, uma vez que o presidente João Goulart, no decreto que suspendeu as atividades do Ibad, determinava que os órgãos do Poder Judiciário examinassem a atuação da entidade e tomassem as medidas cabíveis. Em 20 de dezembro de 1963, o Ibad seria dissolvido por determinação do Poder Judiciário.

[153] A investida de Corção contra o ministro da Educação e Cultura, Paulo de Tarso, iniciada meses antes, com críticas às suas declarações de que colocava o ideal de educação na linha do desenvolvimentismo, resultou numa carta do ministro respondendo aos seus insultos. Na missiva, datada de 9 de julho de 1963 e publicada na coluna escrita por Corção no dia 26 daquele mês, Paulo de Tarso afirmou que "sobre o seu comentário a propósito da afirmação que fiz [...] limito-me a dizer que, para os democratas cristãos, desenvolvimento significa promoção do bem comum. Está, por isso, longe daquele conceito materialista a que V. S.ª fez alusão. [...] Nossas divergências não lhe dão o direito de confundir a verdade cristã com a sua verdade. A posição de quem já sofreu de V. S.ª acusações de toda ordem dá-me o direito de desejar que seu mau humor habitual não lhe impeça a prática da caridade fraterna. Isso me leva a esperar que o fundador do Centro Dom Vital de São Paulo possa ser julgado, afinal, com rigor menor do que aquele que V. S.ª usa, sistematicamente, [ilegível] e injustos que faz contra tudo e contra todos".

primeiro como fomentador, em mensagem implícita no discurso, do comunismo, enquanto o Congresso Nacional omitia-se na adoção de medidas que poderiam pôr fim à subversão. Nessa dupla responsabilização, Corção legitimou na imprensa os discursos que percebiam a subversão nas entranhas do poder político e a contaminação das instituições do país.

Nos primeiros dias de 1964, com o apoio de militares do Exército, os estudantes da FNFi barraram a entrada do governador Carlos Lacerda, que fora escolhido para paraninfar uma turma "ilegal de diplomandos" do curso de jornalismo (Poerner, 1979:215). O episódio foi considerado por Corção sintomático das opções subversivas do presidente João Goulart e do desgoverno em que vivia o país. A súplica por medidas vigorosas na responsabilização e punição foi feita ao presidente da República, ao ministro da Justiça, às Forças Armadas, ao reitor da Universidade do Brasil e ao diretor da faculdade. Dias depois, a solução apresentada pela Comissão de Inquérito do Conselho Universitário e de uma comissão de engenheiros, de que não houvera danos na FNFi, foi duramente criticada por Corção (8 jan. 1964), que pediu prisão para os responsáveis.

No jogo ideológico daqueles anos, Corção atou sociedade civil e governo Goulart. Daí em diante, a simbiose justificaria o olhar catastrófico sobre a realidade nacional e as saídas concernentes para evitar o desenlace dramático do comunismo no país. Mais uma vez, contudo, faz-se mister avançar por outra estrada, antes de nos debruçarmos sobre o período de radicalização das opções da sociedade brasileira. Ressalte-se que a trajetória de Corção na esfera pública não se completa sem que nos detenhamos nas posições do mundo católico — segmento da sociedade brasileira que teve participação na construção de consensos e dissensos ideológicos nesses anos. À direita ou à esquerda, a Igreja Católica foi tragada pela querela social, política e ideológica e também se tornou campo de batalha dividido e em conflito, bem diferente da relativa calma da década anterior (Pierucci, Souza e Camargo, 1989:365).

A INFILTRAÇÃO COMUNISTA NO MUNDO CATÓLICO

A conjuntura internacional e nacional gerou, no catolicismo brasileiro, um clima de tensão e dissonância que desfez "a aparência de sua unidade ideológica" (Pierucci, Souza e Camargo, 1989:365). Também produziu discursos que buscavam dar conta tanto das novas orientações do Vaticano como da realidade concreta do país, constituindo um importante manancial para a esfera pública brasileira e, consequentemente, renovando a presença católica na vida nacional. As transformações na Igreja Católica iniciaram-se após 1958, ano da morte de Pio XII e da eleição de Ângelo Roncalli. Roncalli, agora João XXIII, em seu discurso de posse, anuncia que o catolicismo ingressaria numa nova fase de sua história. Conclamando à renovação da Igreja, convoca um concílio, a fim de ajustar o catolicismo à modernidade.

No Brasil, a criação da Conferência Nacional dos Bispos do Brasil (CNBB), em 1952, já mostrava que o episcopado brasileiro procurava nova inserção na vida nacional. Nos movimentos leigos já se evidenciava, conforme visto no capítulo 3, a "virada" à esquerda. Nesse momento, identificavam-se, no mundo católico, duas frentes de batalha precisando de combate simultâneo, pois compunham uma só guerra: o comunismo.

Em maio de 1961, a publicação da encíclica *Mater et Magistra* dá a conhecer o pensamento e a orientação de João XXIII para o orbe católico. Com uma mensagem clara, o papa assinala a fase de renovação e o diálogo com o mundo moderno, tratando, inclusive, dos problemas envolvendo os países subdesenvolvidos (Pierucci, Souza e Camargo, 1989:365). No Brasil, a recepção da *Mater et Magistra* provoca e reacende debates entre os católicos brasileiros, reavivando não só a posição dos progressistas, mas também a reação conservadora.

Coincidentemente, por ocasião da publicação do documento pontifício, ocorria, em julho de 1961, em Natal, RN, o Conselho da JUC — encontro nacional com o objetivo de definir as linhas de atuação do movimento. Segundo Luiz Alberto Gómez de Souza (1984:182), os jucistas consideraram a *Mater et Magistra* um sinal

O ANTICOMUNISTA | 187

inequívoco da aprovação de sua linha de atuação. Evidentemente, os aplausos dos jucistas à carta de João XXIII despertaram, em setores conservadores do catolicismo brasileiro, medo e apreensão, pois evidenciavam os perigos de desvios interpretativos do documento pontifício, até porque a JUC acabara de disputar e conquistar a presidência da União Nacional dos Estudantes (UNE). Ademais, a recepção favorável à *Mater et Magistra* nos meios políticos e intelectuais brasileiros intensificou as desconfianças. Os elogios do então ministro das Relações Exteriores, Afonso Arinos, nome forte da política externa independente; do deputado federal Josué de Castro; do escritor Rubem Braga, entre outros, foram percebidos como "reflexos avermelhados" ou "jeito esquerdizante" (Corção, 26 ago. 1961).

Para Corção, todo esse contexto reforçava sua missão de católico, que era divulgar a reta interpretação do texto papal e impedir seu desvirtuamento pelos grupos de esquerda, católicos ou não.

O combate, no entanto, revelou um adversário bem mais poderoso: Alceu Amoroso Lima. As acusações de Corção de que a *Mater et Magistra* era divulgada erroneamente motivaram divergências públicas com seu mestre de conversão.[154] A polêmica provocada por Corção e nunca explicitamente respondida por Amoroso Lima teve início em 1961, quando da publicação, na revista

---

[154] As relações de Corção e Alceu Amoroso Lima já se encontravam distanciadas no final da década de 1950, mas conservavam, ao menos publicamente, uma aparente unidade. Em correspondência com sua filha Maria Teresa, datada de 18 de janeiro de 1959, Amoroso Lima escreveu. "Sobre Corção, você bem sabe o que é, e não preciso repetir. Seremos sempre duas ilhas. Jamais um continente [...]. Uma ilha que admiro como um dos mais belos exemplares da 'geografia intelectual' brasileira. Sempre que posso, vou fazendo propaganda aqui [ele se encontrava nos Estados Unidos] de sua obra e de seu livro em inglês, mas em cujas margens não tenho prazer nenhum de desembarcar. Prefiro admirar de longe, a passear de perto. Sei que seriam passeios cheios de encostas íngremes a subir, e de muitos estranhos a encontrar, e de muitas controvérsias a deparar. E prefiro ficar de longe, admirando, a de perto... discutindo" (Lima, 2003:92). Já no ano seguinte, é perceptível que a distância se ampliara. Diz Amoroso Lima que, ao contrário de seu "temperamento antijudicativo ou antiopcional", Corção "é sempre juiz [...] no fundo, nunca na forma [...]. Nem sempre, aliás. Muitas vezes é contundente, irônico, ferino, sendo juiz no fundo e na forma" (Lima, 2003:135).

Síntese Política Econômica e Social,[155] da íntegra da *Mater et Magistra*, acrescida de comentários de Alceu Amoroso Lima, Paulo Sá, Manuel Diégues Júnior e do padre Fernando Bastos d'Ávila. Cada um dos comentadores aprofundara um tema que se encontrava na carta papal, mas todos compartilhavam a mesma interpretação básica do documento: o "tema da socialização", apresentado como a novidade da encíclica.

Entre todos os comentários, Corção dirigiu suas mais contundentes críticas a Alceu Amoroso Lima, razão por que a essa polêmica será dado destaque.[156]

Em seu comentário, Amoroso Lima (1961:30) argumentava que o princípio da socialização recolocava o debate daquele período não mais na dicotomia supervalorização do Estado /não intervenção. Ou, em suas palavras, num "surto crescente de socialismo comunista, de um lado, e do neoliberalismo ou neoconservantismo do outro". Para Amoroso Lima, a encíclica dirimia as dúvidas entre socialismo e socialização, o que a tornava singular frente aos outros documentos vaticanos, além de representar um avanço no entendimento das conclusões da *Rerum Novarum* e *Quadragesimo Anno*. Também denunciava as desigualdades econômicas entre as nações, aceitava, em determinados casos, a ingerência do Estado no campo econômico e relembrava a função social da propriedade privada.[157]

---

[155] Corção consta na lista de colaboradores efetivos da revista.

[156] Em abril, Amoroso Lima, em outra correspondência com a filha, comenta a invasão da baía dos Porcos e escreve: "pela primeira vez, há muito, estou de acordo com o Corção, pois a invasão não é um ataque dos Estados Unidos, mas dos próprios cubanos, embora evidentemente vindos dos Estados Unidos, onde se haviam refugiado" (Lima, 2003:203). Há um duplo caráter na carta, ambos evidentes. O primeiro, o de confirmar a separação política e ideológica dos dois nomes do laicato, e o outro, mostrar que mesmo assim, dependendo da conjuntura, eles poderiam se unir.

[157] É importante ressaltar que a *Mater et Magistra*, como foi observado por Amoroso Lima, não se deteve na polêmica opção entre capitalismo e comunismo (ou socialismo), mas sim destacou qual seria a posição dos católicos frente aos problemas sociais que dominavam os debates públicos naquele momento. É evidente, pela leitura da carta papal, o aspecto propositivo e não reativo aos problemas do século.

Corção discordou dessa interpretação da *Mater et Magistra*. Mais do que isso, refutou e advertiu sobre os riscos dessa leitura da carta papal e, em artigo datado de 13 de agosto, sem citar Amoroso Lima, reproduz trechos do comentário amorosiano na revista *Síntese*:

> [...] um dos comentadores do nosso meio, interpretando bem a ideia dominante de cultura em que nos debatemos, insistiu muito na nota da atualização dos ensinamentos e no afã de acentuar o dinamismo da encíclica chegou a dizer o seguinte: "não se pode dizer, porém que a doutrina da Igreja seja a mesma e se mantenha estática" [Corção, 13 ago. 1961].

Esta reprodução literal não deixa dúvidas quanto à sua autoria e ao âmago dos questionamentos de Corção. Enquanto para Amoroso Lima o princípio da socialização era a novidade da encíclica, e os princípios da adequação e suplementação, objetos de releitura, para Corção (13 ago. 1961) a inovação da *Mater et Magistra* é a "matéria tratada", o que significa a afirmação dos princípios da tradição conciliar. Outro ponto questionado foi a tradução brasileira de *socialização*. Para Corção, o vocábulo exprimia a interpretação equivocada e capciosa da esquerda católica, principalmente no que se referia ao papel do Estado na economia e da iniciativa privada. Seu objetivo era evidente: municiar a posição estatizante e dar subsídios aos que viam "correlação entre comunismo e justiça social, entre socialismo e interesse pelos pobres" (Corção, 5 set. 1961).

Corção, portanto, reafirma que a *Mater et Magistra* nada mais é do que arrumações da tradição da Igreja às novas condições, assim como haviam sido a *Rerum Novarum* e a *Quadragesimo Anno*. A encíclica não faria mais do que reafirmar os preceitos contidos naquelas encíclicas, respectivamente, de adequação e de suplementação. Quanto às soluções, seriam meras adequações da tradição da Igreja às novas condições. Ou seja, os problemas do mundo moderno, especialmente a desigualdade econômica das nações, seriam resolvidos pela "maior interdependência dos povos" trazida por uma "maior atuação dos órgãos supranacionais em vista do bem de todos os povos" (Corção, 13 ago. 1961), e não pelas falácias do imperialismo ou do colonialismo.

Essas questões suscitavam tensão nos meios católicos: o dilema ação missionária/ação temporal (Souza, 1984:182-183). Corção combate qualquer aproximação com filiações ao engajamento temporal. Caso emblemático foi seu apoio à ação da JOC. Enquanto a juventude universitária estava engajada nos debates políticos, confrontava a hierarquia e era acusada por tender ou ser marxista (Pierucci, Souza e Camargo, 1989:367-368), a juventude operária, atuando na JOC, fazia "um trabalho, sobretudo religioso" (Souza, 1984:180) e em acordo com a "política oficial" da Igreja (Souza, 1984:181).

Nesse contexto, não surpreende, portanto, o elogio de Corção à JOC quando da realização do seu II Conselho Mundial, ocorrido na capital carioca, em outubro de 1961:

> Eu acredito mais na JOC do que nas conferências de cúpula, nas reuniões de chanceleres, congresso, encontros e colóquios (!) inventados pelo moderníssimo demônio do coletivismo. Acredito na Juventude Operária Católica pela fecunda humildade de seus propósitos, pela pureza de vistas de seu fundador, pelo favor especial que devem ter aos olhos de Deus os imitadores dos operários de Nazaré, e mesmo pelos resultados conseguidos até agora. Digo resultados, mas não procure o leitor nas habituais categorias do imediatismo pragmático. Os resultados da JOC são de outra ordem, têm valor de semente, e sobretudo têm o melhor de suas partes no plano da vida divina que escapa às estatísticas. Mas devemos acrescentar que não é insignificante nem pouco visível a parte do resultado refletido no plano temporal. Poderíamos até dizer que a JOC é a mais bem-sucedida das siglas católicas, e por uma estranha ironia das coisas sendo uma associação de operários é a que sofreu menores influências das seduções comunistas [Corção, 9 nov. 1961].

Na crônica datada de 17 de dezembro de 1961, Corção assinala seu desejo de que o concílio, em fase preparatória, enquadrasse os arroubos do engajamento da Ação Católica:

À Igreja compete julgar e dirigir os esforços humanos com indicações fundamentais; mas não compete achar os meios de promoção da justiça social e da melhor convivência política. Caindo no extremo oposto das omissões cometidas, durante o período da civilização liberal burguesa, muitos católicos procuram hoje comprometer atabalhoadamente os órgãos de ação católica em instrumentos de ação temporal, e se julgam mais evoluídos, mais avançados do que o comum dos mortais. O erro é cansativamente oscilante, e o que hoje se vê no chamado catolicismo de esquerda não é senão a figura simétrica do capitalismo burguês. O eixo comum de simetria é o naturalismo, ou a aversão pelos critérios de eternidade que são os específicos critérios da Igreja.

Seja, porém, como for, esperamos do próximo Concílio, em vista da tremenda perturbação dos tempos presentes, algumas indicações mais nítidas que ajudem a pobre humanidade a resolver os problemas que se transformaram em esfinges devoradoras [Corção, 17 dez. 1961].

Tal esperança, contudo, não impediu Corção de estar sempre com sua pena pronta para o que considerava excessos dos novos católicos brasileiros. Caso emblemático ocorreu quando a JUC posicionou-se a favor de Fidel Castro, com base na defesa da autodeterminação dos povos:

Cobro aos jucistas e aos dirigentes que com lamentável imprudência, por amor à novidade e à extravagância, induziram os moços a admirar o indivíduo que hoje confessa sua impostura. [...] Devem, não a mim, mas ao público, uma reparação cabal e talvez a promessa de terem mais juízo daqui por diante. E se não pagarem o que devem, então terei de concluir que não é Fidel Castro que este ou aquele apoiam: é a própria substância do credo comunista [Corção, 6 dez. 1961].

Ainda em dezembro, a revista *Manchete* publica uma entrevista-reportagem, assinada por Otto Lara Rezende, com Corção e Alceu Amoroso Lima, sobre anticomunismo, com destaque para o tema da não intervenção. A reportagem, em formato geminado, expõe a divergência entre Corção e Alceu Amoroso Lima. Enquanto Alceu se mostra partidário do princípio do combate à miséria e às injustiças sociais como principal ação anticomunista, propondo a luta ideológica e doutrinária, Corção se coloca adversário da não intervenção, defendendo a ação contra o comunismo em si mesmo e pugnando o denuncismo.

No dia 24 de dezembro de 1961, Corção publica a crônica "Amicus Plato Sed Magis...", onde corrige o redator da reportagem, Otto Lara Rezende, quanto à sua posição frente ao princípio da não intervenção, e também combate as colocações de Amoroso Lima. Na primeira parte, Corção nega que "vivesse a pregar a intervenção direta em Cuba", declarando que o que sempre fizera, e continuaria a fazer, era afirmar que "o princípio de não intervenção é falso" (Corção, 24 dez. 1961) e combater os que defendiam o não intervencionismo, "porque essas vozes reacionárias impedem a eclosão dos direitos do homem no mundo novo que quer nascer, e perturbam a bandeira de independência e de bem comum universal" (Corção, 24 dez. 1961).

Corção (24 dez. 1961), contudo, acabou por contradizer-se, ao se referir a Cuba quando asseverou não entender por que "não podemos socorrer um pequeno bravo povo entregue aos caprichos de um ginasiano hirsuto e primário", uma vez que a tradição católica admitia a legitimidade de certas guerras.[158] Não havia, portanto, impeditivos morais ao princípio de intervenção direta em Cuba, mas "um instrumento supranacional que prest[asse]" (Corção, 24 dez. 1961).

---

[158] Corção usa como fundamento de sua arguição o conceito de guerra justa, cujas origens estão no pensamento de Cícero, Santo Agostinho, São Tomás de Aquino e Hugo Grotius. Para Santo Agostinho, a guerra é uma extensão do ato de governar, sem que com isso todas as guerras se justifiquem moralmente. Para uma guerra ser justa precisa cumprir dois preceitos: o primeiro é a autoridade adequada, ou seja, somente uma liderança legítima pode ordenar a guerra; e o segundo é uma causa adequada. Santo Agostinho frisa que estas não podem obedecer ao desejo de causar dano, de vingança, a uma mente implacável e insaciável, da revolta e do orgulho da dominação.

Quanto às colocações de Amoroso Lima, Corção, após afirmar que duvidava da integridade autoral da entrevista, fala de sua discordância em relação ao binômio justiça social-comunismo. Para ele não seria o combate às injustiças sociais que afastaria o comunismo, como afirma Amoroso Lima. O econômico seria só um dos aspectos do problema, possivelmente um dos mais frágeis. O ponto principal do combate ao comunismo seria, portanto, moral. No que tange à infiltração comunista, uma doença que ameaça contaminar todo o organismo, era preciso, pois,

[...] combater a própria coisa, o próprio comunismo, os agentes colocados nas posições de governo, nas assessorias, nas embaixadas, as infiltrações e subversões, tudo enfim que perturba a ordem social e que torna precisamente mais difícil do que nunca a promoção da justiça social: pois de outro modo teríamos uma estranha medicina onde entra o estudo teórico da anatomia, da fisiologia e das demais disciplinas, onde se admite a profilaxia e a higiene, mas não tolera o purgante, a injeção e, principalmente, a intervenção cirúrgica, uma vez que as moléstias gozam do sagrado princípio da autodeterminação, como dizia o outro [Corção, 24 dez. 1961].

A metáfora do organismo doente tanto se referia à conjuntura nacional quanto à Igreja Católica. No primeiro caso, havia a ameaça do estabelecimento de "uma república socialista no Brasil" (Corção, 24 dez. 1961). Já nos meios católicos, para ele a "doença" evoluía (Corção, 31 dez. 1961). Tanto que, no último dia de 1961, sua crônica teve um tom de alerta, tristeza e medo da velocidade da infiltração comunista no catolicismo brasileiro. Para ele, não seria suficiente seu combate de "soldado raso" (Corção, 8 mar. 1962), frente à infiltração de "ideologias perigosas". Era preciso, pois, que parte da hierarquia adotasse medidas urgentes contra essas ideias.

Nessa direção, Corção sempre fora um aliado leal de d. Jaime Câmara, anticomunista convicto. Suas relações com o prelado do Rio de Janeiro eram ideologicamente afinadas. D. Jaime, que perdera espaço com a criação da CNBB, e também para seu secretário-geral, d. Hélder Câmara, mantivera-se, politicamente, como representante da ala conservadora da Igreja (Abreu et al., 2001:964). Ainda assim, em maio de 1962, o governo insinuou que iria censurá-lo por seus ataques às propostas de reformas de base. Corção levanta-se em defesa de seu pastor, afirmando ser ele um exemplo de combatente ao comunismo.

Embora seus fundadores — que eram nomes importantes da juventude católica, como Betinho — tenham firmado distância das hostes católicas, a formação da Ação Poupular (AP) esteve diretamente relacionada às mudanças no interior da JUC. Mudanças que levaram muitos jovens católicos para posições de esquerda, não necessariamente comunistas. Mas convém lembrar ao leitor que o diagnóstico de Corção, desde o final da década de 1950, era de que a JUC era um antro de infiltração comunista. Portanto, surpreende que ele tenha demorado certo tempo a iniciar o combate. Isso só ocorreu em 1963, quando do ato formal de fundação da AP, ocorrido na cidade de Salvador. Tachando seus participantes e a entidade de "grupão", assim os define:

Eles se reúnem, ora na casa deste, ora no apartamento daquela, dizendo aos papais e às titias que estão cuidando dos problemas brasileiros. E explicam que são as pessoas mais indicadas para encontrar as verdadeiras soluções porque são jovens, e sendo jovens possuem a vivência e o diálogo. São, às vezes, três rapazes e quatro moças, ou três moças e quatro rapazes, e quase sempre prolongam os estudos [...] até as três ou quatro horas da madrugada. [...] Justiça seja feita: eles nem sempre se atêm ao estrito programa do diálogo e da vivência que o grande momento histórico está a exigir dos capazes [Corção, 19 abr. 1963].

O artigo em que descreve a AP foi o mais cruel, pelas insinuações feitas, antes da radicalização que o colocaria como uma das vozes pela intervenção militar:

Às vezes, [...] eles se ocupam de outros mistérios mais desligados do momento histórico, e repetem os antiquíssimos programas que já nos tempos dos faraós os moços e moças executavam sempre que os papais, as mamães e as titias lhes proporcionassem uma ocasião. [...] Um dia eles tiveram de inventar uma denominação para esse especialíssimo grupo de trabalho. E, então para se precaverem contra a terrível possibilidade de serem apontados como um "grupinho", os mocinhos e as mocinhas tiveram uma ideia. O grupinho delesinho seria chamado "Grupão" [Corção, 19 abr. 1963].

O argumento moralista e, ao mesmo tempo, de desqualificação da atuação da AP denota uma violência que, até então, estivera mascarada pela ironia ferina e pelo argumento de autoridade.[159] Fechado, rigoroso e intransigente tornar-se-iam os adjetivos mais usados na época para definir as ideias e o próprio Corção. E sua atuação frente à nova mensagem papal, *Pacem in Terris*, nesse mesmo ano, reforçaria essas características.

Assim como ocorrera com a *Mater et Magistra*, o documento pontifício foi interpretado à luz do tomismo e preso a minúcias que se contrapunham à abertura da encíclica de João XXIII. Note-se que a *Pacem in Terris* fora divulgada no país no momento em que ocorria o debate sobre reforma agrária, com a proposta do governo tramitando no Congresso Nacional. Corção, claramente, temia que essa encíclica também fosse apropriada pelas forças "ditas" progressistas — tanto na Igreja Católica e dos católicos como da sociedade brasileira — que a divulgariam em acordo com seus equívocos interpretativos e ideológicos. Fazia-se mister, portanto, destacar os princípios básicos dos textos papais, que pregavam a permanência da tradição doutrinária na nova encíclica.

Com anunciado pacífico, sereno, destituído de qualquer aspecto de controvérsia, a encíclica do Papa João XXIII renova as afirmações clássicas, dando ênfase especial ao personalismo cristão. [...] Opõem-se, assim, frontalmente, ao maquiavelismo, que despreza a justiça; aos totalitarismos, que esmagam a dignidade da natu-

---

[159] Souza (1984:199) definiu seus ataques de neurastênicos.

reza humana, fazendo do Estado a instância última, à qual todos os homens estão submetidos, para a realização de uma supersociedade de sub-homens, ou para a realização de um pseudo bem comum de gado humano; aos socialismos, que tendem para os totalitarismos; e aos nacionalismos que pretendem fazer, dentro das fronteiras nacionais, um mundo estanque [Corção, 24 abr. 1963].

A recepção da nova carta papal, contudo, realçava a ausência revolucionária do termo "comunismo", muito embora falasse em fome, miséria, subdesenvolvimento — palavras que despertavam os maiores temores em Corção e que o levaram a uma posição mais reativa do que a que tivera em relação à *Mater et Magistra*. A morte de João XXIII, em junho de 1963, provoca em Corção uma atitude paradoxal. Por um lado, aplaude a severidade de seus textos pontifícios; por outro, questiona a grande popularidade alcançada pelo papa entre os não católicos. Sua construção metafórica do papado de João XXIII como uma espécie de Domingo de Ramos explicita suas suspeitas de que estaria se repetindo o episódio da aclamação a Jesus, que, naquele dia, fora saudado como rei, e três dias depois, repelido. Pois, "ao lado de maior sinceridade, haverá muita hipocrisia e muita impostura" (Corção, 7 jun. 1963) sobre as mensagens do papa bom.

A eleição do cardeal Montini, logo depois, foi louvada. A esperança de Corção era que o novo papa — Paulo VI, continuasse o combate ao comunismo e às "novidades", e "zelasse antipática e intransigentemente pela verdade" (Corção, 23 jun. 1963).

Nos meios católicos brasileiros, Corção persistia nas acusações aos erros dos "avançados católicos" (Corção, 25 abr. 1963), cujo engajamento temporal, especialmente pela reforma agrária proposta pelo governo Goulart, recebia sua oposição cerrada. Quanto à luta intramuros, Corção dava o passo mais decisivo após sua conversão: rompia definitivamente com Alceu Amoroso Lima e deixava o Centro Dom Vital.

Em 25 de setembro, Corção rebate Amoroso Lima, que, na semana anterior, escrevera em sua coluna um artigo favorável à visita de Tito e desfavorável aos que a ela se opunham. Nesse ar-

O ANTICOMUNISTA | 197

tigo, Amoroso Lima usara passagens da doutrina social da Igreja, especialmente da encíclica *Pacem in Terris*, como fundamentos para seus argumentos. Nas suas colocações, nesse momento, Corção se dirige não mais a Amoroso Lima, mas a Tristão de Ataíde, sua alcunha literária do período anterior à conversão. Essa atitude é indicativa do esgarçamento da relação dos dois líderes católicos e, mais do que isso, da ruptura simbólica feita por Corção. A mensagem era clara: ele não reconhecia mais a legitimidade do seu mestre de conversão. E a *raison d'être* era que ele "não tinha muita esperança de convencer [o seu] bom amigo, que parece ter montado num tigre e não sabe agora como apear-se da fera" (Corção, 25 set. 1963). E continua:

> Fica assim inteirado Tristão de Ataíde que, na opinião de seu companheiro de vinte e cinco anos de luta, ele vem ultimamente usando os textos pontifícios com uma extravagante falta de lógica, e fica avisado o leitor que não acompanho tais interpretações, nem acho que nessa matéria, como na política internacional, tanto faz isto como aquilo [Corção, 25 set. 1963].

Nos primeiros dias de outubro, a situação entre Corção e Amoroso Lima torna-se insustentável. Corção comunica, em sua coluna, seu desligamento do Centro Dom Vital, levando consigo boa parte dos sócios da entidade, e assim se justificando:

> Cheguei à conclusão de que não devia continuar ligado ao Centro Dom Vital por causa das divergências cada vez maiores entre o que escrevo e o que escreve o presidente do Centro. Escrevi um artigo e uma carta tentando discutir alguns pontos. Em carta cordial, respondendo às minhas críticas, o sr. Alceu Amoroso Lima formulou um apelo para que eu continuasse no Centro, ficando cada um de nós com plena liberdade de formular seus pontos de vista. De bom grado aceitaria o apelo, se o Centro Dom Vital fosse uma agremiação que fizesse o apostolado do copo de leite para os comerciários pobres, ou obra congênere. Sendo, porém, uma instituição que se propôs o apostolado pela inteligência e pela

cultura, achei que dávamos ao público um estranho espetáculo [Corção, 10 out. 1963].

Seu inconformismo com a defesa da liberdade por Alceu transparece com toda a força. Visões de liberdade, eis a essência da controvérsia e do rompimento. Ou, como definiu Alceu Amoroso Lima: de um lado, a "paixão pela liberdade"; do outro, o "medo da liberdade e culto da autoridade" (Lima, 2003:266). A continuação do seu artigo de despedida do centro revela mais uma vez a rigidez do catolicismo fundado na autoridade, na unidade e na semelhança:

Não veja o leitor nessa atitude nenhuma intransigência minha contra o direito de opinar. [...] Mas a vida da inteligência, sobretudo para o católico, tem polarização marcada pelo desejo de maior unidade e de maior nitidez nas posições. [...] O apostolado pela cultura e pela inteligência não se faz em termos de disponibilidade. Quase diria que se faz em termos de prisão, de enlace, de compromisso, de desejo de desempate, de clausura. Todos esses liames nos devolvem a verdadeira liberdade que vem da verdade [Corção, 10 out. 1963].

A saída de Corção do Centro Dom Vital, acompanhado de aproximadamente 200 associados, ocasionaria o esvaziamento da instituição católica e a suspensão, em 1964, da circulação da revista *A Ordem* (Abreu et al., 2001:1314). Em 1966, Alceu decidiria afastar-se da presidência, criando-se, portanto, um impasse sobre quem iria presidir a associação. Finalmente, no ano seguinte, o cardeal convocaria eleições,[160] sendo escolhido para o cargo Sobral Pinto.

No ínterim da sua saída à posse do novo presidente, Corção teria sido sondado mais de uma vez pelo cardeal Câmara para que

---

[160] De acordo com o verbete do Centro Dom Vital, o cardeal Câmara recusou-se a nomear um novo presidente e, segundo os estatutos da instituição, somente a autoridade eclesiástica poderia fazê-lo (Abreu et al., 2001:1314).

O ANTICOMUNISTA | 199

retornasse com seu grupo e assumisse a presidência do centro. Mas Corção teria condicionado sua volta à saída de Alceu.[161] O último convite, após a eleição de Sobral, suscitaria enorme celeuma entre Corção e o novo presidente. Sobral Pinto acusa-o de "conspirar" para tomar-lhe a direção do centro. Em resposta, Corção dá por encerrado o assunto Centro Dom Vital, afirmando: "nós outros combateremos onde encontrarmos guarida" (Pinto, 3 maio 1965). Voltando a 1963, no mês de dezembro, a Comissão Central da CNBB divulga um documento dirigido a d. Cândido Padim, assistente geral da ACB e assistente eclesiástico da JUC, no qual criticava a radicalização jucista nos meios estudantis, alertava para o teor inautêntico dos valores católicos da AP e impunha condições à participação dos movimentos da Ação Católica (JEC e JUC) na AP (Abreu et al., 2001:1527). Corção ressalta, então, o "oportuno" pronunciamento dos bispos e mais uma vez encontra motivo para suas divergências com Alceu Amoroso Lima, que criticara o documento. Tachando-o de ingênuo, Corção repudia a proposta do líder católico de que os católicos "de boa formação" deveriam participar da AP para neutralizarem a infiltração comunista. Além disso, questiona o significado de "boa formação" dado por Alceu nas suas declarações à imprensa, indagando:

> [...] os que falam em diálogo, que dizem que a Igreja superou a época das condenações e passou para a das colaborações, que aplaudem Tito, que apoiam Goulart, que caem, enfim, em todas

---

[161] "Desde 1963, ano que me desliguei do Centro Dom Vital, partiu sempre de nosso Cardeal, a quem não faltavam razões e autoridade, a iniciativa de nos entregar a direção do Centro e de afastar o Amoroso Lima em vista das posições por ele tomadas. Creio que cinco vezes fomos chamados a reconsiderar o assunto. Depois de um espaço de ano e meio, quando já afastáramos completamente a ideia de volver ao Centro Dom Vital, passou pelo Rio o professor Gorgen que procurara obter na Alemanha dinheiro para *A Ordem* e procurou o Cardeal para saber em que pé estava o Centro Dom Vital. Com essa motivação, o Cardeal encontrou conosco na casa do Gladstone (fins de dezembro de 1967) e aí procedeu à leitura das cartas com que vários membros da diretoria do Centro Dom Vital colocavam em sua mão os respectivos cargos" (Corção, 6. jul. 1968, n.p.).

as elementares armadilhas preparadas pelos inimigos do Brasil e da Igreja [Corção, 24 jan. 1964].

A guinada de grupos católicos pressionando o governo para uma radicalização à esquerda e o apoio de Alceu às reformas de base levam Corção a afirmar, em março, que o catolicismo brasileiro se constituía num instigador das "indisciplinas estudantis" (Corção, 12 mar. 1964) e um dos fomentadores da implantação comunista no país.

A DEFESA DA DEMOCRACIA BRASILEIRA

Os acontecimentos na FNFi, o apoio de católicos às reformas de base e, finalmente, a regulamentação da Lei de Remessa de Lucros, no dia 24 de janeiro de 1964, mostraram-se determinantes para consolidar a percepção de que não havia mais tempo a perder e que os anticomunistas precisavam reagir. Dois dias depois da regulamentação, Corção saudou e reiterou a reação de Sobral Pinto dias antes, que enviara cartas aos chefes militares conclamando-os a reagir às medidas do governo de João Goulart. Em suas palavras:

Peço a Deus que os mesmos sentimentos [comoção e agradecimento] tenham sido despertados nos dirigentes, nos defensores da verdadeira ordem e do regime. Ninguém lhes pede submissão e revolta, ninguém quer dos altos escalões do Exército a iniciativa de golpes e de motins. O que se espera dos chefes militares é que não obedeçam a ordens que não podem ser obedecidas sem diminuição da honra, sem desprestígio das corporações e sem prejuízo da Pátria [...]. Há mil modos de fazer sentir aos superiores, ao próprio chefe da Nação, que esta ou aquela medida não pode, não deve ser executada pelo Exército Nacional [Corção, 26 jan. 1964].

Ainda em meados de janeiro, a reação anticomunista se intensifica com o Manifesto de 21 de janeiro de 1964, através do qual o "Ipês-Novos Inconfidentes", com o apoio de um grupo de mulheres mineiras (Starling, 1986), impede a realização do Congresso da Cutal,[162] em Belo Horizonte. A arregimentação das mulheres na reação anticomunista já vinha de 1962, quando fora criada no Rio de Janeiro a Campanha das Mulheres pela Democracia (Camde). Para Corção (26 jan. 1964), "a voz do povo" expulsou o "Congresso Antipovo". A categoria povo torna-se, a partir de então, corrente na produção retórica de Corção, o que não surpreende, uma vez que o complexo Ipês-Ibad-ESG a usou na mobilização da classe média contra as medidas governamentais (Starling, 1986).

Naquele mesmo momento, Corção condenou a ambiguidade do "repugnante" governador de Minas Gerais, Magalhães Pinto — é curioso o fato de que este entraria para a história como um dos grandes nomes da conspiração golpista de março de 1964. As críticas enredadas contra o governador mineiro pela concessão da realização do encontro da Cutal mostram dois pontos importantes para a argumentação até aqui desenvolvida. Por um lado, evidenciam o engajamento de Corção nos movimentos que já haviam definido sua linha de atuação contra o governo e, por outro, corroboram a tese de que o movimento anticomunista foi repleto de nuances, com diferentes tonalidades e intensidades, dependendo do lugar (e das apostas em jogo) que o personagem ocupava na vida pública brasileira.[163]

Em fevereiro, o governo João Goulart instituiu controles diretos, ao criar novos órgãos controladores de preços de gêneros de primeira necessidade, como vestuário, calçados e remédios. Também realizou uma reforma fiscal e do câmbio e restabeleceu as negociações com o Fundo Monetário Internacional (FMI). Para

---

[162] Há divergência quanto ao significado da sigla Cutal. Enquanto no trabalho de Heloísa Starling (1986) e na dissertação de mestrado defendida por Alexandre Fonseca — *Paulo Francis, do teatro à política: perdoa-me por te traíres* —, é traduzido por Central Única dos Trabalhadores da América Latina, no livro *O complô que elegeu Tancredo*, de Gilberto Dimenstein e colaboradores, representa Confederação Unitária dos Trabalhadores da América Latina — razão por que optei por utilizar somente a sigla.

[163] Heloísa Starling afirma que o golpe de 1964 foi resultado de "um complexo sistema de articulações entre as diversas frações das classes dominantes, seguido da construção de uma poderosa mobilização conservador-oposicionista" (Starling, 1986:129).

Corção (21 fev. 1964), nada deteria a aceleração da inflação, uma vez que o cerne do problema era o governo, que investia, financiava a comunização do país.

O insucesso das tentativas de controle financeiro levou João Goulart a voltar-se para

uma ofensiva política apoiado pelos principais grupos de esquerda: o CGT, FPN, FMP, UNE e alguns de seus assessores diretos, como Raul Ryff, Secretário de Imprensa, e Darcy Ribeiro, Chefe do Gabinete Civil, a fim de consolidar a formação e unidade de uma frente de apoio às reformas de base [Abreu et al., 2001:2627].

A estratégia era promover manifestações pelas principais cidades do país. Essas manifestações seriam usadas para constranger o Congresso Nacional a mudar alguns artigos da Constituição, o que permitiria ao presidente efetivar as reformas. A nova fase do governo de João Goulart foi inaugurada no dia 13 de março, no Rio de Janeiro, com o Comício da Central (ou comício das reformas, como ficou conhecido), ocorrido na Central do Brasil, que contou com a presença das organizações e movimentos de esquerda e reuniu aproximadamente 150 mil pessoas.

É curioso notar que Corção não chegou a fazer propaganda negativa do Comício; novamente silenciou. Três dias antes do acontecimento, ele somente criticara a escolha capciosa do local para a manifestação. Mas a omissão não fora sem propósito. Corção conspirava, e Alceu Amoroso Lima apontaria isso no artigo publicado no *Jornal do Brasil*, na sexta-feira, 13 de março, ao denunciar a "radicalização catastrófica" de grupos no país. Corção responde no dia 15 de março:

Dentro das ambiguidades e das generalizações dissolvidas, reconhece-se claramente que a intenção do autor é a de nos responsabilizar pelas agitações que inquietam o nosso pobre Brasil. Nossa posição será então merecedora de uma qualificação severa que suponho contida naquela expressão cunhada para imobilizar democratas e intimidar católicos. Com essa expressão, acusam-nos de resistir, e de resistir com vivacidade, quando o inimigo quer tocar nossa honra de homens livres, quer tocar nossas famílias, e quer sobretudo tocar nossa Igreja. Parece que somos enérgicos demais. Que deveríamos ser mais moles, ou mais tolerantes, ou mais transigentes, ou mais liberais, ou mais... não sei mais o quê. [...] Seria o caso de perguntar a esses que nos acusam de radicalização catastrófica em que situação se justifica a indignação, a enérgica repulsa, a corajosa defesa, porque é evidente que a causa que nós hoje defendemos com nossa pobre pena tem contra ela a fúria dos demagogos que manobram tanques de guerra para expor suas ideias [Corção, 15 mar. 1964].

O recrudescimento da agitação contra o governo Goulart unifica-se: os proprietários de terras, as Forças Armadas, a embaixada americana, os partidos como a UDN e parte do PSP e outros menores. A percepção de que o golpe, pela via da esquerda, estava próximo e implantaria o comunismo no país, leva à realização da Marcha da Família com Deus pela Liberdade. No dia 19 de março, dia de São José, padroeiro da família, realiza-se a primeira marcha, em São Paulo, cujos participantes, uma multidão, muitos com terços nas mãos, gritavam *slogans* como: *Verde e Amarelo, sem foice e sem martelo.*

Este mote foi o título da crônica de Corção publicada no dia 22, em que condenava a encampação de Capuava, incitando os chefes militares a não serem "omissos" e não capitularem frente ao presidente. Ante a ameaça iminente da implantação do comunismo, Corção apela a Jackson de Figueiredo: pau e reza. A reza era o engajamento na cidade temporal dos católicos, em defesa da democracia, com terços nas mãos, contra o comunismo. Os acontecimentos rapidamente se sucederiam e mostrariam que o "pau" estava mais perto do que Corção imaginava.

No dia 25 de março, um grupo de marinheiros e fuzileiros navais, liderados pelo cabo José Anselmo dos Santos, contrariando a proibição do Ministério da Marinha, comparece a uma reunião no Sindicato dos Metalúrgicos. O ato foi considerado uma subversão da hierarquia militar. O então ministro da Marinha, Sílvio Motta, ordena a prisão dos revoltosos e acaba demitido. No dia seguinte (26 de março de 1964), o ministro do Trabalho, Amauri Silva, representando o presidente da República, faz um acordo com os revoltosos, que são presos em seguida. Depois de algumas horas, contudo, são libertados e, posteriormente, anistiados por Goulart. A anistia oficializou a quebra da hierarquia militar. No dia 30 de março, o último estopim foi o comparecimento do presidente a uma reunião dos sargentos e policiais militares no Automóvel Clube do Brasil, onde se solidarizou com suas reivindicações e declarou serem eles um elo dos mais expressivos entre as Forças Armadas e o povo. Além disso, denunciou as campanhas difamatórias e as dificuldades criadas por seus adversários.

Na madrugada de 31 de março, o general Olímpio Mourão Filho, comandante da 4ª Região Militar, sediada em Juiz de Fora (MG), deflagra a sublevação. Na noite de 1º de abril, o presidente do Congresso Nacional, senador Moura Andrade, declara a vacância da presidência da República, investindo no cargo, no mesmo ato, o presidente da Câmara, deputado Pascoal Ranieri Mazzilli. Estava consumado o novo governo. Para Corção,

[...] ficamos sabendo que era de palha toda a estrutura da famosa infiltração comunista que tanto nos intimidava: eles tinham tudo nas mãos, poder, dinheiro, técnica, ministérios, isebs, mebs, arcebispos, estudantes vadios e barulhentos, forças armadas etc., e de repente vê-se que nada tinham. Por quê? Porque subestimaram o rosário de Nossa Senhora, subestimaram a natureza humana e julgaram que povo gosta de desrespeito e subversão. *A democracia, com seus tenazes e obscuros valores, retoma seus direitos ofendidos, e o natural volta a galope* [Corção, 3 abr. 1964, grifos meus].

O Oriente não conseguira vencer a força espiritual do Ocidente. A civilização cristã triunfara e pusera a termo o governo "da vergonha e do medo" (Corção, 5 abr. 1964). Mas a missão dos "democratas" não terminava com a deposição de Jango. Havia muito a fazer. Corção tinha convicção de que era necessário continuar o combate; agora, pela definição do sentido e da direção que deveria traçar o novo governo para a política, a economia, em suma, para a sociedade brasileira. Para isso, fazia-se mister implementar uma série de "medidas moralizadoras", tais como a extinção da UNE e do Iseb, o expurgo dos políticos, militares e funcionários públicos "comunistas" (Corção, 8 abr. 1964).

O programa de depuração e sua inserção na nova ordem são os temas das páginas a seguir.

CAPÍTULO 5

O APÓSTOLO DA "LINHA DURA"

*"Configura-se a atividade comunista como crime contra os
direitos dos homens, e seria infinitamente estúpido, em nome de
uma filosofia política, 'respeitar' as nomeações, as imunidades, os
direitos que eles mesmos, violentamente, destruíram."*

(Corção, 5 abr. 1964)

*"Sou pelo castigo dos que conspiraram contra
o Brasil e contra a democracia."*

(Corção, 8 abr. 1964)

AS PASSAGENS transcritas explicitam o derradeiro Gustavo Corção
que surgira na esfera pública brasileira na aurora da democratização
do mundo ocidental. A vitória do medo sobre a liberdade completou-se e consolidou-se na segunda metade da década de 1960. O
Corção que defendera a legalidade do PCB, em 1947, morreu e re-
nasceu como fênix adulterada. Valeu-se da retórica da expiação dos
culpados e, novamente, da ameaça comunista, para legitimar tanto a
eloquência democrática, usada como fundamento para a deposição
de Jango, como a nova "ordem". Democracia válida somente para
os "bons" homens, ou seja, os vencedores. Aos vencidos o caminho
seria o expurgo, as punições e os castigos. Assim, Corção participou
da construção de um ideal de democracia como base para a legitimi-

dade do regime militar. Democracia entendida como a combinação de liberdade e autoridade "num processo em que se definia arbitrariamente o que era ser livre" (Rezende, 2001:86).

O Gustavo Corção antidemocrático, inimigo das liberdades civis, das franquias democráticas, da normalidade jurídica, e partidário do "fechamento", ou seja, de maior rigidez autoritária do regime militar, foi uma construção eminentemente de defesa do regime militar, em que sua definição pela "linha dura" relacionou-se aos inimigos escolhidos, culminando na descrença da via democrática e, consequentemente, na apologia a um regime não democrático.

RESTABELECIMENTO DA ORDEM

O formalismo da presidência de Mazzilli e o exercício do poder, *de facto*, nas mãos da junta militar — autoidentificada como comando supremo da revolução — não foram discutidos por Corção. O que importava era que o novo governo realizasse um "bom arremate", punindo os conspiradores e expurgando da vida política, administrativa e militar os "comunistas", pois eles, enquanto não implantavam o regime desejado, roubavam por todos os ministérios e autarquias" (Corção, 8 abr. 1964). Estes foram e continuavam a ser os focos do comunismo no país. Corção estava afinado com d. Jaime Câmara, para quem era obra de misericórdia punir os que erraram (Gaspari, 2002a:122). A opinião de Corção expressava o pensamento de muitos que apoiaram e sustentaram a "revolução"; era necessário "limpar" o corpo político brasileiro (Castello Branco, 1977; Gaspari, 2002a).

Em 9 de abril, a junta militar editou o primeiro Ato Institucional (AI-1). [164] Com redação final de Francisco Campos e Carlos Medei-

---

[164] "É indispensável fixar o conceito do movimento civil e militar que acaba de abrir ao Brasil uma nova perspectiva sobre o seu futuro. O que houve e continuará a haver neste momento, não só no espírito e no comportamento das classes armadas, como na opinião pública nacional, é uma autêntica revolução. [...] A revolução vitoriosa se investe no exercício do Poder Constitucional. *Este se manifesta pela eleição popular ou pela revolução. Esta é a forma mais expressiva e mais radical do Poder Constituinte*" (AI-1, grifos meus). Para a íntegra do AI-1 ver <www.planalto.gov.br/ccivil_03/AIT/ait-01-64.htm>. Acesso em: 20 jun. 2006.

208 | O BOM COMBATE

ros da Silva, o AI-1 fixou o sentido do regime — era uma revolução e investia-se de poder constituinte —, além de, em seus 11 artigos, instituir o novo equilíbrio entre os três poderes, ao ampliar as atribuições do Executivo, limitando as do Congresso e do Judiciário. Entre as novas funções do Executivo, asseverou a autoridade para cassar mandatos, demitir, colocar em disponibilidade e aposentar funcionários públicos e suspender os direitos políticos por 10 anos. No dia seguinte, era divulgada a primeira lista de cassados.[165]

O AI-1 também regulou o futuro calendário e as regras eleitorais que vigorariam no país a partir da sua promulgação — estabeleceu eleições indiretas para a presidência e vice-presidência da República — e confirmou a realização de eleições em outubro de 1965. Contudo a mudança que causou impacto imediato foi o esvaziamento da cláusula da Constituição de 1946 que tornava os oficiais das Forças Armadas inelegíveis e a determinação da realização de eleições para presidente e vice-presidente em dois dias após sua promulgação (Skidmore, 2004:49). A alteração permitiria a eleição, no dia 11 de abril, do candidato de consenso dos militares e dos políticos que o apoiaram: o marechal Humberto Castello Branco (Skidmore, 2004:49-50).

---

[165] No dia 10 de abril, a junta militar divulgou lista dos atingidos pelo AI-1, composta de 102 nomes. Tiveram seus mandatos cassados 41 deputados federais e foram suspensos os direitos políticos de várias personalidades de destaque na vida nacional, entre as quais: o presidente João Goulart, o ex-presidente Jânio Quadros, o secretário-geral do proscrito Partido Comunista Brasileiro (PCB) Luís Carlos Prestes, o governador Miguel Arraes, de Pernambuco, o deputado federal e ex-governador do Rio Grande do Sul Leonel Brizola. Além desses, incluía o desembargador Osni Duarte Pereira, o economista Celso Furtado, o embaixador Josué de Castro, o ministro deposto Abelardo Jurema, da Justiça, os ex-ministros Almino Afonso, do Trabalho, e Paulo de Tarso, da Educação, o ex-presidente da Superintendência da Política Agrária (Supra) João Pinheiro Neto. A extensa lista incluía ainda o ex-reitor da Universidade de Brasília, Darcy Ribeiro, o assessor de imprensa de Goulart, Raul Ryff, o jornalista Samuel Wainer e o ex-presidente da Petrobras, marechal Osvino Ferreira Alves e 29 líderes sindicais, alguns deles bastante conhecidos, como: o presidente do então extinto Comando Geral dos Trabalhadores (CGT), Clodesmidt Riani, além de Hércules Correia, Dante Pellacani, Osvaldo Pacheco e Roberto Morena. Cento e vinte e dois oficiais foram também expulsos das Forças Armadas (Abreu et al., 2001:418).

De acordo com Corção (12 abr. 1964), o AI-1 foi "um ato de legítima defesa [que], nas circunstâncias em que se processou, a medida de expurgo e purificação do regime terá sempre uma franja de discutível justiça". Assim, dois erros haviam sido cometidos na lista de cassados: o "esquecimento grave" (Corção, 11 abr. 1964) do senador e ex-presidente e as prisões de jovens universitários, indistintamente.

No primeiro caso, o comentário tinha endereço certo: o ex-presidente Juscelino Kubitschek.[166] Para Corção, JK personificava a ameaça à revolução. O ex-presidente era quem poderia destruir o sentido do novo regime. Os expurgos ainda não tinham alcançado a vitória, e a ambição eleitoral de JK poderia reagrupar os comunistas. Além disso, o receio da sua candidatura em 1965 levou Corção a mobilizar, como argumento, suposta captação de uma emissão de rádio de Moscou que recomendava aos comunistas brasileiros cerrar fileiras em torno do nome de Juscelino, como forma de sobrevivência do comunismo no país. Por outro lado, Corção criticou as prisões e detenções indeterminadas e sem critérios definidos de jovens universitários. No seu entender, as prisões deveriam ser reservadas às lideranças que os apoiaram, ou seja, "Ministérios, Reitorias, Academias, Hierarquias" (Corção, 12 abr. 1964). E apelou:

> [...] para os que mantêm o poder neste momento glorioso e difícil, a fim de que sejam libertados os moços que só pecaram por fragilidade, por mimetismo, por desamparo, e que recebam o castigo de tipo *escolar* (cancelamento de matrícula, expulsão, cassação de direitos à carreira universitária) os casos mais graves e felizmente raros [Corção, 12 abr. 1964].

---

[166] A pressão pela inclusão do ex-presidente Juscelino Kubitschek na primeira leva de cassação também foi exercida pelos militares da "linha dura". Contudo as pressões internas, principalmente da embaixada americana, que advertiu o governo brasileiro e a cúpula militar do inconveniente da medida, uma vez que Juscelino era visto favoravelmente no exterior, conseguiram impedir, naquele momento, o processo (Skidmore, 2004:61).

210 | O BOM COMBATE

Enquanto defendia a implantação dessas medidas "moralizadoras" para acabar com o comunismo, Corção (12 abr. 1964) destacava o caráter transitório do regime.[167] A percepção de que injustiças eram cometidas não anulava, contudo, a necessidade da medida (Corção, 15 abr. 1964).

Ainda em abril, fizeram-se ouvir as vozes do editor Ênio Silveira, do comentarista do *Correio da Manhã* Carlos Heitor Cony, do crítico literário Otto Maria Carpeaux, do jornalista Mario Moreira Alves e de Alceu Amoroso Lima, contra a "purificação" implantada pela junta militar (Cony, 1979; Alvim, 1979).[168] Outros críticos mais à esquerda comparavam a revolução ao "golpe" de 1937. Foram esses os primeiros adversários de Corção na defesa do regime.

Para Corção, a analogia entre os dois eventos históricos somente poderia ser percebida pelo fato de terem sido descontinuidades constitucionais. As diferenças, entretanto, seriam completas. Em 1937, o poder foi tomado por quem já o ocupava, para que permanecesse indefinidamente. Em 1964,

> a descontinuidade foi praticada pelos que expulsaram do poder ocupantes indignos, e tudo indica que a disposição dos chefes militares [seria] a de entregar o poder à rotina das instituições logo que [estivesse] terminada a expulsão dos maus servidores do país [Corção, 15 abr. 1964].

Além disso, em 1937, a denúncia de infiltração comunista fora uma farsa armada por Getúlio Vargas; já em 1964, existia a "ocupação comunista" (Corção, 15 abr. 1964). Finalmente, os homens que apoiaram o golpe de Vargas eram os fascistas, enquanto, em março de 1964, foram os democratas que saíram às ruas contra o "embuste comunista e em defesa dos direitos dos homens" (Corção, 15 abr. 1964).

---

[167] Gaspari (2002a:141-151) mostra que a falência da "teoria castelista da ditadura temporária" foi consequência da conivência do governo com a tortura, por isso uma "ditadura envergonhada".

[168] Para uma compilação dos artigos destes e de outros críticos do regime, ver Alvim (1979).

Todas as atenções de Corção estiveram voltadas para a defesa da legitimidade do governo militar e das suas ações repressivas, ainda que tratasse por sofismas o tema da prisão de estudantes. Genericamente, Corção afirmou inúmeras vezes que a maior responsabilidade pela infiltração comunista não seria da maioria dos estudantes, e sim dos "professores, reitores, bispos, escritores e pais" (Corção, 26 abr. 1964), que os orientaram pelo desvio do comunismo. Essa acusação era dirigida a Alceu Amoroso Lima, que, nos seus artigos, denunciava os anticomunistas pelos abusos do novo regime. Para Alceu, o anticomunismo dava origem "ao fanatismo, e este, ao terrorismo" (Lima apud Alvim, 1979:24), ao que retruca Corção em uma crônica cujos destaques foram as palavras *subversão, conspiração* e *corrupção*:

> Também não concordo que prendam pessoas pelas suas ideias [...]. O respeito que dita minha tolerância é o que tenho pela multidão, pela sociedade, pelo povo. Oponho-me à prisão desse mofo das sociedades e acho ingenuamente perigosa a ideia de expurgar uma sociedade de todos os seus maus elementos. [...] Mas no caso reclamado por Tristão de Ataíde [...] não lhes censuravam as ideias e sim a conspiração armada e o abuso do dinheiro público [Corção, 10 maio 1964].

Ao mesmo tempo, Corção contesta as acusações de ilegitimidade do regime feitas por seus adversários, que argumentavam que a tomada do poder ferira a Constituição de 1946, o que igualaria o Brasil a uma ditadura. Para Corção (21 abr. 1964), ilegítima era a falta de governo que vigorava antes da "Redentora". Quanto às críticas qualificando o regime de totalitário, Corção argumentou que não era possível denominar o governo João Goulart de democrático, caso se entendesse por democracia um regime de governo que respeitasse as hierarquias, as diferenciações e, principalmente, a lei natural. Assim, o regime implantado em março de 1964, que combatia pela "decência" (Corção, 6 jun. 1964), era uma democracia, uma vez que, mesmo atuando fora das normas jurídicas, fundamentava-se na lei natural e nos direitos do homem.

212 | O BOM COMBATE

No dia 8 de junho, os apelos de Corção foram atendidos. O ex-presidente Juscelino Kubitschek teve seu mandato de senador por Goiás cassado e seus direitos políticos suspensos pelo prazo de 10 anos.[169] Para Corção (14 jun. 1964), "quando um homem lança mão de recursos extraordinários [...] para prevaricar, claro que só com recursos extraordinários pode ser punido". O regozijo pela ação, clamada desde as primeiras horas da revolução, não poderia ter sido diferente. Entretanto, nem com a cassação Corção deixaria de atacar o ex-presidente. Caso emblemático ocorreria no mês de novembro, nas crônicas dos dias 20 e 28, quando, a pretexto de comentar a prisão de nove chineses logo após o golpe militar, Corção proporia a troca dos chineses por Juscelino Kubitschek, que seria mandado ao país comunista, para que experimentasse o regime que havia estimulado o Brasil a adotar.[170] Ainda naquele mês, comentaria o casual encontro, no aeroporto do Galeão, com as filhas de JK, que voltavam ao Brasil, risonhas. Mais uma vez, o acontecido foi pretexto para Corção acusar e julgar o governo de Juscelino Kubitschek.[171]

---

[169] A "linha dura" conseguiu sua primeira vitória no governo de Castello Branco, com o expurgo de Juscelino (Skidmore, 2004:61-62).

[170] Augusto Frederico Schmidt foi quem defendeu JK e apontou a intransigência de Corção para com o ex-presidente. Disse ele: "Corção odeia à toa o ex-presidente [...]. Não será tal ódio que ilustrará a sua memória diante da posteridade. Quando as questões corçonianas, as palpitações udenistas se desfizerem, forem transformadas em poeira, e o governo Kubitschek surgir como uma hora primeira e afirmativa [...], o bom Corção será sempre citado como exemplo de cegueira produzida pelo ódio" (Schmidt, 2002:348).

[171] Novamente foi Schmidt quem lhe respondeu: "Diz Corção [...] que se considera isento para julgar Kubitschek tanto como eu sou comprometido em defendê-lo. Oh, dr. Corção de minh'alma! — que Deus me poupe cair no domínio de homem tão isento quanto o senhor! Sua isenção é tendenciosa, maliciosa, enregelada, fria. Orgulho-me do meu comprometimento. Estou comprometido com um homem cujos direitos de cidadão foram cassados, de um homem praticamente sem defesa; de um homem — quer queira, quer não o católico da linha dura — que conquistou um lugar eminente na história de um Brasil desejoso de ser uma grande nação. Enquanto o bom dr. Corção renegava tudo, apostava até a sua própria residência como os telefones de Brasília não funcionariam na data prometida — Juscelino se empenhava em trabalhar, em construir, em expandir o Brasil. Quando do passar Corção e sua linha dura, quando não restar senão o riso divertido da juventude sobre as limitações de visão do bom dr. Corção, a figura de Juscelino será reconhecida como a de um pioneiro" (Schmidt, 2002:352-353).

Paralelamente à defesa dos expurgos políticos do regime, Corção também se preocupava com os debates que grassavam quanto ao momento de retorno à regularidade jurídica democrática. O presidente Castello Branco recusava-se a discutir a prorrogação do seu mandato, mesmo ciente de que as medidas de seu governo não teriam resultados favoráveis à época da eleição de 1965, o que provavelmente significaria a derrota das forças revolucionárias. Os militares da "linha dura" pressionaram-no e, finalmente, em julho, o presidente se rendeu, e enviou ao Congresso Nacional uma emenda constitucional prorrogando seu mandato. Simultaneamente, tramitava uma proposta de reforma política que compreendia questões como maioria absoluta e voto do analfabeto.

Corção (3 jul. 1964) posicionou-se contra a tese da maioria absoluta, indagando: "não seria melhor fazer logo a eleição indireta?" E continuou, com apelo à retórica da ameaça:

> É fácil prever na atual conjuntura quais são os beneficiários da maioria absoluta [a oposição]. E aí não sei mais o que acontecerá: ou voltam todos os exilados ou então descobrem os militares descontentes que devem continuar o governo de emergência em formas menos liberais [Corção, 3 jul. 1964].

Naquele mesmo mês de novembro, o mandato de Castello foi prorrogado até 15 de março de 1967. Poucos dias depois, também teve aprovação a Emenda Constitucional nº 9 — conhecida como Lei de Reforma Eleitoral —, que adiou as eleições para outubro de 1966, instaurou o processo da maioria absoluta nas eleições presidenciais e a elegibilidade dos sargentos, rejeitando, porém, o direito de voto aos analfabetos. Outro motivo de preocupação era o catolicismo brasileiro. O apoio inicial da CNBB ao movimento político-militar não evitava pronunciamentos, contrários ao regime, de membros do episcopado, por exemplo, d. Hélder Câmara, e a ação de movimentos como a JUC. Ainda assim, em maio, a CNBB divulgara a declaração conjunta, assinada pelos 26 dos bispos e arcebispos mais importantes do país, em que o Episcopado Nacional manifestava publicamente seu apoio ao regime militar e voltava-se prioritariamente para as questões organizacionais. Apesar disso, na VI Assembleia Nacional da CNBB, ocorrida em junho, 23 bispos e dois arcebispos favoráveis ao regime exprimiram-se em favor do direito de defesa dos acusados e contra o uso da força que contra eles podia ser empregada (Abreu et al., 2001:1528). Scott Mainwaring (1989:104-105) ressalta ter sido o período em que a CNBB absteve-se de participar do debate político, voltando-se para suas questões internas.

Mesmo com o apoio da CNBB ao regime, Corção percebeu perigos a rondar o mundo católico brasileiro. Em julho, escreveu três artigos tratando do posicionamento tanto do episcopado como dos movimentos leigos. Em comum, o tom de alerta quanto à participação da Igreja no plano temporal e a injunção de modernismo e comunismo (10, 16 e 17 jul. 1964). Corção, paralelamente, alertava a hierarquia católica sobre a Ação Católica e pedia que esta também agisse, fechando "provisoriamente" o movimento de leigos.

A partir de setembro recrudesceram as denúncias sobre tortura (Cony, 1979; Alvim, 1979; Gaspari, 2002a; Skidmore, 2004). Inicialmente, Corção ignorou o assunto, pois outra questão lhe era mais importante: a eleição ocorrida no Centro Acadêmico Cândido de Oliveira (Caco), cuja direção vitoriosa exigia "a restauração das liberdades democráticas, a anistia para os alunos suspensos, a gratuidade universitária e a manutenção da UNE" (Abreu et al., 2001:1307). O movimento estudantil foi alçado a inimigo potencialmente perigoso do regime, e a solução era a implantação de medidas duras. Em suas palavras,

[...] é preciso não deixar que se organize novamente nenhuma instituição com as características da UNE. [...] é preciso proteger a sociedade contra as perturbações e desordens trazidas por esse mecanismo de perversão da mocidade em que alguns adultos estão interessados. É preciso não deixar se alastrar esse feio e repulsivo fenômeno trazido pelos estudantes do Caco [Corção, 13 set. 1964].

Em novembro, Corção teria seu apelo atendido. O governo baixa a Lei nº 4.464, conhecida como Lei Suplicy, que, entre ou-

O APÓSTOLO DA "LINHA DURA" | 215

tros aspectos, proibiu qualquer tipo de manifestação política das entidades estudantis. Ainda assim, Corção se mostrava claramente desconfortável com algumas medidas do governo Castello Branco.

No dia 9 de novembro, o Congresso promulga a Emenda Constitucional nº 10, que dispunha sobre a implementação da reforma agrária mediante pagamento de títulos da dívida pública aos proprietários de terras desapropriadas. A medida provocara intensos debates na opinião pública e nos meios políticos. Corção (28 jun. 1964) tece, então, o seguinte comentário: "a reforma agrária é principalmente cultural [...]. O lado econômico principal do problema não é o da maneira de possuir as terras, mas sim o da produtividade". Dessa forma, Corção (1 nov. 1964) discordou do encaminhamento da proposta do governo. No dia 30 de novembro, foi promulgada a Lei nº 4.504, que dispunha sobre o Estatuto da Terra.

No final de novembro, ocorre a intervenção federal em Goiás, que teve seu apoio. Também defendeu as prisões do padre Lage e do ex-Ministro da Educação, Paulo de Tarso, que, para Corção, não seriam vítimas de "terrorismo cultural", pois

> [...] o governo atual tem prendido muita gente que roubava, que conspirava contra o regime e contra os direitos do homem e tem demitido uns poucos comunistas. Ora, todas essas coisas são legítimas, e o governo pecaria gravemente contra o bem comum se não as fizesse [...]. Claro está que não contesto a existência acidental de abusos, praticados por alguns policiais [...], mas é grave injustiça apresentá-la como uma sistemática do governo atual [Corção, 23 dez. 1964].

Nesse momento, Corção ainda se mostrava titubeante entre o grupo mais moderado do regime e a "linha dura". Como ele disse, não nega que a repressão violenta aos comunistas esteja produzindo abusos, mas, também, não defende a institucionalização da coação física. Contudo, minimiza as denúncias de torturas,[172]

---

[172] Para uma análise da tortura durante o governo Castello Branco, ver (Alves, 1967; Gaspari, 2002a). Para caracterização da tortura como instrumento do regime, cf. (Gaspari, 2002b).

considerando-as meros acidentes na tarefa de "limpar" o país dos comunistas. Ainda assim, nos últimos dias de dezembro, escreve: "Um dos perigos que ameaça nos retardar a recuperação é a ideia chamada de linha dura, que pretende continuar o processo revolucionário. [...] Essa mentalidade deve ser combatida, porque a hora de medidas extraordinárias já passou" (Corção, 27 dez. 1964).

Note-se que, até esse momento, Corção acreditava que o governo aniquilaria o comunismo e a corrupção rapidamente. Mas sua posição vacilante foi definida com o acirramento das manifestações, contrárias ao governo, dos estudantes, intelectuais e setores da Igreja Católica.

TOMADA DE POSIÇÃO

Corção somente precisou de alguns avanços das esquerdas para definir seu lado. Um deles foi a manifestação estudantil ocorrida na Universidade de Brasília (UnB), no dia 9 de março, contrária ao presidente. Na ocasião, foram efetuadas algumas prisões, e o fato recebeu de Corção comentário sarcástico reservado aos estudantes, à UNE e a Alceu Amoroso Lima:

[...] na verdade não devemos achar ruim a vaia, a declaração espírita de um presidente de uma entidade que morreu queimada, afinal de contas os rapazes continuam vivos. Não podemos sequer desejar a morte de todos os tolos e de todos os perturbadores da mocidade: seria um massacre que não podemos desejar. Também não podemos razoavelmente desejar que todos fiquem inteligentes e democratas: seria [...] utopia. Eles perderam verbas, perderam o jogo, andam sem assunto, e só têm o magro consolo de murmurarem contra o estado das coisas, culpando o presidente Castello Branco da carestia da vida. Deixemos, pois, os estudantes dizerem a seus líderes, e seus líderes dizerem aos estudantes que há terrorismo cultural [Corção, 13 mar.1965].

Todavia, o Manifesto de dezenas de intelectuais conclamando o restabelecimento das liberdades democráticas e dos direitos civis serviu-lhe como sinal de alerta, pois seus signatários eram "pessoas que gozavam de privilégios no governo de João Goulart, ou comunistas e simpatizantes, anônimos ou 'intelectuais'" (Corção, 20 mar. 1965). Além do que, reivindicariam algo que não existiria no país: "clamam a libertação dos presos políticos, [mas] não poderia haver preso político porque não há crime político" (Corção, 20 mar. 1965).

A reação do governo Castello Branco ao manifesto e às ações estudantis foi admoestada por Corção (21 mar. 1965): "a crítica que faço refere-se mais ao estilo adotado do que às medidas administrativas". Ou seja, o regime estava perdendo a disputa na esfera pública com seu "estilo" liberalizante.

Em abril, a tensão latente entre os "castelistas" e a "linha dura" veio a público, com a decisão do Supremo Tribunal Federal (STF) de conceder *habeas corpus* ao ex-governador Miguel Arraes. Os militares "linha dura" que comandavam o inquérito policial militar (IPM) manifestaram-se contrários à medida.[173] No dia 28, Corção comentou o caso e afirmou: "Acima do STF está o espírito democrático da Revolução, a que todos os poderes da República devem a sobrevivência". Este episódio tornou-se emblemático da sua afinidade ideológica com a "linha dura".

Conferencista da Escola Superior de Guerra (ESG) e professor de engenharia eletrônica do Instituto Militar do Exército (IME), Corção mantinha relações bastante próximas com os quadros de oficiais do país. Além disso, é expressiva a semelhança entre sua retórica e a dos oficiais que presidiam os IPMs e dos membros da "linha dura". Os rótulos, as acusações e a estratégia do combate também mostram a convergência retórica e ideológica. Termos como *comunistas, subversivos, agitadores, teleguiados* foram recorrentes tanto nos argumentos de Corção como nos dos

---

[173] De acordo com informação que consta na biografia de Castello Branco no DHBB (Abreu et al., 2001:1220), os coronéis encarregados dos IPMs estavam identificados com a ala mais radical das Forças Armadas e "pediam a Castello a volta imediata à aplicação do AI-1 e a elaboração de uma lei severa de inelegibilidades que de fato impedisse a eleição de elementos de algum modo ligados aos governos anteriores".

membros da "linha dura", assim como o denuncismo em relação a todos que não aceitavam as restrições às garantias constitucionais impostas pelo regime. Caso exemplar do recado endereçado a Sobral Pinto, que tornara a defender presos comunistas, como fizera durante o Estado Novo, quando foi o advogado de Luís Carlos Prestes:

> Os advogados dos comunistas também se comportam como se nada tivesse acontecido e como se o espírito de legalidade só pudesse ser compreendido em termos de forma e estrita conformidade jurídica. [...] Os colunistas que escrevem contra "os dias sombrios em que vivemos desde abril do ano passado" também falam e escrevem como se seus netos e bisnetos não nos devessem alguma coisa pelo que aconteceu em março do ano passado [Corção, 28 abr. 1965].

Ao que lhe responde o companheiro do Centro Dom Vital:

> Urge, meu caro Corção, que você desista de escrever sobre aquilo que não entende. Está nesta categoria o seu descabido, infeliz e injusto artigo intitulado "A soberania do Supremo Tribunal Federal" onde há, também, uma referência igualmente descabida, infeliz e injusta à minha atuação como advogado [Pinto, 30 abr. 1965].

E, dias depois, em outra correspondência, apontando o cerne da discussão e também deixando evidente a diferença radical entre os dois:

> Ao defender os comunistas, inocentes ou culpados, apenas me submeto a estes preceitos evangélicos. Se o comunista é inocente, [...] denuncio as mistificações, comprovo as falsificações vergonhosas e desmascaro, através de prova impressionante, as mentiras deslavadas. [...] Pelo fato de serem comunistas não perdem o direito a ser protegidos pela verdade. É o que faço em favor dos comunistas perseguidos [Pinto, 3 maio 1965].

Se as divergências de Corção com o governo Castello Branco vinham à tona nas questões da política nacional, no âmbito da política externa a concordância se restabelecia. Ilustrativa a aclamação da decisão do governo brasileiro de enviar tropas para a República Dominicana,[174] como "uma demonstração de maturidade política" (Corção, 23 maio 1965). A decisão originava-se da política de colaboração com os Estados Unidos, que também era saudada por Corção, pois exprimia a concepção dos condutores da política externa do país, de que a paz era resultado da ordem.

A hesitação de Corção prosseguia em direção à tomada definitiva de posição. No dia 16 de junho, retoma as análises da conjuntura nacional, comentando as "provocações de contrarrevolucionários": a primeira, de estudantes em Belo Horizonte, e a outra, a candidatura de Hélio de Almeida ao governo da Guanabara, ele tachado de corrupto e membro do *ancien régime* (Corção, 16 jun. 1965). A oposição dos setores mais radicais do Exército a algumas candidaturas, como a de Hélio de Almeida, levou o governo de Castello Branco a aprovar a lei de inelegibilidades.

---

[174] "No dia 24 de abril daquele ano, um movimento militar que visava à restauração da ordem constitucional e à entrega da presidência a Juan Bosch — presidente reformista deposto em setembro de 1963 por um golpe de Estado — derrubou o governo de Donald Reid Cabral. A tentativa, no entanto, fracassou pela intervenção quatro dias depois das tropas norte-americanas, que pretendiam fazer abortar o surgimento de um novo país socialista no continente americano. Assim, desembarcaram em São Domingos cerca de quatrocentos fuzileiros navais e, sob a alegação de que o coronel Francisco Caamaño Deño — indicado pelo Congresso para presidente provisório — tinha ligações com os comunistas, o presidente dos Estados Unidos Lyndon Johnson enviou ainda para a República Dominicana a 82ª Brigada Aeroterrestre. No dia 2 de junho, seis dias após o desembarque das tropas brasileiras, 280 soldados entraram em ação pela primeira vez, participando da tomada do palácio do governo em São Domingos. Em 21 de setembro, as tropas brasileiras dissolveram uma manifestação na capital dominicana, onde mil estudantes exigiam a desocupação das escolas secundárias tomadas pelas forças interamericanas. Por essa época, no entanto, uma comissão da OEA — que tinha como representante do Brasil o embaixador Ilmar Pena Marinho — e os grupos em choque já negociavam a criação de um governo de conciliação por nove meses, o desarmamento da população civil, a anistia geral e o recolhimento das tropas aos quartéis. Obstado o acesso ao poder das forças consideradas pró-comunistas, em setembro de 1966 foi extinta a missão da Faibrás, com a vitória de Joaquim Balaguer nas eleições presidenciais na República Dominicana" (Abreu et al., 2001:1226).

Finalmente, em julho, Corção, tendo em vista a acusação de que era um dos responsáveis pelos casos de torturas que aconteciam no país, declara: *"Uma sociedade deve defender-se energicamente de um regime que provou abundantemente seu fracasso completo"* (Corção, 15 jul. 1965, grifos meus). Sua defesa frente à crítica acusatória de um leitor anônimo foi responsabilizar os "escritores, intelectuais, marxistas ou católicos, os agentes dos interesses soviéticos, que levaram [os moços] ao daltonismo de ver cores de esperança na bandeira vermelha do Kremlin" (Corção, 15 jul. 1965). Em suma, havia tortura porque existiam comunistas.

Por essa esquematização de responsabilidades, os intelectuais tiveram um papel determinante. Dessa maneira, a censura às ideias dissonantes se justificava. Apesar da crença no papel do intelectual no esclarecimento da opinião pública, o tema da liberdade de pensamento constituía um produto de consumo restrito à direita, o que confere sentido à seleção das qualidades e posicionamentos, estabelecidos por Corção, que permitiam aos escritores ter liberdade de expressão. Nas suas palavras,

[...] em vista das coisas ocorridas recentemente, penso que certos escritores não têm hoje o direito de se manifestar contra essa censura [...] nem têm o direito de escrever a palavra liberdade. [...]

Também não têm direito de protestar os que ontem não protestaram, embora não tenham abertamente trabalhado para infiltração comunista [...].

Também não têm direito de protestar em nome da liberdade os risonhos, os bons moços, os simpáticos que um ano atrás não acreditavam na corrupção dos estudantes [Corção, 10 ago. 1965].

Na campanha eleitoral para o estado da Guanabara, Corção, evidentemente, declarou seu voto em Flexa Ribeiro e combateu a candidatura de Negrão de Lima, considerada a "volta da corrupção" (Corção, 2 out. 1965). No dia 3 de outubro, data da eleição, Corção escreve um libelo contra o conceito de democracia, o pronunciamento popular e, consequentemente, o resultado "previsto" do pleito. O apelo ao fechamento do regime, ainda que não seja explícito, se faz evidente nas entrelinhas:

Eu não considero [as eleições] de modo algum como um espetáculo cívico edificante e significativo da estrutura democrática do nosso regime. Ao contrário, considero-a expressiva de nossa patologia política. [...] Vontade geral, pronunciamento infalível das urnas etc., não fazem parte de meu credo democrático. Na concepção que tenho [...] não há lugar para a possibilidade de apresentação de candidaturas destinadas a provocar no povo reações indignas e de permitir que eles se façam representar pelos seus defeitos [Corção, 3 out. 1965].

Dois dias depois, se ainda existia alguma dúvida quanto à escolha de Corção, não era mais possível mantê-la. As acusações "[à] pressa" (Corção, 5 out. 1965) do presidente Castello Branco na realização das eleições, principalmente diretas, levaram-no mais uma vez a legitimar na esfera pública brasileira ações contundentes contra a democracia representativa: "sempre achei *fraco* o próprio AI" (Corção, 5 out. 1965, grifo meu). O movimento pendular não mais existia. A escolha fora feita: a "linha dura". Daí em diante, o impulso seria pelo fechamento crescente do regime.

APELOS POR ENDURECIMENTO DO REGIME

Ainda em outubro, Corção cobra do governo Castello Branco maior efetividade das punições dos IPMs para os casos de subversão, que teriam ficado em segundo plano frente aos de corrupção. Para Corção, a consequência dessa negligência foi a permanência de "homens do antigo regime". Caso emblemático é a FNFi, onde, mesmo tendo sido acusado, no IPM, de "deflorador e chantagista de moças desprotegidas", José Américo Peçanha só teve sua candidatura ao cargo de assistente "do famigerado agente comunista Vieira Pinto" recusada com a intervenção do diretor Eremildo Viana (Corção, 24 out. 1965).

Ao mesmo tempo, as vitórias de Negrão de Lima, na Guanabara, e Israel Pinheiro, em Minas Gerais, foram percebidas como sérias ameaças à "revolução". Ao longo de outubro, o cenário nacional foi dominado pela crise desencadeada pelo resultado do pleito e debelada no final do mês, com o atendimento das pressões dos setores mais radicais do regime. Assim, em 26 de outubro, é promulgado o AI-2.

O AI-2 decretou o fim da convivência do regime militar com a Constituição de 1946 e, consequentemente, com a democracia e a conquista da cidadania. Foram extintos os partidos, assim como as eleições diretas para a presidência da República; retornaram os processos de cassação de mandatos e suspensão de direitos políticos. O fortalecimento do Executivo frente aos outros poderes expandiu-se, com a concessão de amplos poderes ao presidente, como a iniciativa exclusiva das leis sobre matéria financeira e a faculdade de ordenar o recesso do Congresso e legislar por decretos. Também facilitou a intervenção federal nos estados, assim como a decretação do estado de sítio no país. Conflito anterior com o STF também foi resolvido pelo AI-2: o Poder Judiciário perde para a Justiça Militar a competência para julgar os civis acusados de crimes contra a segurança nacional. O ato também aumentou de 11 para 16 o número de juízes do STF, o que permitiria ao governo indicar nomes afinados com suas ideias (Abreu et al., 2001:1222).

Apesar dessas medidas, o governo manteve o Congresso Nacional aberto, a liberdade de imprensa e a posse dos governadores eleitos, dando uma aparência de legalidade ao regime militar, o que não impediria, contudo, que críticos internos e externos denunciassem a opção do governo brasileiro pela ditadura militar. As restrições impostas pelo regime militar realizaram os desejos de Corção. Não surpreende, pois, a defesa incondicional das medidas adotadas e de sua lógica autoritária. Para ele, o AI-2 era a resposta às provocações dos setores que tencionavam destruir "as coisas essenciais do regime" (Corção, 28 out. 1965). Quanto às apreciações negativas de que se instalara uma ditadura no país, ele rebateu:

Entendo que muitas medidas de tipo autoritário podem ser tomadas. Se essas medidas tendem para uma ditadura reforçada de totalitarismo, formarão um conjunto de providências servindo uma política intrinsecamente má, pois o totalitarismo deforma e deteriora a sociedade. [...] *A ditadura é um mal menor* [...]. *São boas como remédio amargo.* [É eficaz] se promover a verdadeira redemocratização pela eliminação da indisciplina que vai dos quartéis até às universidades e pelo afastamento dos elementos perniciosos [Corção, 28 out. 1965, grifos meus].

Na tentativa de justificar as medidas adotadas, Corção desenvolve uma interpretação para a questão democrática. Na sua análise, a democracia não se reduziria à "mecânica das instituições", mas ao espírito que a animava. De tal forma que o que importava eram as "almas", a constituição de um governo de "homens bons", para que um regime pudesse ser considerado democrático (Corção, 31 out. 1965). Nesse sentido, democracia não seria a presença de um corpo jurídico que regulasse as instituições, como também não o seriam as eleições livres, nem a igualdade. O intelectual católico que na década de 1950, como vimos, defendia o voto como instrumento essencial da democracia não existe mais.

Corção serviu-se de um jogo retórico e conceitual, para esclarecer que democracia e autoritarismo não seriam excludentes. O que denotava um falseamento da essência da democracia era sua assimetria com o totalitarismo. Assim, haveria nos meios intelectuais de oposição certa "confusão" conceitual entre democracia e democratismo. Tal antagonismo foi usado para defender que havia somente dois caminhos: ou a democracia dos regimes ocidentais ou o totalitarismo dos regimes comunistas. Entre ditadura e um regime marxista, a opção era óbvia. Desse modo, as ressalvas ao autoritarismo do AI-2 não deslegitimavam a realidade democrática nacional.

Nos meios intelectuais, o AI-2 exacerbou a oposição ao governo. Um grupo de intelectuais divulgou um manifesto à nação conclamando o restabelecimento da legalidade democrática, do princípio de independência e harmonia dos poderes, do respeito às decisões dos tribunais e dos juízes, da soberania dos órgãos legislativos e da integridade de cada pessoa e de cada família. Este manifesto — talvez pela liderança de Alceu Amoroso Lima, erguendo-se contra a ordem estabelecida e apontando os rumos autoritários do governo — suscitou uma resposta de Corção que elucida sua concepção do papel dos intelectuais na vida nacional:

Pobre Brasil! Como se não bastasse a traição dos políticos [...] sofremos o vexame da *trahison des clercs* [...]. Na hora do remédio amargo esses intelectuais gritam, esperneiam e oferecem escondidos, ao pobre povo, a maconha da *intelligentsia* depravada [Corção, 31 out. 1965, grifos meus].

O uso da expressão *"trahison des clercs"*, de Julien Benda, é significativo da abordagem normativa reservada aos intelectuais "de esquerda", ou contrários ao regime. Ao dedicarem suas vocações a "causas particulares", eles abandonaram o verdadeiro sentido da atividade do intelectual. Romperam com a missão de guardiões dos princípios universais, e tornaram-se partícipes nos jogos das paixões políticas. E, ao fazê-lo, desqualificam-se, oferecendo argumentos errados de liberdade e redemocratização. Com o objetivo de desmoralizar a oposição desses intelectuais ao governo, Corção, em dezembro, os acusa de serem "homens do antigo regime" que haviam se omitido:

[...] dois anos atrás, quando um governo de homens maus destruía a democracia no Brasil e permitia a infiltração crescente do comunismo ateu e desumano, [...] não se [lembraram] de dizer no mundo inteiro que o Brasil se estava afastando da democracia; agora quando um governo de homens bons está fazendo o que pode para recuperar a alma, a essência da democracia (e isto só se tornou possível com um autoritarismo que não se opõe à democracia), muitos clamam e gritam pela redemocratização do Brasil, isto é, pela volta àquela situação de dois anos atrás [Corção, 4 dez. 1965].

Em março de 1966, Corção volta a reclamar das iniciativas do presidente Castello Branco de retornar à legalidade constitucional, em abandono ao combate ao comunismo. Dizia que: "o governo Castello Branco teve uma pressa excessiva em se tornar legal [...] e tomou muito mais a corrupção do que a subversão como critério das punições" (Corção, 10 mar. 1966). Neste mesmo artigo, Corção retoma a crítica feita em outubro de 1965, de que os IPMs tinham sido abandonados e caíram na inocuidade, principalmente os que investigaram os acusados de subversão. Sem dúvida, Corção atuava cada vez mais como um paladino das pressões da oficialidade identificada como linha dura.

Ainda naquele mês, os estudantes realizaram uma manifestação contra o governo, em frente à FNFi, o que significou outro motivo de preocupação com a liberalidade do governo Castello Branco e mais uma oportunidade para alertá-lo das implicações da ação:

> Acho que o governo faz bem em permitir que os estudantes andem pelas ruas da cidade ostentando cartazes com ideias e críticas; mas acho que não faz bem em permitir manifestações que se traduzem em insultos ao Presidente da República [...]. Também acho que o governo se omitirá se não procurar investigar quais são os agitadores, os cabeças que mais uma vez comprometem e perturbam a nossa mocidade [Corção, 27 mar. 1966].

A reforma educacional, proposta pelo governo, prevendo, inclusive, o fim da gratuidade nas universidades públicas, impulsionou a reorganização do movimento estudantil, mesmo com a UNE na ilegalidade (Skidmore, 2004). Corção então desqualifica as demandas do movimento, reitera o tema da infiltração comunista e afirma que o governo estava sendo provocado:

> Não logrei encontrar nada que se aproximasse de uma reivindicação razoável [...]. A conclusão a que chego é que esses moços continuam sendo agitados por agitadores profissionais. E logo [...] o governo está desfiado, está sendo provado por esses moços que insolentemente reclamam o que poderiam pedir humildemente à caridade pública, mas não podem reivindicar como direito [Corção, 17 abr. 1966].

No mesmo artigo, Corção faz uma análise do problema da juventude e conclui:

> É preciso [...] restaurar as hierarquias destruídas, as categorias esquecidas. É preciso que os pais tenham autoridade sobre os filhos

[...]. Já não me refiro ao comunismo. Refiro-me a uma coisa mais antiga, mais venerável, que é a ideia de autoridade e respeito, sem a qual não é possível nenhuma organização social [...]. Os moços teleguiados, desajustados com as famílias e consigo mesmos estão [...] soltando gritos que adequadamente traduzidos querem dizer o seguinte: nós somos pobres moços que precisam *sentir a severidade protetora dos mais velhos, dos professores, dos governantes* [Corção, 17 abr. 1966, grifos meus].

Sem dúvida, a solução da autoridade "severa" traria consequências evidentes para a juventude brasileira daí a dois anos. De qualquer forma, a passagem em questão esclarece e aponta o constante apelo de Corção ao governo Castello Branco: que reprima com mais "severidade" e exerça maior "autoridade" sobre os "moços" universitários. A retórica da ameaça alcança as duas pontas do problema. Do lado do governo, mostrando-lhe os perigos dos "teleguiados" na manutenção da ordem e a falha da presidência de Castello Branco em exercitar sua "autoridade". No caso dos estudantes, o discurso ameaçador é evidentemente o da repressão, dos IPMs, das prisões, das torturas.

Ao mesmo tempo, alguns membros da hierarquia católica intensificaram a divulgação de manifestações contrárias aos rumos da "revolução", tendo como porta-voz d. Hélder Câmara, então na arquidiocese de Olinda e Recife. Em 31 de março, ele recusa-se a celebrar uma missa pelo aniversário da "revolução". A atitude repercute nos meios católicos, e Corção (1 abr. 1966) tece o seguinte comentário: "O mal do Brasil não é o imperialismo que não existe, é simplesmente a falta de caráter dos que acham mais cômodo cuspir na mão que os ajuda do que ajudá-la a ajudar".

Os perigos vindos de Roma também assustavam Corção. Em seu artigo de 1º de maio, no qual comentava o encontro de Paulo VI com dirigentes comunistas, declara não acreditar nas notícias que davam conta da proposta de diálogo do papa com os comunistas, e sim num encontro em que o pontífice se proporia a convertê-los. Contudo, os riscos do mundo católico também vinham de crescente número de lugares: a Pontifícia Universidade Católica do Rio de Janeiro (PUC), d. Hélder Câmara, Alceu Amoroso Lima.

Ainda em maio, Sérgio Lemos, professor da PUC do Rio de Janeiro, publica artigos no *Jornal do Brasil* sobre a educação sexual e o pensamento da Igreja. O caso causa enorme celeuma,[175] e Corção promove uma campanha junto aos pais de alunos dos institutos católicos e à direção da PUC, pedindo a demissão do professor e sugerindo o fechamento da PUC, como declarou: "se não temos capacidade para manter uma Universidade realmente católica, não devemos fingir que a realizamos" (Corção, 15 maio 1966).

Entretanto, era a ambiguidade do governo Castello Branco que mais o preocupava:

> Devo dizer-lhe que não sou grande admirador desse governo. Disse que os militares salvaram o Brasil de uma invasão comunista, mas não disse que daí por diante governaram bem. *A mágoa que tenho é contrária a sua: acho que eles foram tímidos e quiseram entrar depressa demais no terreno da legalidade.* Os atos institucionais, que os militares tiveram a má ideia de encomendar aos mais ilustres juristas, na minha opinião, são umas porcarias. Para mim, o governo atual é provisório e como que intermediário. E procuro julgar seus atos mais pelos proveitos revolucionários do que pelo teor de regularidade jurídica. Pensando assim estou convencido de estar desejando o bem máximo para o Brasil [Corção, 29 jun. 1966, n.p., grifos meus].

Em junho, a cassação do mandato do governador de São Paulo, Ademar de Barros, foi apoiada por Corção (11 jun. 1966), muito embora seus principais interesses estivessem voltados para a hierarquia católica, mais precisamente, para d. Hélder, que, uma vez mais, se voltava contra o regime. No dia 2 de julho, Gustavo Corção escreve um artigo profundamente desrespeitoso sobre o arcebispo de Olinda e Recife:

---

[175] O professor Sérgio Lemos ameaçou processar Corção, e Sobral Pinto, ainda que concordando com a luta contra o professor, ressaltou o tom da polêmica e a possibilidade de ela prejudicar o Instituto Católico (Pinto, 9 maio 1966).

Eu sempre respeitei profundamente as pessoas que têm entranhas de misericórdia para chorar sobre as turbas como Jesus chorou. Por isso mesmo não consigo sentir o mesmo respeito ou mesmo sopitar irritação, quando vejo alguém chorar errado ou em tom que nos autoriza duvidar da perfeita sinceridade. [...] "Padre" Hélder sempre esteve em bom termo com ambos os presidentes que empobreceram o Brasil. [...] O Brasil inteiro sabe que o "padre" Hélder é muito humilde, muito despojado de vaidades, no que diz respeito ao brilho da batina ou da cruz de ouro; mas [...] também sabe que o "padre" Hélder não conseguiu até agora renunciar ao papel de *prima-dona do episcopado nacional* [Corção, 2 jul. 1966, grifos meus].

Faz-se mister notar que, ainda em julho, d. Hélder liderou 15 bispos nordestinos em apoio formal ao manifesto da Ação Católica Operária, "atacando a estrutura social injusta do Brasil, a exploração de sua classe trabalhadora e as perseguições policiais" (Skidmore, 2004:109). A iniciativa levou oficiais militares de Fortaleza a distribuir "clandestinamente" panfletos atacando d. Hélder. O conflito chegou ao presidente Castello Branco, que reagiu, substituindo o comandante que aprovara a divulgação dos panfletos e aproveitando uma viagem a Recife para um encontro reservado com o arcebispo. A atitude conciliatória de Castello Branco com d. Hélder recebeu de Corção veemente advertência:

[...] os pregadores do Nordeste brasileiro estão se esmerando nessa campanha que tem como intenção próxima separar os pais dos filhos, e com o objeto último, uma sociedade sem a incômoda instituição familiar a disputar terreno com o Estado onipresente [Corção, 14 ago. 1966].

Entretanto, os ataques agressivos não se restringiram aos posicionamentos políticos de membros do episcopado nacional. O risco também era proveniente das interpretações "progressistas" do Concílio Vaticano II nos meios católicos brasileiros. A "pestilência modernista", que penetrava pela ascendência de "padres trêfegos", pairava sobre a juventude novamente, "eles voltarão à carga com uma audácia ainda maior" (Corção, 17 jul. 1966).

No dia 25 de julho, ocorre em Recife um atentado a bomba, vitimando fatalmente duas pessoas e ferindo outras 13.[176] A explosão ocorrera no Aeroporto de Guararapes e estava programada para acontecer logo após o desembarque do ministro da Guerra Costa e Silva. No mesmo dia outras duas bombas explodiram na capital pernambucana: uma na União Estadual dos Estudantes, ferindo uma pessoa; e outra no serviço de divulgação do consulado americano. Esses não tinham sido os primeiros casos de atentados em Recife. Em março, na comemoração pelos dois anos da "revolução", outras bombas haviam sido detonadas, provocando apenas danos materiais. Como muito bem observa Gaspari (2002a:241), "surgira o terrorismo de esquerda" e, anos depois, ter-se-ia conhecimento de que fora pela ação da AP.[177]

Enquanto uma parcela da esquerda armava-se e levava a luta contra o regime a outro patamar,[178] os estudantes realizavam clandestinamente, em Belo Horizonte, o XXVIII Congresso da UNE, num convento de frades franciscanos.[179] Para Corção, a união entre

---

[176] Há uma discordância na literatura sobre o total de vítimas no atentado de Recife. Skidmore (2004:108) afirma que morreram três pessoas, e nove ficaram feridas. Gaspari (2002a:240-244), ao analisar o episódio, fornece os números com os quais trabalhamos. Já o sítio da internet "Terrorismo nunca mais", mantido por militares que apoiaram o regime <www.ternuma.com.br/guara.htm>, contabilizou 17 vítimas no total. Considerando as referências de Gaspari mais detalhadas, optei por suas informações.

[177] Durante muito tempo o atentado seria debitado na conta de outras organizações de esquerda, mas, como mostra Marcelo Ridenti: "Jair Ferreira de Sá revelou ao *Jornal da República* de 8 de setembro de 1979 — em história posteriormente confirmada por Duarte Pereira, em depoimento a Jacob Gorender (1987:112-3) —, que, na fase castrista da AP, um comando autônomo, chefiado por um militante expressivo, perito em explosivos, detonou por conta própria uma bomba no aeroporto de Recife, em atentado contra a vida de Costa e Silva" (Ridenti, 1998:12).

[178] Elio Gaspari afirma que a entrada de parte da esquerda em ações armadas cindiu e mudou a esquerda brasileira: "desde 1922, quando foi fundado o Partido Comunista, ela vivera debaixo de uma lógica pela qual seus extremos podiam perfeitamente conviver em grandes blocos, mas mantendo-se debaixo de um grande acordo tácito. [...] Agora, insultavam-se e não iam aos mesmos assaltos" (Gaspari, 2002a:250).

[179] O encontro foi descoberto, e seus participantes, presos.

os "padres trêfegos" e os estudantes, a fragilidade da ação contra a UNE e a "quase certeza" da participação destes nas ações em Recife, levaram-no definitivamente a olvidar a tese da transitoriedade do regime e pedir reação enérgica do governo Castello Branco:

O atentado de Recife está lançado como um desafio. Nada de evasões e bodes expiatórios: é preciso ver, entender as conexões e apreender bem o paralelismo entre o atentado de Recife e as desordens dos maus estudantes de Belo Horizonte. *Há necessidade de alguma reação* para que se possa dizer, ao menos, que o sangue das pobres vítimas contribuirá de algum modo para redimir o Brasil [Corção, 29 jul. 1966, grifos meus].

Não há explicitamente sugestões sobre quais seriam as medidas da reação. Mas, na conjuntura daquele período, não é impróprio afirmar que Corção creditava às forças da repressão o caminho para eliminar o inimigo que se encontrava no meio estudantil. E quanto aos meios? A consumação das acusações dos IPMs, ou seja, a criminalização e prisão dos culpados por subversão, principalmente as lideranças do movimento estudantil.[180]

No entanto, o mesmo não se aplicaria à Igreja Católica. A divulgação, pela 10ª Região Militar, de um documento, publicado na íntegra pelo *Jornal do Brasil* de 14 de agosto de 1966, com violentas acusações a d. Hélder, entre as quais a de que as atitudes do arcebispo levavam à desagregação dos católicos e de ser ele esquerdista e ligado à AP (Abreu et al., 2001:960), além de abalar a relação da Igreja brasileira com o governo militar, uniu a instituição em defesa de d. Hélder. E mesmo Corção recriminou a ação do governo,

---

[180] Sobral Pinto remeteu a Corção uma carta, com data de 8 de agosto de 1966, em que contestava as saídas propostas e advertia: "sei que você tem, merecidamente, grande influência no pensamento e na ação de Muniz de Aragão [ministro da Educação]. Vocês andam sempre de mãos dadas. Temo, por isso, que a sua palavra leve o Muniz de Aragão a usar a autoridade que dispõe para enfrentar os estudantes no clima de exaltação que você não cessa de criar nas suas lutas universitárias" (Pinto, 1966, n.p.).

embora, em sua opinião, fosse inquestionável a aproximação dos bispos nordestinos com o comunismo.[181]

O episódio desperta Corção para os problemas do catolicismo no país e antecipa um debate — de que trataremos no próximo capítulo — que o leva a alertar a hierarquia para as "novidades" que ameaçavam o meio católico brasileiro. Nessa mesma linha, Corção retoma sua cruzada anticomunista. Em 7 de agosto de 1966, em resposta ao questionamento do padre Eduardo quanto à mudança de posição dos anos 1940/50 para a década de 1960, Corção afirma:

> Naquele tempo o que parecia ser o maior mal do mundo era o nazismo que ameaçava as democracias. A malignidade do comunismo esteve eclipsada. E era por todas essas razões que naquele tempo me parecia estúpida, em meio católico, a pregação anticomunista. Não fui eu quem mudou. Ou melhor, sou eu quem hoje muda o tom porque o mundo e especialmente o mundo católico mudou e se gaba imoderadamente de ter mudado. Hoje acho estúpido o católico que não vê o mal do comunismo e que diz atenciosamente que afinal de contas o comunismo e a doutrina social da Igreja, com desconto do ateísmo, querem a mesma coisa, ou então dizem que o católico não deve ser anti coisa nenhuma e sim compreensivo, dialogante, ecumênico e pastoral [Corção, 7 ago. 1966].

Ainda naquele mês, Corção (30 ago. 1966) se afirma a favor da "posição vertical do homem" e acusa Alceu Amoroso Lima de ser um dos intelectuais que incitavam "a juventude a manifestações e desordem pela causa comunista" (Corção, 16 set. 1966). Tais ataques não eram despropositados, pois, naquele momento, o movimento estudantil voltara a ocupar as ruas, em manifestações contra o governo. No Rio de Janeiro, uma passeata de protesto resultou na prisão de 126 pessoas. Em Belo Horizonte, estudantes foram cercados por policiais na Faculdade de Direito, e, em Porto Alegre, soldados

---

[181] Gustavo Corção está listado no sítio na internet dedicado a d. Hélder como um dos seus acusadores. Para maiores informações, ver <www.pe-az.com.br/domhelder/acusadores.htm>. Acesso em: 11 nov. 2006.

232 | O BOM COMBATE

da Polícia Militar entraram em choque com estudantes que protestavam publicamente contra as prisões ocorridas no Rio de Janeiro.

Corção reitera sua condenação aos protestos políticos estudantis e à denúncia de que havia elementos subversivos infiltrados nas manifestações, além de declarar que "o governo [dera] ao país uma boa demonstração de autoridade firme e tranquila. Para o número de agitadores, os ferimentos foram raros e leves" (Corção, 18 set. 1966). A novidade é o pedido para que não houvesse mais capitulação do governo. A solução é a proibição das manifestações, "pois eles querem derrubar o governo", e "a prisão das lideranças estudantis" (Corção, 18 set. 1966).

Enquanto as ruas estavam tomadas pelos estudantes, o cenário político assistia aos entendimentos entre Carlos Lacerda e Juscelino Kubitschek para a formação de uma ampla frente de oposição ao governo militar.[182] Para Corção (13 out. 1966),

> [...] agora ficamos todos sabendo que [...] quando, por exemplo, Lacerda chamava Juscelino de cafajeste [...] eram os ressentimentos, hoje superados, que ditavam a aparência de cólera cívica que a Nação brasileira acompanhava com admiração [...]. Agora vemos que aquelas campanhas [...] não entravam nenhuma dimensão do bem público.

Em outubro, Corção passa a escrever regularmente aos domingos, além de contribuir esporadicamente duas, e até três, vezes na semana. Mas deixara de ter o espaço diário, como no pré-1964. Uma explicação plausível para o fato pode ser encontrada na decadência financeira em que se encontrava o *Diário de Notícias* após o golpe de 1964. De toda forma, a redução repercutiu na sua abordagem do dia a dia dos acontecimentos nacionais, impondo-lhe uma seleção mais rigorosa dos assuntos tratados. É notório o efeito dessa limitação: Corção passará a tratar preferencialmente dos

---

[182] O lançamento oficial, no dia 28 de outubro, do movimento denominado Frente Ampla, que tinha como principal articulador o ex-governador Lacerda, não foi abordado por Corção.

problemas da Igreja Católica, dedicando-se a comentar somente os grandes assuntos de política nacional. Evidentemente, isso também se deveu à postura cada vez mais oposicionista de setores do catolicismo brasileiro.

No dia 13 de novembro, dois dias antes das eleições para os legislativos federais e estaduais, prefeituras e câmaras municipais, Corção declara voto, evidentemente, nos candidatos da Aliança Renovadora Nacional (Arena), partido do governo que surgira com a implantação do bipartidarismo em 1965. No mês seguinte, foi divulgado o projeto da Constituição[183] e o anteprojeto que regularia a "liberdade de manifestação de pensamento e de informação". As considerações de Corção sobre os projetos em discussão explicitam sua concordância com o maior fechamento do regime, pois, como declarou "a reta filosofia da liberdade nos ensina que é livre o povo onde as proibições e condenações são justas" (Corção, 1 jan. 1967). E, recusando todo liberalismo político que defendera na década de 1950, teceu o seguinte comentário sobre a proposta acerca da liberdade de imprensa: "o projeto de lei apenas procurou limitar a chamada liberdade de imprensa para dignificação da própria imprensa" (Corção, 1 jan. 1967).[184]

Em março de 1967, a publicação da encíclica *Populorum Progressio*[185] por Paulo VI é recebida com enorme entusiasmo, inclusive

---

[183] "Seus pontos fundamentais eram a instituição da eleição presidencial por via indireta e a manutenção da escolha direta de governadores; a atribuição ao presidente da República do direito de expedir decretos-leis, submetidos ao referendo do Congresso; a instituição de foro militar para julgamento de civis acusados de delitos contra a segurança nacional e a ampliação do estado de sítio para atendimento de situações de emergência". A nova Constituição foi promulgada no dia 24 de janeiro de 1967 (Abreu et al., 2001:1225).

[184] No dia 9 de fevereiro foi promulgada a Lei nº 5.250, conhecida como Lei de Imprensa, o que comprovava o fechamento do regime (Abreu et al., 2001:1225).

[185] Em suas considerações finais, a encíclica de Paulo VI conclama todos, e especialmente o laicato dos países em desenvolvimento, a "assumir como tarefa própria a renovação da ordem temporal. Se o papel da hierarquia consiste em ensinar e interpretar autenticamente os princípios morais que se hão de seguir neste domínio, pertence aos leigos, pelas suas livres iniciativas e sem esperar passivamente ordens e diretrizes, imbuir de espírito cristão a mentalidade e os costumes, as leis e as estruturas da sua comunidade de vida. São necessárias modificações e são indispensáveis reformas profundas: devem eles esforçar-se decididamente por

pelo governo militar.[186] A repercussão calorosa não foi bem-vista por Corção. Os pomos da discórdia eram o medo da encíclica ser utilizada pelos comunistas e a tradução de diversas palavras do latim para o português, por exemplo, "progressio" por desenvolvimento.[187] Como resumiu Corção, "aqui, em nosso meio, não faltarão os aproveitadores que tentarão se apoderar da encíclica papal. Não usa ela, repetidamente, o termo desenvolvimento? Então, concluem eles, é a nossa ideia, é a nossa causa que triunfa" (Corção, 2 abr. 1967).

Pouco depois, a Ação Católica Operária (ACO), tendo em vista a comemoração do Dia do Trabalho e em acordo com a recém-publicada encíclica, divulga um manifesto intitulado "Nordeste: desenvolvimento sem justiça", em que criticava a situação econômica da região e pedia providências. O manifesto suscitou uma observação deveras surpreendente e vaga de Corção (30 abr. 1967): "não o considero subversivo [...], mas confuso e talvez perturbador". As comemorações do 1º de maio de 1967 foram motivo para as denúncias de Corção a membros da hierarquia católica. A manifestação dos trabalhadores contra o governo, com a participação, inclusive como celebrante da missa, do bispo de Santo André, d. Jorge Marcos de Oliveira, foi violentamente condenada: "temos diante de nós [...] um bispo da Igreja Católica a dirigir cerimônias de selvageria e de mo-

---

insuflar nestas o espírito evangélico. Aos nossos filhos católicos que pertencem aos países mais favorecidos, pedimos o contributo da sua competência e da sua participação ativa nas organizações oficiais ou privadas, civis ou religiosas, empenhadas em vencer as dificuldades das nações em fase de desenvolvimento. Hão de ter, sem dúvida, muito a peito o ser contados entre os primeiros de quantos trabalham por estabelecer, na realidade dos fatos, uma moral internacional de justiça e de equidade" (Encíclica *Populorum Progressio*. Disponível em: <www.vatican. va/holy_father/paul_vi/encyclicals/documents/hf_p-vi_enc_26031967_populorum_po.html>. Acesso em: 20 jul. 2006).

[186] Para maiores detalhes sobre a recepção da encíclica *Populorum Progressio* nos meios governamentais e militares brasileiros, ver Centro de Pastoral Vergueiro, 1978.

[187] Além dessas críticas, setores conservadores também apontaram mais duas questões. A primeira era que, ao tratar dos problemas econômicos do mundo, a encíclica papal tecera considerações sobre a distribuição de riquezas e não sobre a produção. E, finalmente, foi que a Igreja, com a publicação das encíclicas sociais, quer manter o poder político, quando deveria se ater ao reino da ética (Centro de Pastoral Vergueiro, 1978:11-12).

lecagem, ou o que é ainda pior, a pregar uma doutrina de ódio com motivações falsas e tolas" (Corção, 7 maio 1967).

Em fins de julho, a UNE fez realizar seu XXIX Congresso, num mosteiro beneditino perto de Campinas, em São Paulo. No dia 2 de agosto, 11 padres norte-americanos foram presos junto com os estudantes. Nesse mesmo dia, beneditinos, dominicanos, entre outras ordens e congregações, fizeram uma manifestação em frente ao prédio do Dops paulista contra a detenção dos participantes do congresso. O acontecimento forneceu a Corção mais um dado da caminhada conjunta de segmentos católicos com os "falsos estudantes" e fez com que ele voltasse rapidamente aos comentários políticos. Mais uma vez, reiterou seus apelos "às autoridades competentes", para a necessidade de punição dos "falsos estudantes, que se amotinam por motivos inteiramente alheios ao estudo e à vida universitária" (Corção, 4 ago. 1967); à imprensa, para que, simbolicamente, deixasse de tratá-los como estudantes ou movimento estudantil, pois eram desordeiros; e afirmou que não adiantava fazê-lo aos padres, pois "seria inútil e bobo" (Corção, 4 ago. 1967).

Paralelamente ao episódio do Congresso da UNE, foi lançado, em Belo Horizonte, um manifesto de leigos, assinado por 283 pessoas,[188] que acusava os padres de "se insinuarem nas organizações dos fiéis com intuito de disseminar a confusão enquanto parte do episcopado se omite" (Centro de Pastoral Vergueiro, 1978:17). Publicado na imprensa em 17 de agosto, foi mal recebido pelo episcopado mineiro, com exceção de d. Geraldo Sigaud, representante do clero conservador (Centro de Pastoral Vergueiro, 1978:17). Corção, porém, saudou calorosamente o documento, mas questionou as atitudes de repúdio ao manifesto por parte de d. João Resende Costa e d. Serafim Fernandes, respectivamente, arcebispo coadjutor de Belo Horizonte e bispo auxiliar e reitor da PUC-Minas Gerais.

---

[188] Encabeçavam a lista Franzem de Lima, José Maria Alkmin, Clóvis Salgado — respectivamente secretários estaduais do Interior, Educação e Saúde —, Bias Fortes Filho (deputado federal), José Raimundo (deputado estadual), Carlos Horta Pereira (desembargador), Oswaldo Pierucetti (empresário) e o escritor Alberto Deodato (Centro de Pastoral Vergueiro, 1978:17).

Com a aproximação do II Congresso do Apostolado Leigo, Corção, em seu artigo de 17 de setembro, apontou os desafios para os leigos do país: comunismo, Teilhard de Chardin, os filocomunistas declarados, as casas religiosas marxistas, a responsabilidade dos padres no conflito entre pais e filhos. Uma síntese de seus inimigos, com parcelas do catolicismo sendo tachadas de comunistas e marxistas. Ainda em 1967, Corção destacou a presença da AP, ainda em atuação. A união de segmentos católicos com a organização e o descaso das "autoridades competentes" resultou num libelo, cujas previsões eram ameaçadoras. Disse ele:

A AP [é] um movimento organizado contra o regime, contra a Democracia, contra o Cristianismo, contra o Homem e, principalmente, contra Deus. [...]

É incrível que ainda exista fenômeno com tal inspiração, depois do fracasso completo dos comunistas brasileiros em 1964. A vitória fácil parece ter amortecido a combatividade do governo militar, e parece ter adormecido todas as instâncias. Apesar da mediocridade espantosa de seus padrinhos, entre os quais frades, padres e jesuítas, receio muito que a negligência do poder público e das autoridades "eclesiásticas" venham ainda trazer muitos sofrimentos ao pobre povo brasileiro [Corção, 12 nov. 1967].

Alguns dias antes da publicação desse artigo de Corção, quatro jovens foram presos em Volta Redonda (RJ), acusados de subversão. Jogavam panfletos contra o governo pela janela da kombi da diocese. Dois deles pertenciam ao grupo jovem paroquiano, um diácono e um seminarista. O bispo da diocese, d. Waldir Calheiros, denunciou o caso à imprensa, e soldados do Exército revistaram a residência do bispado, em busca de supostos documentos subversivos.[189] O caso teve enorme repercussão, e a CNBB divulgou uma declaração no final do mês em que se solidarizou com as vítimas

---

[189] Para uma descrição detalhada do ocorrido, ver o depoimento de d. Waldir Calheiros em Costa, Pandolfi e Serbin (2001:93-102).

da repressão. A reação de Corção nos esclarece, mais uma vez, sua posição favorável às ações militares radicais.

> Gostaria que os senhores bispos refletissem bem no atual episódio posto em seus traços essenciais: um grupo de indivíduos prega a guerra civil, a rebelião, a ação direta. Para quê? [...] Em outras palavras um grupo de indivíduos aconselha, fomenta, meios inadmissíveis à consciência católica em vista do que eles são. [...] Os meios são maus, péssimos, mas o curioso é que o fim em vista é ainda pior: querem implantar no Brasil um regime que não deu bom resultado em lugar nenhum, que desonra os homens e ofende a Deus. E nessa singular tarefa, em que os meios são reprováveis e os fins detestáveis, encontram apoio de padres [Corção, 26 nov. 1967].

O desconcerto com o episcopado nacional ampliou-se no mês de dezembro. Corção combate as declarações de d. Avelar Brandão, arcebispo de Teresina, de que numa situação injusta o povo poderia pegar em armas (guerra justa), de que a encíclica *Populorum Progressio* corroborava a tese da guerra justa e da "nova Igreja". A questão era que, em círculos católicos, tanto o Concílio Vaticano II como a *Populorum Progressio* estavam sendo recebidos como recomendações à "revolução social" (Corção, 8 e 14 dez. 1967). A instituição da conservação era agora o fundamento da revolução. Soma-se a isso o apoio das casas e ordens religiosas aos estudantes. O cenário era perturbador para Corção. Neste contexto, as declarações de frei Mateus (dominicano, vice-reitor da UnB e fundador do Instituto de Teologia exonerado com o golpe de 1964), reiterando a missão social da Igreja e condenando a situação brasileira, levaram Corção a recomendar:

> Acho importantíssimo que o governo saiba que esses personagens, leigos ou padres, e até bispos, que não são a Igreja Católica [...]. Ao contrário do que vêm fazendo os homens do governo, devem abandonar o diálogo [...] e devem procurar entendimentos com os bons bispos que vivem intimidados pela algazarra publicitária de uma minoria do Episcopado [Corção, 29 dez. 1967].

238 | O BOM COMBATE

O "ano das revoluções", em que, como disse Zuenir Ventura (1988:75, grifos no original), "ninguém deixava de participar das discussões do *progressista* Alceu Amoroso Lima com o *reacionário* Gustavo Corção", começou para este com a repercussão da polêmica com Alberto Dines, que comandava o *Jornal do Brasil*, a respeito de uma reportagem sobre o Natal publicada nesse matutino carioca.[190] Ainda no mês de dezembro, uma entrevista de d. Jorge Marcos de Oliveira, defendendo a legitimidade de "uma revolução armada", provocou em Corção violento repúdio:

> Como se atreve a falar, a ensinar, a governar uma diocese, a pastorear um rebanho, a dar entrevistas quem visivelmente não entende nada de tudo o que disse ou venha a dizer? É espantoso o quadro mental desse bispo [...]. Espero que sua pregação revo-

---

[190] Às vésperas do Natal de 1967, o *Jornal do Brasil* publicou caderno especial sobre Jesus Cristo, onde se transcrevia trecho de um livro de Albert Schweitzer sobre Jesus. Corção (3 jan. 1968) acusou a publicação de denegrir a figura de Jesus e reduzi-lo a dimensões puramente humanas. O caso teve grande repercussão e, um ano depois, foi retomado por conta de um artigo na revista *Manchete*, intitulado "Quem era Jesus?" que trazia as descobertas sobre Jesus Cristo a partir dos últimos estudos feitos nos pergaminhos do Mar Morto. Novamente, Corção acusa a publicação de tentar denegrir Jesus. Contudo, a retomada do acontecimento do Natal anterior e o conteúdo antissemita na resposta fizeram do caso uma polêmica que envolveu vários protagonistas. O ponto central da contenda foi a afirmação de Corção de que, "em ambas as publicações, a do '*Jornal do Brasil*' do ano passado e a de '*Manchete*' deste ano, há responsabilidade de um ou mais judeus" (Corção, 28 dez. 1968). As reações foram imediatas. O diretor de *Manchete*, Justino Martins, retrucou a Corção, em carta publicada em *O Globo*, acusando o tom antissemita. Em artigo datado de 9 de janeiro de 1969, Corção replicou, considerando o fato de os responsáveis pelas publicações serem judeus. No dia seguinte, o editorial do *Jornal do Brasil*, dedicado à polêmica, afirmava: "Os artigos antissemitas desse enfezado Eichmann caboclo são um insulto ao Brasil". No mesmo dia 10, *O Globo* publica carta de Murilo Mendes declarando: "quanto mais ele [Corção] se proclama 'amigo dos judeus', mais se revela antissemita". No dia 16, Corção responde a Mendes, chamando-o de "recadeiro do Sr. Bloch", e finaliza: "acolho com temor e tremor a terrível e imerecida homenagem que me prestam o *Jornal do Brasil* e *Manchete*: ambos me desfiguram por ter protestado contra a desfiguração do Cristo Jesus no santo dia do Natal. Não posso me gabar de toda aquela poeira de coisas idas e vividas já que só na cruz de Nosso Senhor convém que nos gloriemos, mas não posso deixar de agradecer a Deus o ter-me livrado de algum dia fazer com alguém o que me fizeram os redatores de *Manchete* e *Jornal do Brasil*".

lucionária seja inútil. [...] Acho que está tornando assustadora a excessiva ingenuidade, a inocência e a absolvida incompetência de alguns de nossos bispos [Corção, 14 jan. 1968].

Esta proximidade com os governos militares, a ponto de aconselhar e esclarecer o que seria o "sadio" meio católico, não era despropositada para quem tinha acesso direto ao presidente da República. O arquivo de Gustavo Corção, depositado na Biblioteca Nacional, traz a significativa correspondência do líder católico com os militares e também pedidos seus aos "donos do poder" naquele período. É emblemática a solicitação da nomeação de Gladstone Chaves de Melo para o Conselho Federal de Educação,[191] ao presidente Costa e Silva, que tomara posse em março de 1967. O pedido, encaminhado por intermédio do general Emílio Garrastazu Médici,[192] foi aprovado em 1970, e o companheiro das lides católicas e políticas de Corção, nomeado. O próprio Corção já era, desde 1966, conselheiro do Conselho Federal de Cultura.[193]

Voltemos, porém, às preocupações de Corção com o mundo católico brasileiro. Em seu conjunto, o escritor reiterou as acusações contra certos nomes do clero. Em artigo de 23 de fevereiro de 1968, intitulado "Mensagem de alguns bispos do Terceiro Mundo", acusou parcelas da hierarquia de preconizar o comunismo marxista. A ferocidade da crítica resultou em carta a ele dirigida por Sobral Pinto, questionando sua campanha:

Duas palavras apenas sobre a sua crônica [...] estranhando, com sinceridade cordial que Você esteja contribuindo, por amor, ao

---

[191] O Conselho Federal de Educação (CFE) fora criado em 1962, como uma das exigências da Lei de Diretrizes e Bases da Educação Nacional. Formado por um colegiado cuja escolha variou conforme a conjuntura nacional, tinha a função de assessorar o Ministério da Educação. No período democrático, o CFE teve maior autonomia. Já no regime militar, sofreu, tanto administrativa como juridicamente, maior ingerência do Poder Executivo. Exemplar é a exoneração de conselheiros em 1968 (opositores ao regime como d. Hélder Câmara) e as alterações no número de membros do colegiado (Ferreira, 1990).

[192] Para o pedido, ver Corção, 20 jan. 1968, n.p.

[193] A nomeação de Corção está disponível em: <www.dominiopublico.gov.br/download/texto/me001573.pdf>. Acesso em: 25 out. 2006.

capitalismo, também ateu e hipócrita, para desmoralizar Bispos, que são sucessores diretos dos Apóstolos. Escrever o que Você escreveu não é servir nem à Verdade, nem à Justiça, nem ao Nosso Senhor Jesus Cristo. É servir os Gudin e outros defensores da injustiça social" [Pinto, 24 fev. 1968, n.p.].

As declarações individuais de bispos, padres e leigos constituiriam a matéria de seus últimos artigos no *Diário de Notícias*. Em abril, torna-se um dos intelectuais colaboradores de *O Globo*, escrevendo às quintas-feiras e sábados. Sua primeira crônica, "Quinta-feira Santa", publicada no dia 11, versava sobre o mistério da crucificação de Jesus. Entretanto, Corção não silenciou sobre os significados da morte do estudante secundarista Édson Luís, nem sobre a participação da Igreja Católica.

A discussão sobre a reforma universitária proposta pelo governo[194] e o engajamento do movimento estudantil na luta contra o regime militar intensificaram-se em 1968. Em 28 de março de 1968, os estudantes realizavam uma passeata contra o aumento do valor das refeições do restaurante Calabouço, que servia, principalmente, a estudantes carentes e era subsidiado pelo governo, quando a Polícia Militar interveio e matou com um tiro o secundarista Édson Luís. O caso provocou enorme comoção no país, gerando um clima de revolta entre os estudantes. Decretou-se greve estudantil nacional, e as forças policiais cariocas foram postas de prontidão. O enterro foi acompanhado por aproximadamente cinquenta mil pessoas (Alves, 1993; Centro de Pastoral Vergueiro, 1978).

---

[194] A proposta do governo não contemplava reivindicações centrais dos estudantes brasileiros, como a democratização do acesso e maior poder discente nas instituições. Ao contrário, o governo militar, com a assistência técnica e financeira da United States Agency for International Development (USAID), assumiu para si a bandeira da reforma universitária e a implementou, com vistas a diminuir a insatisfação entre os estudantes. Em novembro de 1968, foi promulgada a reforma, tendo como fundamento a modernização administrativa e pedagógica das universidades brasileiras. Para isso, por exemplo, extinguia as cátedras, maximizando os recursos existentes, com o objetivo de ampliar o número de vagas, institucionalizando a pós-graduação (Abreu et al., 2001:4938).

Os preparativos para a missa de sétimo dia foram cercados de tensão e ameaças, avanços e recuos, manifestações e conflitos entre estudantes e a polícia em todo o país. Finalmente, a celebração fora decidida: haveria duas cerimônias, uma pela manhã e outra à tarde, a portas fechadas, sem distribuição de comunhão, mantendo-se a proibição de passeatas. O objetivo era evitar uma grande aglomeração e incidentes. Contudo, à saída da celebração da manhã, os estudantes foram surrados pela polícia. Na missa da tarde, a preparação da polícia se repetia, e, temendo a repetição daquela manhã, os padres deram-se as mãos, formando duas correntes, no meio das quais iam os estudantes (Centro de Pastoral Vergueiro, 1978).

O acontecimento levara a Igreja Católica a defender os estudantes. Após os incidentes nas escadarias da igreja da Candelária, a Cúria Metropolitana do Rio de Janeiro divulgara um manifesto oficial, em que condenava a ação repressiva e se dispunha a servir de mediadora entre o governo e os estudantes. O texto fora assinado por d. José Castro Pinto — que celebrara as missas auxiliado por 14 concelebrantes — e pelo padre Vicente Adamo (Centro de Pastoral Vergueiro, 1978).

Referentemente à repercussão dos fatos, Corção ressaltou o "poliedro de erros" do acontecimento, fazendo, porém, silêncio quanto às ações repressivas do governo. Por outro lado, o documento da Igreja recebeu as maiores atenções e críticas. No artigo "Casa sem educação, todos gritam e ninguém tem razão", publicado no dia 13 de abril de 1968, Corção critica a atuação da Igreja no episódio, "exceção feita dos bons pastores que tiveram uma intervenção prudente e corajosa nas portas da Candelária". O motivo da manifestação estudantil foi desqualificado por Corção.

A redação do documento foi violentamente combatida, e seus autores questionados sobre a procedência da autorização para falarem em nome da Igreja. Ora, o comunicado divulgado fora autorizado pelo arcebispo d. Jaime Câmara, e, pela primeira vez, a dissidência de opiniões entre Corção e a hierarquia abrangia mesmo aqueles que pertenciam ao campo conservador.

Indubitavelmente, o conflito estava para além da atitude da Igreja, de colocar-se a favor dos estudantes, e sim decorria da ad-

242 | O BOM COMBATE

missão pela hierarquia de que "a minoria de manifestantes e agitadores, teleguiada por uma minoria desta minoria, é representativa de nossa mocidade" (Corção, 13 abr. 1968). Ao mesmo tempo, e fundamental, foi o texto não fazer "a menor referência ao fenômeno da infiltração comunista, nem ao fato de ter existido na famigerada UNE da era juscelínica e goulartiana muitos gatuninhos precoces" (Corção, 13 abr. 1968). Em suma, o trágico acontecimento concretizava seu medo permanente: a união da hierarquia católica com as manifestações contra o regime. O fenômeno da novidade, que já atingira a instituição nas suas práticas teológicas, filosóficas e litúrgicas, agora alcançava os posicionamentos políticos. Não eram mais vozes isoladas, ainda que ele buscasse desqualificar os autores com essa explicação. Era o conjunto da Igreja Católica do Brasil apoiando a juventude do país contra a "revolução".

> Eu não combato os padres que zelam pelos jovens, combato sim, e combaterei enquanto persistir o fenômeno, e enquanto os dedos tiverem força para calcar as teclas da máquina, o novo padre que entra no mimetismo dos jovens, com mentalidade de adolescente, para ajudar o mundo a desagregar a Família [Corção, 20 abr. 1968].

O esforço de mediar o diálogo entre estudantes e o governo aumentou a condenação de Corção ao engajamento temporal da Igreja:

> Vimos há dias alguns eclesiásticos excitados tomarem parte nas desordens feitas por estudantes visivelmente teleguiados pelos comunistas, que nem se deram ao trabalho de disfarçar tal comando. Essa atitude foi imprudente e nociva a todos os altos valores que deviam prezar [Corção, 20 abr. 1968].

Ainda em abril, a explosão de uma bomba, ferindo um funcionário na sede do jornal *O Estado de S. Paulo,* foi usada como exemplo da relação desses segmentos da hierarquia com as esquerdas. Imediatamente atribuindo às esquerdas a responsabilidade pelo ato "terrorista", Corção (25 abr. 1968) cobrou o silêncio da Igreja Católica no acontecimento:

Aqui tivemos as correrias estudantis, as exibições eclesiásticas e a morte de um estudante atingido por uma bala. E agora explode uma bomba poderosa na sede do jornal [...]. E não se viu um só pronunciamento dos intelectuais, um só sermão de padre contra esse crime mais grave e mais odioso do que o tiro que, na confusão produzida pelos provocadores, atingiu um estudante. Sim, é preciso frisar este aspecto que não tem sido suficientemente realçado: o terrorismo.

A rapidez com que Corção imputa a autoria do atentando ao jornal às esquerdas, sem ao menos esperar a conclusão das investigações, revela uma radicalização na sua produção discursiva. Ainda que ele não tivesse conhecimento de que a ação fora executada por oficiais do Exército,[195] a precipitação coadunou com a definição pelo endurecimento do regime e, principalmente, com o uso de qualquer argumento para combater e denunciar os perigos da oposição feita ao regime. Os "provocadores" eram agora "terroristas". E toda a carga pejorativa envolvida na transmudação era simbolicamente o caminho para justificação de ações mais contundentes contra os inimigos, inclusive, os que se encontravam na Igreja Católica. Porque

[...] a bomba que explodiu no grande jornal paulista se relaciona, muito estreitamente, com outra bomba que os dominicanos acenderam no Alto das Perdizes na Sexta-Feira Santa. Refiro-me à palhaçada a que deram o nome de paraliturgia e que foi promovida por Geraldo Vandré, cujo mais alto título é o de não ter religião nenhuma. [...] Tudo isso seria engraçadíssimo [...] se não

---

[195] Dez anos depois, seria comprovado que a bomba no jornal *O Estado de S. Paulo* partira de elementos ligados às Forças Armadas, como estratégia para endurecer o regime. A entrevista realizada pelo jornalista Luiz Alberto Bittencourt com um oficial do Exército que participara da ação esclarece a questão: "A operação foi planejada pelo Estado-Maior do II Exército — certamente em conjunto com um comando civil, embora isso eu não possa garantir —, que designou um oficial para articular todos os contatos necessários. Esse articulador foi um coronel da Intendência, que aliás era dono da fábrica que fornecia os cantis do II Exército" (Ventura, 1988:226).

estivesse em jogo o Sangue de nosso Salvador, e também a sorte do Brasil. No caso presente, só podemos suplicar às autoridades civis e religiosas um pouco mais de decisão e de energia [Corção, 25 abr. 1968].

Os acontecimentos que se seguiram em Praga, Paris, nos Estados Unidos e no México foram percebidos por Corção como uma ameaça a pairar sobre o país. As revoltas estudantis, sob os mais diversos apelos, preconizavam a máxima da revolução do poder jovem para um mundo fundado na liberdade e no questionamento das autoridades constituídas.

A explosão de manifestações estudantis indicava o principal problema do mundo moderno: a crise de autoridade. Autoridade não no sentido de uma norma exterior, mas como valor moral que se polarizaria em termos de obediência e desobediência — "reflexos do Criador" (Corção, 18 maio 1968). Estes fundamentos se viam pelo furor progressista desencadeado em diversos planos, desde o religioso até o familiar, pela destruição da noção dessa autoridade "natural" (Corção, 18 maio 1968).

A busca pelo progresso vestira-se do "disfarce malicioso" do progressismo e "voltado para trás, move para frente, mas esse para frente é indeterminado, ou é um puro *para frente*, revelador das bem determinadas recusas" (Corção, 18 maio 1968, grifo no original). Nesse quadro, a Primavera de Praga foi saudada como o "verdadeiro progresso", enquanto as revoltas estudantis na França expressavam "uma explosão anárquica marcada pelo profundo desencanto de um mundo cansado de ser humano. Ou melhor, cansado de ser um mundo diferenciado, hierarquizado, ordenado, ainda que assaz imperfeitamente" (Corção, 25 maio 1968).

E precauções deveriam ser tomadas, para que a "desobediência em estado puro" não atingisse o Brasil:

> [...] creio que antes de tudo é preciso lembrar que os movimentos estudantis do Brasil não se somam, como na França, com movimentos operários; aqui, as desordens estudantis se somarão a desordens do clero dito progressista. Com esta convicção, eu pediria,

eu suplicaria aos senhores bispos que suspendessem momentaneamente o zelo que demonstram pela pecuária, pela agricultura, pela economia, pela sociologia, zelo aliás nem sempre colocado em bases de boa informação, e cuidassem dos padres e, todos juntos, se compenetrassem de que é outro o testemunho que o momento histórico está a pedir angustiosamente [Corção, 25 maio 1968, grifos meus].

O prognóstico da potencial força do clero progressista para a instabilidade da ordem social e política aumentou, com a divulgação das notas para a II Conferência Geral do Conselho Episcopal Latino-Americano (Celam), que aconteceria em julho, em Medellín, Colômbia. Escrito pelo padre belga José Comblin, então professor de teologia no Seminário Regional de Recife, o texto era provisório e, inicialmente, restrito aos grupos de reflexão da Arquidiocese de Olinda e Recife. Entretanto, publicado na íntegra pela imprensa, suscitou intensa polêmica entre os que o aprovavam e aqueles que o viam como declaração de subversão. Discorrendo sobre o

papel da Igreja na história e política do continente, tratava de assuntos como a conquista e o exercício do poder e terminava por examinar a responsabilidade da Igreja no processo de desenvolvimento latino-americano, cuja injustiça com os pobres considerava gritante [Alves, 1993:94].

Corção, um dos detratores na imprensa, acusa-o de estar impregnado do "linguajar dos pregadores marxistas" e duvida dos objetivos cristãos dos "padres incendiários" que o redigiram:

[...] salta aos olhos a evidência dos sinais exteriores. Em primeiro lugar vê-se a perversão da espiritualidade e da mentalidade cristã que se inclina toda para uma realização social que a Igreja repetidamente condenou como intrinsecamente má. Em segundo lugar, há a evidência do mau resultado da socialização total em todos os lugares em que foi experimentada [Corção, 13 jun. 1968].

A proposta de Corção anuncia uma perseguição e uma solução que se realizará daí a poucos anos. Diz ele: "*há padres estrangeiros que se tornaram excessivos e indesejáveis em nosso território*. O Padre Comblin é um deles. E aqui lhes digo, meus caros, o que eu faria hoje, agora, se fosse presidente da República" (Corção, 15 jun. 1968, grifos meus).

No dia 19 de junho, as manifestações estudantis ganham novo fôlego, com o projeto governamental de transformar as universidades em fundações, o que veio a provocar greves na Universidade Federal do Rio de Janeiro (UFRJ) contra a reforma universitária pretendida pelo governo. O I Exército entra em rigorosa prontidão e determina a prisão de vários estudantes. No *campus* da Praia Vermelha, estudantes são espancados e aviltados, provocando uma onda de revolta que transforma a cidade em campo de batalha. De um lado, a polícia; do outro, os estudantes, com paus e pedras, e populares atirando objetos na polícia, do alto dos edifícios.

Os combates duraram três dias, e a Igreja, novamente pela intervenção de d. Castro Pinto e padre Adamo, tentou uma solução conciliatória. Nas páginas de *O Globo*, Corção aconselha as autoridades a tratar a questão estudantil, dividindo-a em duas categorias: a *específica*, abrangendo os problemas de infraestrutura do ensino, proposições estas que seriam atendidas; e a *genérica*, envolvendo as proposições políticas, que não deveriam ser atendidas: "fazer tudo para evitar os ajuntamentos dos moços em torno de uma bandeira inventada pelos agitadores profissionais e, portanto, *devemos fazer tudo para represar, dissolver e não atender às reivindicações que cheiram apetite de poder*" (Corção, 22 jun. 1968, grifos meus).

O silêncio absoluto sobre a violência com que o governo reprimia os estudantes incidiu de forma explícita na economia discursiva de Corção: "não somos contra a violência. Há violências boas. Há violências santas. Deus ama os violentos e vomita os mornos" (Corção, 18 jul. 1968). Eram válidos, portanto, todos os meios para destruir a ameaça representada pelas manifestações e passeatas.

O que Corção não admitia era a anuência do governo em ceder às demandas estudantis, como ocorrera na passeata realizada com a permissão do governador Negrão de Lima, que ficaria conhecida como a Passeata dos Cem Mil:

Todos nós sabemos que os moços mal orientados pelas respectivas famílias, e pelos professores, andaram pelas ruas a combater o acordo MEC-USAID, e a reivindicar o privilégio de terem os universitários uma refeição custeada pela parte mais pobre da população. [Será] que o Brasil entraria numa fase de grande prosperidade e progresso, se as autoridades passassem a governar segundo as sugestões dos líderes estudantis? [Corção, 29 jun. 1968].

A oposição de Corção à manifestação estudantil justificar-se-ia assim:

[...] não condeno, e nunca condenei manifestações estudantis ou juvenis por serem juvenis ou estudantis; mas tenho denunciado e tornarei a denunciar todas as manifestações juvenis ou senis que tiverem determinadas características. *Censuro e denuncio, por exemplo, as recentes passeatas* [...] *por aceitarem lideranças como as dos professores José Américo Peçanha* [...], *Leite Lopes, Yedda Linhares, Hélio Pelegrino e de outros grupos de professores da PUC e do Colégio André Maurois. Sem falar nos padres indecentemente excitados que se comportaram na passeata como animadores de televisão, e de freiras desrecalcadas* [...]. Também denunciarei as manifestações e passeatas que forem lideradas por jovens aspirantes à "máxima entidade estudantil" [Corção, 4 jul. 1968, grifos meus].

Alguns dias depois, o presidente Costa e Silva se encontra com uma comissão de representantes escolhidos na passeata, entre os quais padre Adamo. Os estudantes reivindicavam a reabertura do restaurante do Calabouço — fechado desde a morte de Édson Luís —, o fim da repressão policial e da censura às artes. O presidente, contudo, não atende às reivindicações, desencadeando-se forte crise pela oposição estudantil ao governo, que resultou na invasão da Universidade de Brasília, em agosto, quando foram presos vários estudantes e professores.

Nos primeiros dias de setembro, a crise alcança o Congresso Nacional. O discurso do deputado Márcio Moreira Alves (MDB-GB) — denunciando as violências praticadas contra os estudantes, responsabilizando os militares pelas ocorrências e conclamando a população a não comparecer às comemorações do Dia da Independência — desencadeou violenta reação entre os militares. O governo entrou no STF com um pedido de cassação dos direitos políticos de Moreira Alves.

No mês de outubro, as denúncias de Corção contra o movimento estudantil sofrem perceptível alteração. Os estudantes não eram mais simplesmente "desordeiros", e sim criminosos, "capazes de estupros e curras" (Corção, 3 out. 1968). A responsabilidade dos "adultos" também deixa de ser argumento retórico válido na minimização das queixas contra o movimento estudantil. Além disso, a cobrança por medidas governamentais duras mostra-se implacável: "esses moços devem ser punidos, devem ser misericordiamente castigados, devem ser caridosamente expulsos das universidades [...]. Eu chego a não entender [a] timidez, [a] paralisia dos dirigentes" (Corção, 3 out. 1968).

Poucos dias depois, a repressão governamental pedida por Corção faz-se presente, com a prisão das lideranças estudantis que organizaram e participavam do XXX Congresso da UNE, em Ibiúna (SP). O comentário de Corção, mais uma vez, mostra seu empenho em legitimar, na opinião pública brasileira, a necessidade da repressão contra os estudantes: "não houve tumultos graças à firmeza e *tranquilidade* com que agiram os policiais" (Corção, 17 out. 1968, grifo meu).

No dia 13 de dezembro de 1968, por uma diferença de 75 votos, a Câmara dos Deputados rejeita o pedido de cassação do mandato e dos direitos políticos de Márcio Moreira Alves. No mesmo dia, o presidente Costa e Silva baixa o AI-5 e decreta,

entre outras medidas, a suspensão das garantias constitucionais de vitaliciedade, inamovibilidade e estabilidade da magistratura, a suspensão do *habeas corpus*, atribuição do presidente de intervir nos estados e municípios, cassar mandatos, suspender direitos políticos por dez anos e confiscar bens adquiridos ilicitamente no exercício de função pública. Também se atribuiu ao Executivo poder para decretar o estado de sítio sem anuência do Congresso, promulgar decretos-leis e atos complementares e demitir ou reformar oficiais das forças armadas e das polícias militares [Abreu et al., 2001:5399].

O Ato Complementar nº 38 instituiu também o recesso do Congresso por tempo indeterminado (Abreu et al., 2001:5399). Corção analisou a necessidade e o acerto da medida, que tantas vezes fora pedida por ele. Disse ele: "chegamos aonde não queríamos chegar, e para onde fomos compelidos pela onda de anarquia que ameaçava submergir o Brasil" (Corção, 18 dez. 1968). Assim, o AI-5 "veio represar um pouco o transbordamento de anarquia que ameaçava o país" (Corção, 2 jan. 1969).

O reconhecimento da importância da pena de Corção pelos líderes do regime militar também esteve fundamentado pelas suas tentativas, ainda que infrutíferas, de justificar teoricamente a necessidade do regime antidemocrático e repressivo.

REDENÇÃO DA POLÍTICA

A falência da democracia como ideal de regime político para a sociedade brasileira encerrou em definitivo o ciclo democrata conservador que Corção defendera após a redemocratização de 1945:

> Numa democracia normal e saudável como a quiseram Ozanam e Tocqueville, o povo é representado pelo que tem de melhor e assim democraticamente promove a elite, a aristocracia que nenhum regime pode dispensar; mas numa sociedade afetada pelo democratismo, o povo é representado, com uma ou outra honrosa exceção, pelo que tem de pior [Corção, 6 nov. 1969].

Para Corção, não havia condições para uma "democracia normal", e sim para o democratismo. A história da nação brasileira confirmava que os "piores" sempre eram os escolhidos. E eram os que defendiam e demandavam liberdades civis e políticas.

> O drama das democracias de nosso tempo, e a razão de seu insucesso, reside no teor materialista de sua busca da liberdade. O re-

sultado está aí: os homens praticam à sombra das leis a liberdade de mentir, a liberdade de corromper, a liberdade de roubar e a liberdade de matar [Corção, 7 jun.1969].

Daí sua descrença na saída democrática, que, com sua defesa do valor da liberdade, constitui argumento favorável aos críticos do regime militar. Portanto, a liberdade, como bem supremo, perde o valor, sendo substituída pelo valor-verdade, da filosofia da verdade que é o catolicismo.

Os liberais que apostam tudo na liberdade, e põem o valor-liberdade acima do valor-verdade, sentem-se inconscientemente marcados de inferioridade em relação aos grupos "dogmáticos" e, não achando forças para estruturar uma civilização com os dogmas revelados pelo Verbo Divino, passam a admirar secretamente o dogmatismo brutal inventado por Marx e falsificado por Lênin [Corção, 5 dez. 1970].

Nesse sentido, não há mais argumentos retóricos para as ações do governo calcado em sofisma de preservação da democracia. Estava mais do que comprovado que a democracia "é um sistema regressivo anárquico, ou um sistema de entropia crescente" (Corção, 5 jun. 1969).

Além do que, o fundamento democrático da representação, ainda que, teoricamente, "a melhor forma de governo e a melhor maneira de conseguir a almejada participação de todos na coisa pública" (Corção, 6 nov. 1969), foi recusado por Corção, pois sempre degenerava, uma vez que fundado no equívoco da vontade geral, que "é, na verdade, o pórtico do mundo totalitário" (Corção, 5 jun. 1969). Não há, pois, como conciliar a vontade do soberano individual com a vontade geral.

A prescrição do regime ideal é uma composição de autoridade, elite e representação. Ou seja, um híbrido de aristocracia, monarquia e "alguma" participação popular, ou seja, democracia sem liberdade e igualdade.

Um regime político normal precisa atender a essas três exigências fundamentais, e por isso precisa compor um sistema integral que tenha, por complementação e não por justaposição, as perfeições dos três regimes clássicos [...]. E é esse ideal que agora tenho em matéria política. Que nome lhe darei? [...] Por causa da história do ideal democrático toldado pela impostura da Revolução Francesa, e perturbado pelo empirismo dos povos de língua inglesa, o equívoco se difundiu e a ideia de democracia frequentemente aparece vinculada ao igualitarismo, ao culto da vulgaridade, da mediocridade e até da torpeza [Corção, 26 fev. 1970].

Roberto Romano (1981:83) apontou o mesmo malabarismo na obra de Donoso Cortés, que tencionou definir o catolicismo como um "modo democrático de governo, e somente nele teriam sentido as palavras liberdade, igualdade e fraternidade". Entretanto, como ironicamente mostrou Tocqueville (1977:222), o catolicismo, como sistema de poder, estava muito mais para o despotismo do que para um regime de governo que conciliasse o um e o múltiplo.

Ainda que leitor de Tocqueville, Corção estava muito mais próximo, em sua filosofia política, de Donoso Cortés. Em sua opinião, era preciso combater a imperfeição humana. Era preciso salvar o homem de si mesmo, de sua natureza decaída. E, no contexto brasileiro, o regime militar e suas medidas repressivas e de exceção dariam fim ao processo de mediocridade da sociedade brasileira. As elites dirigentes do país dispunham, finalmente, do instrumento necessário para a eliminação do "inimigo vermelho" e a instalação de um regime cristão.

Resolvido e justificado, portanto, o regime discricionário, as atenções de Corção podiam agora dedicar-se aos problemas do mundo católico. Volta-se, então, para o interior da muralha que, há tempos, vivia sob o signo da mudança.

CAPÍTULO 6

O CRUZADO

"Estamos cansados de clamar contra a enxurrada de impurezas que se instalou intramuros Ecclesiae pelas portas que a própria hierarquia católica abriu [...]. Queixamo-nos da infiltração marxista [...]. Queixamo-nos da invasão do secularismo, da penetração do protestantismo.

[...]

O espetáculo oferecido ao mundo pela gente de Igreja é apavorante, e, muito mais grave do que uma preferência às coisas temporais e exteriores, os padres e bispos secularizantes foram compelidos a rejeitar a vida interior, a vida espiritual, o Sangue de nossa redenção. A Igreja de Cristo foi rejeitada em benefício de Outra. E é esse adultério espiritual que nos autoriza a repetir aquela sinistra simetria: 'Os apóstolos deixaram tudo para seguir Jesus'; os modernos homens dessa Outra Igreja 'aceitam tudo para não seguir Jesus'."

(Corção, 13 set. 1975)

A LUTA empreendida por Corção nas décadas de 1960 e 1970, no interior da Igreja Católica, foi marcada pela transformação e renovação das hostes católicas e pela cizânia entre Corção e seu mundo fundamental. Fase em que travará um aparente duplo combate — contra a implantação das novidades e a denúncia da omissão da hierarquia em ditar e corrigir os rumos da Igreja —, mas que se revelará único, sob o signo da condenação do "progressismo" católico que, segundo ele, era a forma contemporânea do modernismo do século XIX. Momento de crise e conflito com as autoridades eclesiásticas que resultou no ocaso simbólico do católico intelectual Gustavo Corção. Enfim, período de críticas ferozes e do malogro de seu combate.

Escrevi, escrevi sobre a vida divina em nós, sobre Deus e seus santos, e escrevi artigos e mais artigos sobre a livre empresa, sobre telefones, e sobre a loucura de construir uma capital fora do ecúmeno. Tentei convencer os "progressistas" católicos de que a água molha, o fogo queima, e o comunismo é a maior impostura da história dos planetas habitados. Convenci? Creio que não. Andei chuviscando no molhado, mas não creio que tenha sequer umedecido a terra estorricada [Corção, 29 jan. 1970].

Recordemo-nos que tanto o *aggiornamento* de João XXIII quanto o Concílio Vaticano II e a publicação das encíclicas sociais haviam sido recebidos com desconfiança por Corção — sentimento suscitado pelos debates quanto ao papel da Igreja Católica. No entanto, paulatinamente, ele cederá ao medo do modernismo, que dominará seus escritos sobre o mundo católico, retomando e adaptando as categorias da querela ocorrida no final do século XIX e primeira metade do século XX. Conforme será visto, o debate redivivo mostrará, ainda que Corção o negue, sua identificação com as teses do catolicismo integral, de defesa imobilista da fé católica.[196] Roger Garaudy (1995:49) definiu o integrismo católico como a atitude de resgatar o "período pré-conciliar, [...] portanto, de restauração do centralismo romano e autoritário".

Esse processo será abordado, inicialmente, com a retomada das críticas feitas por Corção ao "progressismo" católico, seguindo-se a campanha por ele empreendida contra a "comunização" do clero brasileiro, consequentemente à crise de autoridade que se alastrava pela hierarquia católica, e, finalmente, a reação às suas críticas nos meios católicos brasileiros.

---

[196] Conforme já visto no primeiro capítulo. Para uma análise do catolicismo integral no Brasil, ver Antoine (1980).

O "PROGRESSISMO" CATÓLICO

A reação de Corção recrudesceu a partir de 1965. Os intensos debates conciliares[197] ocorridos na sessão do ano anterior e as decisões da maioria por uma Igreja renovada foram objeto de suas críticas. As decisões foram fundamentadas e rotuladas de modernismo. Uma ameaça rondava o Vaticano II: a onda modernista, que ele via com espanto:

> Estranhos sinais dos estranhíssimos tempos em que vivemos: os protestantes falam em vigor da doutrina e intolerância da virginal verdade, enquanto os católicos se não todos muitos deles, e alguns de altos coturnos, pregam a relatividade e o liberalismo cultural. O dogma, a dureza adamantina dos iotas sagrados, o depósito santo que é o sinal de integridade e virgindade da Igreja, a intransigência, que é o caridoso complemento da solicitude — essas são as pedras rejeitadas pelos modernistas, pelos que dividem o mundo entre progressistas e conservadores, como se uma dessas coisas fosse qualidade e outra defeito [Corção, 21 fev. 1965].

Os debates do quarto período do Concílio Ecumênico Vaticano II desfizeram suas tênues esperanças e levaram-no a se insurgir contra as ideias da Igreja do diálogo.[198] Como ressaltou João Alfredo Montenegro (1972:181),

---

[197] O Concílio Vaticano II dividiu-se em quatro períodos: o primeiro, estendendo-se de 11 de outubro a 8 de dezembro de 1962; o segundo, de 29 de setembro a 4 de dezembro de 1963; o terceiro, de 14 de setembro a 21 de novembro de 1964; e, finalmente, o quarto, do dia 13 de setembro a 8 de dezembro de 1965. Martina (1997:292) ressalta que o período conciliar é sempre bastante conflituoso para a Igreja, pois revela as discordâncias entre maioria e minoria. No caso do Vaticano II, a minoria conservadora foi derrotada em pontos fundamentais como: a introdução da língua vernácula; a liberdade religiosa, que passou a ser direito de livre consciência da pessoa humana; "corresponsabilidade do Episcopado, junto com o Papa, na direção da Igreja" (Martina, 1997:304). A constituição pastoral *Gaudium et spes* lançou a Igreja em uma nova época, superando uma cristandade "na qual a Igreja pretendia possuir, somente ela, as leis válidas em todos os campos e julgava ter de se defender, não escutar o mundo e dele receber" (Martina, 1997:308), entre outras reconsiderações e inovações.

[198] Em outubro de 1967, a arquidiocese do Rio de Janeiro participa das comemorações dos 450 anos da Igreja Luterana. Corção escreve um artigo violentíssimo

[...] o Concílio Vaticano II provoca o recondicionamento do velho divisor de águas do pensamento católico. Há os que permanecem fiéis à linha renovada da Igreja, cônscios do imperativo de atualização da fé. Sem que isso importe no malferimento de sua integridade, de sua perenidade. Há os que exageram por conta própria essa atualização, incorrendo numa atitude de absolutização do imanente, obliterando a sua intercorrência dialética com o Transcendente. Enfim, existe o grupo daqueles intelectuais que, sem contestarem abertamente a Nova Igreja, adotam uma posição conservadora. Certo que o grupo não é homogêneo, distinguindo-se nele facções de vários matizes, desde a mais reacionária, como a do integrismo, a propugnar o fixismo em matéria religiosa, até a liberal, cuja fidelidade ao neotomismo, ao individualismo, repele as transformações estruturais e sua correlação com o crescimento humano na fé.

Corção filiou-se ao último grupo. Antes mesmo do encerramento do Vaticano II, já cerrara fileiras na Igreja do Concílio de Trento. Tanto que interpretou os documentos conciliares como reafirmações da doutrina tridentina e reação aos "modernistas". E, na tentativa de legitimá-las, recorreu às entrevistas e às mensagens dos membros mais conservadores do concílio. Caso emblemático das declarações do bispo italiano d. Marafini[199] sobre a presença do diabo entre os homens, das quais Corção (28 set. 1965) se apropria, para criticar os adversários do catolicismo:[200] "para perder as almas no ambiente do mundo moderno, ele [diabo] prefere esconder-se atrás das palhaçadas do nacionalismo ou do liberalismo, que tentam modernizar a Igreja e despi-la das ridículas armas da Idade Média".

---

contra a decisão: "há qualquer coisa de desvairado, desarticulado, desnorteado nesse *hiperecumenismo* que pretende realizar a união das Igrejas a partir da total desvalorização da própria" (Corção, 25 out. 1967, grifo meu).

[199] "Fu padre conciliare nel Concilio Vaticano II, durante il quale egli fu autore di due interventi sul fenomeno dell'ateismo moderno e sulla libertà religiosa dell'uomo." Disponível em: <www.prolococori.it/marafini.htm>. Acesso em: 25 out. 2006. D. Marafini foi um dos membros da corrente minoritária e conservadora que atuou no Vaticano II.

[200] Em dezembro de 1966, Corção recorre a declarações do cardeal Ottaviani, membro destacado do conservadorismo, para combater o tom "modernista" que vinha sendo dado ao concílio.

Os comentários de Corção ao final do Vaticano II já deixam divisar a luta que ele empreenderá: "O Concílio terá sido uma grande solenidade enquanto funcionou: foi outra grande solenidade quando se encerrou. Agora, começa a revoada de bispos em sentido contrário" (Corção, 10 dez. 1965).

Em fins de 1966, os debates internos do catolicismo ganham novo ânimo, com a publicação do livro de Maritain *Le paysan de la Garonne: un vieux laïc s'interroge à propos du temps présent*, no qual o filósofo católico tece considerações dissonantes às resoluções do Concílio Vaticano II e à obra de Teilhard de Chardin. Desde janeiro de 1965, Corção vinha denunciando o aspecto "não cristão" e heterodoxo, e a publicidade que os progressistas conseguiram para as obras de Chardin (1 e 21 jan. 1965). O acirramento do combate ao teilhardismo, contudo, ocorreu em dezembro de 1966, quando Corção escreve uma crônica em que analisa o livro de Maritain e a coincidência feliz das suas conclusões com o velho mestre quanto aos rumos da Igreja Católica discutidos no Vaticano II e a influência nefasta do evolucionismo de Chardin para o mundo católico.[201]

Enquanto isso, Alceu Amoroso Lima[202] também comentava o último livro de Maritain e, ao contrário de Corção, discordava, em

---

[201] Em carta datada de 3 de outubro de 1966 a uma amiga não identificada, Corção escreveu: "Deixe-me dizer-lhe cruamente que Teilhard de Chardin é uma espécie de louco e de bufão. Há autores sérios que escreveram horrores contra a Igreja ou contra a Filosofia. Nietzsche é um autor sério. Marx é um autor sério. Descartes, Kant, Bergson, filósofos que erraram, são para nós, indubitavelmente, autores sérios. Mas Teilhard de Chardin é uma espécie de tatã, ou de palhaço cultural, que veio proporcionar aos tolos uma conformadora ilusão de profundidade. Sua grande força publicitária está nos neologismos".

[202] Inicia-se aí um debate entre os dois líderes do laicato, com Corção defendendo Maritain das críticas amorosianas e utilizando-se da condenação de Maritain ao teilhardismo e ao concílio para aprofundar a ruptura com seu mestre de conversão. A ruptura de Amoroso Lima e Corção teve "lances" surpreendentes. Caso emblemático é narrado por Amoroso Lima em carta à filha, madre Maria Teresa. Em março de 1967, quando um dos seus filhos — Jorge Alceu —, após um acidente de carro, ficou entre a vida e a morte, e Amoroso Lima, ao participar de uma missa, pediu a Deus pelo filho, prometendo-Lhe fazer o maior sacrifício em troca do seu restabelecimento. O sentimento que lhe chegou foi de que ele, Amoroso Lima, deveria visitar Corção. Após o acontecido na missa, seu filho mostrou sinais de recuperação, o que lhe indicou a necessidade de cumprir a promessa.

O CRUZADO | 257

sua coluna no *Jornal do Brasil*, das conclusões do filósofo católico francês, especialmente quanto a Chardin. Ressalte-se que Alceu aproximara-se da obra de Chardin em 1962 e fora um dos seus divulgadores no Brasil.[203] Inicia-se aí um debate entre os dois líderes do laicato, com Corção defendendo Maritain das críticas amorosianas e utilizando-se da condenação de Maritain ao teilhardismo e ao concílio.[204]

Desde 1964, Corção estabelecera contato com os tradicionalistas franceses, cujos expoentes eram Jean Ousset[205] e sua revista,

---

Amoroso Lima narra o encontro nos seguintes termos: "Corção se levantou e me deu um beijo. Eu ainda disse: nossas divergências são de ideias, mas no Coração de Jesus estamos unidos, agora e para sempre. Ele começou a chorar, convulsamente, e me abraçou, pois eu já me levantara. *Beijei-lhe a mão e saí*" (Lima, 2003:574, grifo do autor).

[203] No livro publicado de suas correspondências com a filha, ele comenta a oposição de católicos a Teilhard de Chardin, e diz "o que mais me levou a Maritain filósofo, pelos idos de 1925, foi a sua abertura ao futuro, embora, filosoficamente, numa filosofia do passado, ou, antes, da estabilidade do ser [...] Maritain era precisamente a Igreja aberta, e Teilhard é precisamente a expressão dessa abertura. E os antiteilhardistas são, por isso mesmo, os da Igreja fechada, cuja expressão máxima é o Plínio e são os Corções, os Sucupiras, os Gilbertos Freyres, os Lacerdas, em suma tudo o que há 20 anos pertencia, se não à Igreja aberta (o Freyre nesse tempo era esquerdista), pelo menos aos que olhavam para o futuro e não para o passado" (Lima, 2003:500).

[204] Uma exposição detalhada das questões levantadas por Maritain contra Chardin na visão de Corção é encontrada no livro *O século do nada*, publicado por este autor em 1973. Este foi a última obra de fôlego de Corção antes de seu falecimento. O espaço temporal do debate sobre a publicação mostra a relevância do tema para suas reflexões.

[205] Militante da Ação Francesa e secretário de Charles Maurras, durante a II Guerra esteve ligado à Legião Francesa de combatentes, um dos braços armados do regime Vichy. Em 1946, fundou, com Jean Masson, La Cité Catholique, movimento de leigos franceses integristas. Um dos líderes do movimento anticomunista na França, em 1963, congregou outras associações e internacionalizou seu movimento criando Office International des Oeuvres de Formation Civique et d'Action Doctrinale Selon le Droit Naturel et Chrétien. Mais tarde o movimento tornou-se Office International des Oeuvres de Formation Civique et d'Action Culturelle, voltado mais para os aspectos culturais do que doutrinários. Atualmente, é chamado Institut Culturel et Technique d'Utilité Sociale. Ousset foi aliado do monsenhor Lefèbvre e da Fraternidade Sacertodal São Pio X, criada em 1970 por Lefèbvre, e em 1975 teve seu reconhecimento cassado por Roma. Ousset foi um nome bastante importante entre a direita católica Argentina.

a *Permanences*; Louis Salleron[206] e Jean Madiran[207], da revista *Itinéraires*. De acordo com o padre Charles Antoine (1973:47), Corção repercutia, com ligeiro atraso, e no mesmo diapasão, as questões abordadas nessas publicações, como fora o caso dos ataques a Chardin. Indubitavelmente, a mudança de suas referências intelectuais constitui aspecto importante e revelador na sua trajetória dentro do catolicismo. Tal constatação vê-se reforçada pela sua ruptura com seu mestre de conversão Jacques Maritain. Nesse momento, Corção consolidou seu afastamento do Maritain de *Humanismo integral* e *Cristianismo e democracia* e voltou-se para o "primeiro Maritain", da Ação Francesa, de *Antimoderne* (1922).[208]

---

[206] Nascido em 1905, professor de economia política no Instituto Católico de Paris, foi um dos expoentes do catolicismo integrista francês. Fundou com Jean Madiran, Henri Charlier e Henri Pourrat a *Itinéraires*. Foi também redator chefe da revista *Courrier Royal*. Faleceu em 1992.

[207] Pseudônimo de Jean Arfel, nascido em 1920. Foi secretário de Maurras e durante a II Guerra apoiou o regime de Vichy. Em 1956, junto com outros nomes do nacional-catolicismo francês, fundou a revista *Itinéraires*. Atualmente, é diretor de redação do jornal *Présent* e integra o Front National, partido de extrema-direita cujo expoente é Jean-Marie Le Pen. Com ele, Corção estabeleceu uma constante troca de correspondência.

[208] "Por incrível que pareça, Jacques Maritain no Humanismo Integral começa por atestar a impraticabilidade do tomismo nos problemas modernos. [...] Jacques Maritain escreve no Avant-Propos de Humanismo Integral estas linhas que todos nós engolimos sem sentir seu esquisito sabor: '*Nous ne prétendons pas engager Saint Thomas lui-même dans des débats ou la plupart des problèmes se présentent d'une façon nouvelle. Nous n'engageons que nous, encore que nous auyons conscience d'avoir puisé notre inspiration et nos principes aux sources vives de sa doctrine et de son esprit*'. Maritain, dizendo, em seu *Avant-Propos*, que coloca sua obra no plano da filosofia prática, na verdade despoja a matéria tratada de toda a seiva Mística e teológica e, com isto, tenta afirmar a praticabilidade de um mundo que se afastou de Deus graças a um humanismo que é o pseudônimo do grande pecado desta civilização apóstata. Em muitos pontos nossas obras se opõem, porque não faço outra coisa todos os dias, senão reafirmar minha confiança no cristianismo dos Santos, dos santos papas, santos doutores, santos mártires — no cristianismo de Jesus, Maria e José. [...] Enquanto minha obscura obra termina numa glorificação do Papa São Pio X, e até transcreve grande parte da admirável encíclica que encontrei no Antimoderne de Maritain de 1922, a sensacional obra de Jacques Maritain, que fez sucesso em 1936 e em cujas páginas seria esdrúxula a simples menção do nome de Pio X, estava fadada à glória de ser traduzida pelo Cardeal Montini e tida como livro de cabeceira de Paulo VI" (Corção, 17 jan. 1976).

Ao mesmo tempo, é evidente a crença de Corção de que ainda podia disputar no contexto linguístico a recepção do Vaticano II. Todavia, o combate pela interpretação hegemônica do Vaticano II, rapidamente, se apresentou perdido. A Igreja que surgia após o Vaticano II trazia consigo as marcas da renovação. Tornou-se, então, conhecida pelas expressões: *renovada*, *nova*, ou *pós-conciliar*. A Corção restou somente denunciar que o uso desses termos era antagônico à letra da doutrina e representava os aspectos externos do "progressismo" e do modernismo.

Na Igreja sempre se usou essa expressão "renovação" para designar vitalidade espiritual traduzida em termos de fidelidade e de continuidade, e foi preciso ocorrer uma catastrófica depressão cultural em meio católico [...] para que passassem a entender o termo de outro modo. O progressismo que tão cruelmente atingiu a Igreja nos tempos do Concílio e continua a querer torcer e modificar as conclusões conciliares [...] e quer outra Igreja [Corção, 5 mar. 1967].

Como vimos, na Páscoa de 1967, o papa Paulo VI divulga a encíclica *Populorum Progressio*, que acabou aprofundando as divisões na Igreja (Antoine, 1973:96-97). As ideias de desenvolvimento e a preocupação do papa com a situação de injustiça sócio-político-econômica dos países subdesenvolvidos foram recebidas entusiasticamente pelos setores mais progressistas do catolicismo brasileiro e de toda a América Latina (Mainwaring, 1989:132). A tal ponto, que o fato recebeu de Corção comentários ácidos e perigosos para um católico:

[...] desejo um cisma [...]. Não há nenhuma extravagância em meu desejo. [...] Tenho diante dos olhos, espetáculos, declarações, pronunciamentos que provam abundantemente que já não são mais católicos os seus autores. [...] Os inimigos da Igreja estão fingindo que são da Igreja [Corção, 9 abr. 1967].

Numa outra vertente, o Vaticano II também incentivou uma série de iniciativas pastorais, teológicas e litúrgicas inteiramente renovadoras. A nova missa, em língua vernácula, com a possibilidade de recebimento do Corpo de Cristo nas mãos, a instituição de missas destinadas aos jovens foram novidades repelidas por Corção (9 jul. 1967):

Não acho praticável [uma missa para jovens] porque não vejo que notas específicas teria essa missa para interessar mais diretamente as pessoas com cerca de vinte anos. [...] O lugar próprio do moço é aquele em que se encontram crianças, adolescentes, moços, pessoas de meia idade e velhos. Antigamente, esse lugar se chamava família. [...] Se insistirem em me perguntar como deve ser a liturgia para cativar os corações moços [...]: rezada em latim e cantada em canto gregoriano.

A defesa, portanto, não se restringia à leitura ortodoxa da doutrina. Há, novamente, uma aclamação da Igreja triunfante, imobilista, presa aos séculos passados, enfim, ao Concílio de Trento, revelada em sua expressão máxima: a missa em latim e cantada em gregoriano. Evidentemente, foi também rechaçada a proximidade dos padres com assistência nas Igrejas, assim como as paraliturgias, que se constituiriam em um

esvaziamento do cristianismo, que será um brinquedo meio bobo, uma espécie de jogo de prendas [...] praticado hoje ao sabor dos caprichos da moda. Sim, o que transparece disso tudo é a falta de seriedade. REPITO: FALTA DE SERIEDADE, isto é, a falta de compromisso profundo com a Verdade. Além disso, da parte dos mais velhos traduz uma psicologia completamente errada, porque as mais profundas exigências de uma moça não pervertida é a de subir, é o de se elevar, e não ficar sentada no chão [Corção, 4 jun. 1967].

O tom moralista e judicante mostra as armas que Corção passaria a usar contra a reforma litúrgica. Ademais, ressalte-se que as reformas litúrgicas não eram objeto de escolha para as igrejas nacionais, antes representando uma ordem papal. E Corção — é bom lembrar — na década de 1940, fora um entusiasta do Movimento Litúrgico, fonte das mudanças incorporadas pelo Vaticano II, não havendo, portanto, nesse ponto, permanência, mas uma rotação de 180 graus.

Ao mesmo tempo, aproveitou para atacar os membros da hierarquia envolvidos com a propagação dos novos tempos da Igreja.[209] O alvo, no caso, foi d. Hélder Câmara,[210] a quem assim se referiu: "Se eu fosse o Papa, punha de castigo aquele arcebispo dr. Hulano e, como antigamente, colocava-lhe na cabeça um chapéu com orelhas de burro" (Corção, 4 jun. 1967).

O ataque à autoridade eclesiástica assume novos contornos. A referência a d. Hélder como dr. Hulano, desqualificava e excluía. Evidentemente, o ataque não estava restrito, ainda, ao plano pastoral. Conforme já visto, d. Hélder era um opositor do regime militar e, se a hierarquia representada pela CNBB[211] mantinha-se à distância das questões sociais do período e voltada para os assuntos internos da Igreja Católica do Brasil (Mainwaring, 1989:10-105), o mesmo não acontecia com bispos como d. Hélder. Nesse sentido, o jogo de palavras, além de explicitar a verve da polêmica desrespeitosa a um membro da hierarquia, é emblemático da polarização política, mas também, dos limites não mais honrados, limites da autoridade e da hierarquia intrínsecos ao mundo católico e, principalmente, a um membro do laicato. Sem dúvida, uma contradição interessante para um combatente que denunciou exatamente a crise de autoridade no mundo, laico e católico.

Sabe-se que a CNBB estava incumbida de implantar as renovações do Vaticano II. Desde 1964, a Assembleia Geral assumira o pla-

---

[209] "Quando digo 'padre novo' jamais estou pensando em idade física. Raramente, aliás, penso na idade física de alguém como um dado especificador. Para mim, 'padre novo' são os novidadeiros, são os que acreditam na bobagem de mutação histórica, são os que pensam que a Igreja mudou depois de João XXIII e do Concílio, são os que sentem 'cócegas nos ouvidos', como dizia São Paulo a Timóteo" (Corção, 8 jul. 1966).

[210] Corção assim definira d. Hélder Câmara: "Aqui temos o Roberto Carlos e o D. Hélder [ambos] publicitários, cada qual na sua guitarra e no seu ritmo" (Corção, 3 out. 1966, n.p.).

[211] Em agosto de 1967, na Assembleia Geral da CNBB, foi divulgado um documento que, segundo Mainwaring (1989:105), mostrou-se mais conservador sobre concepção de fé que seus congêneres latino-americanos e europeus, e também mais ainda do que aqueles anteriores ao golpe de 1964.

262 | O BOM COMBATE

nejamento pastoral como instrumento de renovação, que se tornou o principal instrumento de aplicação dos princípios renovadores do Concílio Vaticano II. Em 1966, a CNBB lançara o Plano Pastoral de Conjunto (PPC), cujo objetivo era renovar a reflexão e formação dos agentes pastorais à luz do Vaticano II. Nesse processo, foram criados os órgãos de formação pastoral: primeiro, o Instituto de Pastoral Catequética (Ispac), depois, o Instituto de Pastoral Vocacional (Ispav) e, finalmente, o Instituto de Pastoral Litúrgica (Ispal). Em junho de 1967, Corção retoma o ponto e, claramente derrotado na disputa pela recepção dos documentos pontifícios e conciliares, declara:

> Mais de uma vez, nos últimos anos, senti vergonha de ser católico, ou melhor, de ser católico na mente alheia. [...] Tremia só de acreditar que alguém pudesse pensar que eu acreditava em diálogo, em oração jovem, em missa do morro, em paramentos de estopa, em amorização e omegalização, em ideias arejadas e largas dos bispos e arcebispos que sentam no chão em paraliturgias [...]. Tive calafrios de medo e de vergonha quando imaginei que alguém me imaginasse a chorar de emoção diante da ideia de colegiado dos bispos ou a fremir de entusiasmo pela CNBB, pela SPAC [sic] ou SPAL [sic] [...], mas o pior receio era passar por católico avançado [Corção, 25 jun. 1967].

Ainda assim, não desiste da peleja contra o "modernismo". Mudando a estratégia, passa a dirigir-se às autoridades eclesiásticas. Apela aos que não haviam ainda se convertido ao "modernismo" e ao "progressismo", e constituíam a maioria, para que combatessem com vigor as tendências modernistas do clero brasileiro, ou seja, as iniciativas e aplicar as diretrizes do Vaticano II à realidade da Igreja Católica do Brasil.[212]

---

[212] "O episcopado brasileiro conta com muitos bispos sábios e veneráveis. Posso até afiançar, e poderia provar, que é uma pequena minoria a famosa ala de bispos esquerdistas ou progressistas, que se inculcam como interessados pela melhoria das condições sociais, e que insinuam que todos os que deles discordam só o fazem para defender o *status quo* e para impedir as ditas melhorias sociais do Brasil. Torno a dizer: graças a Deus constitui minoria (e só não digo inexpressiva

O CRUZADO | 263

Assim, durante o ano de 1968, Corção realiza ferrenha campanha em suas colunas, pelo enquadramento das freiras, padres, bispos, arcebispos, ordens religiosas e institutos católicos, e pede aos leitores concordantes com a defesa da "verdadeira Igreja Católica" desenvolvida por ele que também pressionassem o episcopado.[213]

> [...] o Ispac, em Belo Horizonte, como aliás no Rio e em outros pontos do país, está ensinando os caminhos da apostasia, da blasfêmia, da negação de Deus, da recusa do cristianismo, a umas pobres freiras apatetadas, ou a uns jovens inebriados pelo incenso com que são adorados. Bem sei que esses professores são, antes de tudo, uns pobres idiotas que talvez não saibam o que fazem [Corção, 8 jun. 1968].

As inovações litúrgicas e pastorais foram expressamente tachadas de modernistas, e o apelo não se dirigiu ao órgão representativo do episcopado — a CNBB —, mas aos indivíduos que ocupavam as dioceses:

> O movimento modernista que aflige a Igreja e perde as almas se compõe, como é regra nestes casos, de uma pequena parte de perversos e uma multidão de idiotas. Seja como for o resultado bruto é uma monstruosidade que me leva a clamar, a gritar, aos ouvidos dos bispos do Brasil. Onde estais? [Corção, 8 jun. 1968].

Foi explicitada a acusação à CNBB. O colegiado do episcopado era o responsável:

---

minoria porque esses poucos são excessivamente expressivos) [...]. A grande parte do Episcopado continua, digo melhor, permanece onde Cristo Jesus recomendou que permanecesse [...]. Mas depois desta sincera e consoladora declaração, não vejo como explicar e ocultar a inquietação diante do que se faz atualmente no Brasil sob o olhar aprovador da Conferência Nacional dos Bispos do Brasil e, portanto, sob a mesma aprovação dos bispos que não são modernistas e transviados (Corção, 8 jun. 1968).

[213] "A minha convicção é a da existência de uma imensa apostasia sem a lealdade da manifestação clara e pública" (Corção, 7 mar. 1968., s.p.).

Como podeis admitir que tais coisas se ensinem com o apoio, as bênçãos e as verbas da Conferência Nacional dos Bispos do Brasil? Como entender que os descendentes dos apóstolos se tenham tornado tão insensíveis à Sagrada Doutrina, que tem por assinatura o preciosíssimo sangue de nosso Salvador? Onde está o amor pela Igreja? Onde a autoridade? Onde a devoção pelas palavras de vida? [Corção, 8 jun. 1968].

Revela-se, no entanto, vã a tênue esperança de um pronunciamento da maioria dos bispos em concordância com seus apelos. Caso emblemático ocorre em julho de 1968, quando na IX Assembleia Geral da CNBB é apresentado um manifesto assinado por 350 padres dos estados da Guanabara, de São Paulo, Paraná e Rio de Janeiro, discorrendo sobre uma série de problemas nas pastorais e propondo como solução a criação de comunidades de base. Ainda na reunião, d. Cândido Padim apresenta um documento denominado "A doutrina de segurança nacional à luz da doutrina social da Igreja", comparando a ideologia do regime militar com os três últimos documentos pontifícios. "Esse documento provocou a primeira ruptura pública entre o conjunto do episcopado e os bispos ultraconservadores, além de demonstrar o afastamento crescente entre alguns setores católicos e os militares" (Abreu et al., 2001:1529). É importante destacar que, desde 1964, a direção da CNBB era ocupada pelos setores moderados e conservadores do clero brasileiro.

A reação de Corção à Assembleia da CNBB foi virulenta: "se os senhores padres acham que podem brincar com as coisas da Igreja e inventar um novo figurino de presbítero, hão de convir que um velho leigo tem todo o direito de não mais os levar a sério" (Corção, 25 jul. 1968). E, continou, advertindo o episcopado, "devemos todos, a começar pelos bispos, levar muito a sério esse fenômeno que dia a dia invade o mundo católico [...] há no clero alvoroçado um fenômeno de protestantização" (Corção, 25 jul. 1968).

Os apelos infrutíferos junto ao episcopado nacional levam Corção, consequentemente, a escrever em sua tribuna, no dia 14 de setembro de 1968, uma carta aberta ao núncio apostólico, d. Sebastião Baggio, assinada por ele e seus partidários, contra a recepção "deturpada" do concílio no Brasil, chamando a atenção do núncio apostólico para a denominação dos progressistas de que a Igreja Católica seria "Igreja Pós-Conciliar, ou Igreja Nova, ou Igreja do Vaticano II". A atitude de um leigo de recorrer à representação romana no país é significativa da radicalização na luta intraeclesial. O reconhecimento simbólico e material de Corção, de que a direção do episcopado nacional não representaria e conduziria adequadamente a Igreja Católica no país, constitui exemplarmente a completa cisão com a hierarquia brasileira.

Sobral Pinto, em carta a Corção, extravasa toda a indignação que se difundia no mundo católico e aponta o cerne da questão que mobilizou a atuação de Corção e seus seguidores, e de outros grupos que defendiam a leitura rigorosamente ortodoxa dos documentos pontifícios: "julgam vocês que são os legítimos representantes do laicato brasileiro?" (Pinto, 21 set. 1968, n.p.).

Essa pergunta já fora respondida pelo próprio signatário. Sim, Sobral Pinto sabia a resposta, e era claro que Corção colocava-se como combatente da "verdadeira Igreja Católica", que não era, evidentemente, a Igreja dos progressistas tachada de "outra".

O recrudescimento das críticas católicas preocupava o regime militar, e Corção vem a ser uma das peças que os militares usam para tentar frear a perda de apoio católico. Em agosto de 1968, Corção, atendendo a pedidos de representantes do governo preocupados com a crescente oposição do mundo católico, funda a associação cultural católica Permanência,[214] com o intuito de lutar contra os inimigos da Igreja e divulgar a reta doutrina católica:

Mais do que nunca na história é imperiosa a mobilização de todas as devoções. Temos o direito de reclamar, de acusar, de denunciar, e até de pedir o castigo dos soberbos. Mas todos esses incontestáveis direitos são fracos recursos diante de um dever que pode nos esmagar,

---

[214] O "Centro Permanência" realizava conferências semanais sobre teologia, cultura humanista, religião, tradição grega e canto gregoriano. Contava com a revista de mesmo nome, dirigida por Alfredo Lage, e com colaboração dos partidários do catolicismo integral (Antoine, 1973:44). Sobre a ligação do Grupo Permanência e o regime militar, ver *Permanência*, n. 116-119, ano XI, set. 1978.

mas do qual não podemos fugir: o dever de tomar os lugares vazios, as vagas, e o dever de preencher com atos de submissão e de adoração os enormes buracos deixados pelos trânsfugas [Corção, s.d.].[215]

O lançamento teve repercussão e foi, na ocasião, alvo de matéria intitulada "Lançada *Permanência*, a revista de união católica!", publicada em 17 de agosto de 1968 no jornal *O Globo*, que destaca: "civis, religiosos e militares" no auditório do Ministério da Educação quando do lançamento da revista *Permanência*. Também ressalta o objetivo de Corção, ou seja, combater "as confusões e deformações da Igreja no Brasil, introduzidas pela chamada ala progressista do clero".

Em outubro, aumentam as tensões da hierarquia católica com o governo, com a declaração do então ministro do Interior, general Albuquerque Lima, de que elementos do clero eram agentes de perturbação da ordem.[216] Foi contundente a resposta de membros da Igreja Católica às acusações de Albuquerque Lima. Mesmo assim, Corção posta-se ao lado do general, afirmando que ele prestara um serviço à Igreja de seu país. Essa afinidade é mais uma confirmação do engajamento de Corção nas teses da "linha dura" e também dos atritos com a Igreja que assumiu sua "traição ou a defecção, ou até, se quiserem, a omissão irresponsável" (Corção, 26 out. 1968).

Em novembro, na capital mineira, a prisão de três padres assuncionistas franceses e um diácono brasileiro constitui mais um elemento, ainda não definitivo, na cisão de Corção com os posicionamentos políticos da hierarquia, até porque a CNBB aceitara a ação governamental.[217] Contudo, o documento e a mobilização do

---

[215] Disponível em: <permanencia.org.br/quemsomos/quem.htm>. Acesso em: 20 maio 2006.

[216] "É preciso, de uma vez por todas, que os comunistas, os padres e bispos de esquerda festiva [...] compreendam que as Forças Armadas, sempre irmanadas com o povo brasileiro, jamais permitirão a volta ao passado". E acusa a Igreja de ter sido dividida pelos comunistas: "até padres e freiras dos colégios do Rio de Janeiro incutem na cabeça dos jovens de 12 a 13 anos determinados problemas para acabar com a família". E continua: além de "colabora[rem] na disseminação de teses destinadas a despertar tendências sexuais anormais na juventude" (Bruneau, 1974:357).

[217] Para uma análise do conflito desencadeado com a prisão dos padres franceses, a reação do governo e da hierarquia, ver Bruneau, 1974:358-367.

clero contra as perseguições do governo a membros da instituição foram repelidos violentamente e serviram para que retomasse as denúncias de que uma crise se alastrava na Igreja Católica:[218]

> [...] não se trata de uma crise de crescimento, mas sim um ataque de uma ofensiva do mundo cristalizado com critérios de Anti-Igreja e uma agressão mais perigosa e mais insidiosa por se tratar da imensa traição daqueles que ainda trazem sinais externos de filhos da Igreja. Esses três franceses pregadores da revolução e da guerrilha nos prestaram um serviço: congraçaram todos os patetas dispersos e disponíveis. É de lamentar profundamente a atitude dos católicos que se calam ou que tomaram a aberta defesa dos inimigos do Brasil [Corção, 12 dez. 1968].

OFENSIVA CONTRA A HIERARQUIA

A radicalização expressou-se numa ruptura de tal monta, que o respeito hierárquico inerente ao mundo católico se esvaneceu. Não havia mais mediação ou conciliação possível. Efetivou-se a noção de que coexistiam duas igrejas, e, como um cruzado, Corção desenvolveria inúmeras campanhas contra a "outra". As denúncias de que segmentos do clero brasileiro pretendiam a comunização do país e da Igreja não constituem uma novidade no final da década de 1960. É, porém, perceptível a mudança no conteúdo e na tonalidade do combate.

A primeira investida de Corção contra os colégios católicos ocorrera ainda em 1968, quando fez a seguinte denúncia, perdida despretensiosamente no penúltimo parágrafo do artigo publicado em 29 de junho de 1968: "Há colégios religiosos em que as madres,

---

[218] A declaração do arcebispo de Belo Horizonte, d. João Resende Costa, ligado às tendências moderadas e conciliatórias da hierarquia, é elucidativa da reação do clero à ação governamental: "Irmãos, com a minha autoridade de pastor da arquidiocese de Belo Horizonte e com a anuência unânime de nosso clero, devo denunciar o que sei por ciência direta pessoal e segura: os depoimentos dos sacerdotes e do diácono preso não são aceitos como expressão da verdade porque foram usados com eles espancamentos e torturas. Para honra do nosso Exército, denunciamos estes horrores, para que as autoridades militares não permitam que elementos de sua corporação pratiquem tais atos" (Costa apud Gaspari, 2002b:255).

268 | O BOM COMBATE

que ainda anteontem se confessavam tremendo quando viam um mosquito nu no banheiro, mostram bondosamente, a meninas de seis anos, com figuras e bonecos de plástico, como é que fazem o papai e a mamãe". Ressalte-se o momento de transformação nas instituições de ensino católicas naquele período em que padres e freiras engajavam-se nas orientações do Vaticano II, participando das passeatas contra o regime ao lado dos estudantes e flexibilizando as rígidas regras de comportamento até então adotadas.

As insinuações contra as instituições católicas de ensino continuariam, mas foi em 1º de fevereiro de 1969 que a radicalização tomou proporções até então inimagináveis no universo católico. Com o título "Colégios católicos que se fecham", Corção iniciou uma ofensiva contra o Colégio Sion,[219] com consequências nefastas para a instituição.[220] O Sion, em 1969, à luz dos documentos pontifícios, engajara-se no movimento ecumênico. Além disso, iniciara o sistema de educação misto (meninos e meninas) e reformara a linha pedagógica, ao adotar, por exemplo, o livro de José Lins do Rego *Meninos de engenho*, considerado então uma obra que incentivava a sodomia entre seus alunos.

A denúncia, segundo Corção, partira de uma aluna do colégio, que não seria citada para que não sofresse, por parte das freiras, "perseguições" nem "punições". Conforme os relatos da "menina", ela fora solicitada, em sala de aula, a descrever um ato sexual, como atividade de uma das disciplinas ministradas na escola. Além disso, Corção citou cartas de mães de alunas criticando as diretrizes do Sion, acusando o colégio de subverter a religião católica, uma vez que fazia

---

[219] A mantenedora do colégio é a Congregação de Nossa Senhora de Sion, ordem religiosa francesa dedicada ao ensino de meninas, que veio para o Brasil em 1888. No Rio de Janeiro, o colégio situa-se no bairro do Cosme Velho desde 1919. No final da década de 1960, sob a influência do Concílio Vaticano II, a congregação ajustou-se às novas diretrizes do catolicismo, investiu no aprofundamento do diálogo inter-religioso e reorientou a grade curricular do colégio (Encontro, Sion Rio, 1975). Informações disponíveis em: <www.sion.com.br/>. Acesso em: 15 out. 2006.
[220] Regina Moreira Luz e Mônica Kornis, pesquisadoras do Cpdoc e ex-alunas da escola, relataram à autora que, após as denúncias de Corção, o Sion ficou esvaziado. Várias alunas saíram da escola, consequentemente, turmas foram canceladas, e, por pouco, o colégio não fechou.

O CRUZADO | 269

concessões às novidades propagadas naquele período. Também desferiu suas denúncias sobre as outras unidades do Sion, em especial a sediada em Petrópolis, que estaria sendo fechada, e os móveis sendo vendidos pelas freiras, para viajar (Corção, 1 fev. 1969).[221]

O caso gerou uma carta de repúdio do presidente do núcleo dos pais do Sion, tachando o artigo de "calunioso e perverso" e pedindo às autoridades eclesiásticas ou jurídicas que sustassem a busca de sensacionalismo do "outrora grande pensador" e líder católico (*O Globo*, 5 fev. 1969). Um mês depois, uma das mães, citada por Corção, escreve ao jornal, contestando-lhe as informações e o teor do artigo.

Todavia, Corção não parou por aí e, ainda em fevereiro, retoma suas denúncias genéricas aos colégios católicos, afirmando: "há colégios em que os padres 'da onda' ensinam que cada um deve fazer seu próprio quadro de julgamento. Esta prática é ainda mais abominável que a exasperada prática apelidada de 'educação sexual'" (Corção, 8 fev. 1969).

Ao mesmo tempo, investe contra o padre operário Wauthier, membro da congregação de São Pedro e São Paulo, que viera da França com a missão de evangelizar o meio operário na fábrica Cobrasma. Em julho de 1968, com a eclosão da primeira greve de metalúrgicos após o golpe de 1964, conhecida como Greve de Osasco, o padre Wauthier foi preso junto com o padre Antônio de Almeida Soares, que ficou detido apenas uma semana.[222] A participação na Greve de Osasco rendeu-lhe um mês de detenção. Foi-lhe, então, permitido ficar na casa do arcebispo de São Paulo, d. Agnelo Rossi. Em agosto, porém, por ocasião da viagem de d. Agnelo Rossi a Me-

---

[221] Um dos pontos desse debate era a transformação dos colégios religiosos para um sistema misto (agregando meninos e meninas). No período, ao lado da campanha de Corção contra as mudanças no ensino do Sion, também circulou uma campanha que afirmava a existência de um túnel sob a rua Cosme Velho ligando o Sion ao Colégio São Vicente. Essa campanha era consequência da nova postura da direção dos dois colégios, que, tendo o mesmo quadro de professores em algumas disciplinas, decidiram por aulas conjuntas. É possível que a decisão já tivesse como objetivo a adaptação das "meninas do Sion" ao novo modelo, uma vez que o São Vicente, desde 1968, adotara o sistema misto.

[222] Antes mesmo da sua prisão, o padre Wauthier já levantava suspeita dos serviços de inteligência, pois se recusara a celebrar uma missa encomendada pelos patrões.

270 | O BOM COMBATE

dellín, a casa foi invadida, e o padre Wauthier, deportado, ainda que não tivesse contra si nenhum processo de expulsão do país. A deportação provocou celeuma nos meios católicos, com manifestação de padres e bispos de todo o país contra a medida. Em outubro, o cardeal Rossi, pressionado pelos membros da arquidiocese, recusa-se a receber do presidente Costa e Silva a medalha da Ordem ao Mérito. Em retaliação, foi considerado *persona non grata* entre os militares (Alves, 1993:95-96; Bruneau, 1974:352-354).

Em fevereiro de 1969, em tentativa de desqualificar a atuação dos padres operários, o *Jornal da Tarde* (SP) publica uma matéria sobre a situação do padre Wauthier na França, em que se afirmava ser ele casado com "uma moça loura da alta sociedade de Paris, e vivendo muito tranquilamente em Cannes" (Centro de Pastoral Vergueiro, 1978:46). Corção, imediatamente, repercute a difamação, em um artigo intitulado "Será proveitosa a lição?", no qual, além da denúncia contra a honra do sacerdote, finaliza com o seguinte apelo ao episcopado: "pelo amor de Deus, aproveitem, utilizem, prestigiem o bom discernimento que temos provado e que colocamos à sua disposição para a grande tarefa em comum" (Centro de Pastoral Vergueiro, 1978:46). Padre Wauthier enviaria uma resposta a Corção e exigiria direito de resposta, o que não lhe foi concedido (Centro de Pastoral Vergueiro, 1978:46). Mais do que isso, a reação da hierarquia católica brasileira às denúncias consideradas inverídicas foi questionada por Corção, que voltou ao tema em março e, sem retratar-se, deixou no ar a seguinte pergunta: "casou ou não se casou o padre?" (Corção, 6 mar. 1969). São emblemáticos o "desconcerto" de Corção com a hierarquia católica e a estratégia de desacreditar os membros do clero "progressista".

Em fevereiro, o episcopado, finalmente, pronuncia-se em relação à situação política do país a partir do AI-5. Após meses de cautela, os bispos do Nordeste pediram uma reunião extraordinária da Comissão Central da CNBB para tratar do posicionamento da Igreja no cenário político. Inicialmente, a maioria dos bispos opusera-se à sua realização, mas o núncio apostólico no Brasil, d. Sebastião Baggio, forçara a reunião (Gaspari, 2002b:257). A intervenção do núncio era um sinal claro de que Roma não via com bons olhos o crescente avanço repressivo do governo nas hostes da Igreja. No entanto, ainda se fazia perceber a pressão dos conservadores. O texto aprovado na reunião fora colocado em semiclandestinidade por d. Jaime Câmara. Intitulado "Presença da Igreja", era para ser encaminhado ao presidente da República Costa e Silva. Entretanto, acabaria sendo divulgado pelo *Correio da Manhã*. Seu conteúdo condenava "a situação institucionalizada no mês de dezembro último", afirmando que "possibilita[va] arbitrariedades, entre as quais a violação de direitos fundamentais, como o de defesa, de legítima expressão do pensamento e de informações; ameaça à dignidade da pessoa humana, de maneira física ou moral" (Prandini, Petrucci e Dale apud Gaspari, 2002b:257).

Evidentemente, Corção mostrava-se em profundo desacordo com a atuação do episcopado nacional. O artigo "Declaração de 22 bispos", com data de 27 de fevereiro, já explicitara no título que não o considerava um pronunciamento oficial da instituição, e sim de certo conjunto do episcopado nacional. Ainda assim, declarara-se "perplexo, ou até assustado" com o mesmo, pois não conseguia entender a oposição de segmentos da Igreja às medidas do governo que salvara o Brasil "milagrosamente" do comunismo e ao Exército, que fora o "instrumento escolhido por Deus". Recomendava ainda o escritor que "os senhores bispos abrissem mão de alguma eventual solidariedade, ou do *esprit de corps* contrário ao bem comum". E concluía, anunciando as divergências, que o caso do padre Wauthier exemplificara, ao afirmar ser indispensável aos bispos exercerem sobre seus padres "uma autoridade mais vigilante e mais enérgica", pois "seria imperdoavelmente ingênuo ignorar, nesta altura da história, a gravíssima infiltração de ideias comunistas no jovem clero".

A atuação de Corção nos meios católicos continuava a ser incentivada pelo governo militar. Em março, a Assessoria Especial de Relações da Presidência da República, na pessoa de Hernani de Aguiar, envia-lhe um ofício convidando-o a escrever artigos analisando o processo revolucionário brasileiro e também sua relação com o campo católico (Aguiar, 3 mar. 1969, n.p.).

Para Corção, o problema do clero brasileiro não se resumia nos posicionamentos políticos. Juntava-se a isso a reforma litúrgica promulgada pelo papa Paulo VI, em 4 de dezembro de 1963, com a Constituição *Sacrosanctum Concilium*, cujo objetivo era simplificar os ritos católicos e resgatar a liturgia dos primeiros tempos. Frei José Ariovaldo da Silva aponta a transformação litúrgica na historia da Igreja:

> [...] durante o primeiro milênio, o que se procurava era garantir o essencial quando se celebrava a divina liturgia, a saber: o mistério pascal como motivo central da celebração, o contato direto de todos com a Palavra de Deus proclamada na celebração, a participação ativa, consciente e plena de todos na celebração, o jeito de celebrar adaptado aos diferentes povos com sua cultura. [...] No segundo milênio, no rito "romano" sobretudo, pela maneira como se passou a celebrar a liturgia (sobretudo a missa), o povo já não se sente mais como assembleia, povo sacerdotal, corpo de Cristo, sujeito ativo da celebração. O padre é que aparece como o único celebrante da liturgia, transformada num fato eminentemente clerical. A maioria do povo já não participa mais. Cada qual "na sua", as pessoas apenas assistem (sem entender) às cerimônias feitas pelo padre lá no altar distante, que reza de costas, em latim, tudo em [voz baixa]. O individualismo religioso toma conta [Silva, 2003].[223]

Um dos pontos fundamentais da reforma litúrgica, conforme já visto, foi a permissão da missa em língua vernácula e de inovações, como a missa jovem. Em abril de 1969, Paulo VI apresenta o Novo Missal, que veio institucionalizar essas e outras mudanças litúrgicas. Corção, que, durante o Concílio Vaticano II, não vira com bons olhos a iniciativa, radicalizou sua posição. A partir de então, oscilou entre a condenação aos posicionamentos políticos do mundo católico e as diretrizes vaticanas.

No plano institucional, as relações da Igreja com o Estado brasileiro tornavam-se cada vez mais conflitantes, independentemente de serem ocasionadas pela repressão no meio católico ou pelas primeiras posições da instituição católica contra a prática de torturas. Em

---

[223] Para maiores detalhes, ver o artigo de frei José Ariovaldo da Silva "*Sacrosanctum Concilium* e reforma litúrgica pós-conciliar no Brasil..." (Silva, 2003).

julho, ocorre uma tentativa de contornar a crise. O então presidente da República, Costa e Silva, reúne-se com os cinco cardeais do país: d. Carlos Carmelo de Vasconcelos Motta, d. Jaime Câmara, d. Agnelo Rossi, d. Vicente Scherer e d. Eugênio Sales.[224] As declarações na imprensa definiram o encontro como "amistoso". Dias depois, Corção reiterava seu apelo aos bispos contra a comunização do clero brasileiro, observando, estupefato, o silêncio em torno do assunto:

Acordem, srs. Bispos! Os ladrões já não estão lá fora tentando galgar o muro ou arrombar as portas; estão dentro de casa ensinando aos incautos o caminho do erro e da perdição. Abalem-se os sinos, avisem-se os fiéis, previnam-se os pais de família.

[...] *Até hoje não ouvi nos domingos nenhuma oração comunitária pedindo socorro a Deus contra os assaltantes da Igreja. Por quê? Em compensação, já ouvi sermão e já li revistas ditas católicas, onde se inventa um inimigo único da Igreja: o Exército brasileiro* [Corção, 19 jul. 1969, grifos meus].

Entre a cruz e a espada, Corção havia feito sua opção. O que não compreendia eram as opções da hierarquia. A morte do padre Antônio Henrique Pereira Neto, coordenador da Pastoral da Juventude no Recife e assessor de d. Hélder, depois de ter sido sequestrado e torturado, levou a Arquidiocese de Olinda e Recife a divulgar nota oficial de repúdio à situação em que vivia o país e ressaltar que "a prática de que o atentado brutal se prende a uma série preestabelecida e objeto de ameaças e avisos".[225] Corção divulga, então, em suas

---

[224] A partir de 1970, essas reuniões públicas ficariam cada vez mais raras, tendo sido substituídas por reuniões secretas entre os representantes da Igreja Católica e os militares, especialmente o general Muricy, com o objetivo de encontrar uma solução para o conflito entre Igreja e Estado. Ficaria conhecida como Comissão Bipartite (Serbin, 2001). "As forças de segurança tinham cada vez mais a Igreja como alvo, produzindo a pior crise entre a Igreja e o Estado na história do Brasil. [...] A solução brasileira foi a Bipartite. [...] A Bipartite foi um diálogo secreto, e um diálogo formal" (Serbin, 2001:412-413).

[225] Para os conflitos entre d. Hélder e o regime militar, ver "Dom Hélder, pastor da liberdade". Disponível em: <www.pe-az.com.br/dh/index.html>. Acesso em: 20 jan. 2015.

274 | O BOM COMBATE

crônicas a versão oficial do regime, de que o crime não tivera conotações políticas, e sobre os pronunciamentos de d. Hélder afirma que ele havia se apoderado "triunfalmente do cadáver", com vistas a comover a CNBB a adotar suas posições (Corção, 6 set. 1969). Ainda em setembro de 1969, a comissão central da CNBB ressalta a necessidade do retorno à normalidade jurídica e o respeito aos direitos humanos. Tal declaração ocorrera dias depois de ter sido baixado o AI-14, que instituíra as penas de morte e de prisão perpétua para os casos de "guerra psicológica adversa" e de "guerra revolucionária ou subversiva", definidos pela Lei de Segurança Nacional (Abreu et al., 2001:5400). Nomes expressivos do episcopado, como d. Hélder, vieram a público e repudiaram a medida governamental. Entretanto, o assunto não chegou a ser abordado no documento final da CNBB. Evidentemente, Corção (11 set. 1969) apoiou a medida, afirmando que a pena de morte era "uma decorrência natural da situação atravessada pelo País". Dois anos depois, tornaria a defender a pena capital sob os mesmos argumentos, somente acrescentando que a medida serviria "como séria advertência" ao terrorismo (Corção, 22 mar. 1971).

Em outubro, ocorre, no Vaticano, a II Assembleia Ordinária do Sínodo[226] dos Bispos. Na ocasião, Corção defendeu que a divisão que se produziria no encontro não seria entre liberais e conservadores. Em seu lugar ele propõe outra antítese que traz luz para sua inserção na Igreja naquele período. O antagonismo, segundo ele, seria entre "católicos-católicos e os avançados, os modernistas, os progressistas ou liberais". Os primeiros, ainda de acordo com sua visão, não seriam conservadores, e sim defensores da Igreja. Sem dúvida, Corção procedeu à sua análise com as categorias da crise

---

[226] O sínodo "é uma assembleia que se reúne sem prazos fixos, a critério do pontífice, que congrega os bispos eleitos pelas conferências episcopais, os cardeais, que presidem os dicastérios romanos, os patriarcas e outros membros das Igrejas orientais e dez religiosos eleitos pela União romana dos superiores gerais. Tem ele poderes simplesmente consultivos, não deliberativos, mas constitui um instrumento útil para uma efetiva colaboração entre papado e episcopado; o pontífice pode perceber melhor as exigências da base, a orientação das diversas correntes e, mesmo continuando inato seu primado universal de jurisdição sobre toda a Igreja, pode agir em real sintonia com o episcopado universal" (Martina, 1997:331-332).

que vivera a Igreja Católica no século XIX e primeira metade do XX, recuperando, para os anos pós-concílio, ainda que escamoteie com o nome de "católicos-católicos", os integristas:

Os católicos-católicos que, mal ou bem, apresentam os seguintes traços: eles creem na Igreja, e creem que a Igreja, no patrimônio de sua sabedoria e na riqueza de sua vida interior e de seus ensinamentos, dispõe de mais recursos para ensinar e conduzir o mundo do que toda a cultura da humanidade dispõe para conduzir-se a si mesma e para conduzir a Igreja [Corção, 25 out. 1969].

O apelo à tradição tridentina apresentou-se com toda a força:

Os católicos-católicos se habituaram a procurar na Igreja de todos os tempos, no depósito de sabedoria acumulada pelos apóstolos, pelos santos Padres, pelos doutores e pontífices e por todos os santos, as respostas às mais altas indagações sobre os problemas humanos. Por mais forte razão, o católico-católico, colocado em situação de influir e de contribuir para os negócios do Reino de Deus procurará na própria Casa de Deus, nos próprios registros da Igreja, e sempre à luz da Fé, as soluções para todas as dificuldades [Corção, 25 out. 1969].

Da mesma forma, a essência da antítese, ao definir seus "inimigos" — os modernistas, os progressistas, os liberais — enquanto aqueles

[...] que creem mais no mundo do que na Igreja, e que, para o suposto bem de uma nova Igreja que julgam ainda estimar, preferem não ouvir a velha antes de ouvir os jornalistas, os economistas, e demais estudiosos da casca do mundo. Acreditam mais na Ciência, na História, no Progresso, no Mundo, do que na Igreja fundada por Jesus Cristo, vivificada por seu Espírito [Corção, 25 out. 1969].

A luta era, portanto, pela retomada do poder pelos integristas, como ocorrera com Pio X. Seus apelos consistiam numa tentativa de despertar ou reacender nos meios católicos brasileiros a força do integrismo.

Em novembro de 1969, dois frades dominicanos foram presos, acusados de envolvimento com a "guerrilha" (Betto, 2006). Conforme visto anteriormente, os atritos de Corção com a Ordem dos Dominicanos tinham um longo histórico, tendo-se iniciado em 1965, com as acusações de que a ordem apoiava a AP,[227] e alcançado o ápice com a celebração, na sexta-feira santa de 1968, do ato litúrgico "A Paixão segundo Cristino", que aludia à morte do estudante Édson Luís como a de Jesus Cristo.[228] Em setembro, o país assistira ao sequestro do embaixador americano Charles Elbrick, ato considerado por Corção (11 set. 1969) "uma declaração de guerra ao Brasil". Dois meses depois, eram presos os padres dominicanos, que, sob tortura, confessaram a ligação do convento de Perdizes com a Ação Libertadora Nacional (ALN)[229] e Carlos Marighella (Betto, 2006). A comprovação da relação dos dominicanos com a "guerrilha" foi explorada por Corção (13 nov. 1969):

> Os fatos se multiplicam diante de nós com evidência brutal. E não nos venha dizer que se trata apenas de alguns poucos religiosos. [...] A evidência, bem outra, é a de uma terrível desagregação erigida em sistema, é a da corrupção organizada, quase institucionalizada, em que se põem a serviço da corrupção e do crime casas religiosas, seminários, colégios, conventos de veneráveis tradições.

E acusou: "as autoridades eclesiásticas [que], em várias áreas do país, em vez de combater a comunização do clero, patrocina-

---

[227] A narrativa do apoio de frades dominicanos aos movimentos de esquerda foi contada por Frei Betto em *Batismo de sangue* (2006).

[228] Na ocasião, Corção (25 abr. 1968) assim se referiu à iniciativa dos dominicanos sediados em São Paulo: "No auge da imbecilidade paralitúrgica, disseram que Édson é Cristo, e por quê? Porque ambos não souberam por que morreram. Sim, no convento dos dominicanos paulistas vigora esta novidade teológica: Cristo não sabia por que morria".

[229] A ALN foi criada por Carlos Marighella, Joaquim Câmara Ferreira e Virgílio Gomes da Silva, dissidentes do PCB, e pregava a luta armada para derrubar o regime miltar.

ram-na" (Corção, 13 nov. 1969). O expurgo que houvera nos meios políticos e nas organizações sociais após o golpe e, principalmente, com o AI-5, era insistentemente requerido à hierarquia católica. Corção não estava sozinho nessa batalha: a TFP[230] e o grupo da revista *Hora Presente*[231] comungavam as mesmas ideias. Unindo-se a antigos adversários, Corção rompia mais uma vez com o conservador dos anos 1950 e assumia sua face reacionária.

O que o impelia era a crença de que era preciso "limpar" o clero brasileiro, pois "a infiltração comunista [...] é um fato relativamente recente, ou melhor, um fato que nos últimos anos acelerou-se graças à incompreensível tolerância das autoridades eclesiásticas" (Corção, 15 nov. 1969). Comunismo e novas formas pastorais, litúrgicas e do papel da Igreja no mundo unem-se em uma só ameaça. O caso dos dominicanos em 1969 cumpriu essa função prática no discurso de Corção.

No encalço dessa missão, Corção continuou suas acusações ao clero brasileiro de "contaminação" pelas ideias comunistas, somado ao imobilismo das autoridades eclesiásticas, as quais dominam suas crônicas até maio de 1970. No início do mês de maio, antes que ocorresse a nova XI Assembleia Geral da CNBB, Corção acusa diretamente a entidade pelo "desmoronamento" da Igreja Católica, ao omitir-se quanto à atuação dos Ispac[232] "a *mais recente inven-*

---

[230] A TFP foi fundada em 1960 por Plínio Corrêa de Oliveira, com o apoio dos bispos d. Antônio de Castro Mayer, de Campos, e d. Geraldo Proença Sigaud, de Diamantina. Seu objetivo era "combater a vaga do socialismo e do comunismo e ressaltar, a partir da filosofia de Santo Tomás de Aquino e das encíclicas, os valores positivos da ordem natural, particularmente a tradição, a família e a propriedade" (Abeu et al., 2001:5535).

[231] Leonildo Barbosa Pessoa, ex-seminarista, era o diretor da revista *Hora Presente* e editorialista do *Jornal da Tarde*, "foi visto no DOPS por um dos dominicanos presos" (Gaspari, 2002b:269). Frei Betto (2006:326) confirma a informação. E Percival de Souza, no livro *Autópsia do medo*, citado por Gaspari (2002b:269), afirma que dois delegados também admitiram que católicos anticomunistas estiveram presentes nos interrogatórios do frei dominicano.

[232] De acordo com depoimento do padre Virgílio Leite Uchoa, "a iniciativa da CNBB que criou, através do PPC, tais centros de reflexão, chocou-se com a realidade humana e pastoral da época. Muitas vezes os cursos promovidos pelos citados institutos foram acusados de fomentar crises pessoais, já preexistentes. O fato é que tais institutos, pelo ano de 1969, são vistos de uma forma negativa. Isso

ção do Diabo. E por causa dela não conseguimos convencer bispos, madres, freiras e padres da necessidade de recolher imediatamente os opúsculos da Sono-Viso difundidos pelos catequistas formados pelo Ispac" (Corção, 2 maio 1970, grifos meus).

O combate de Corção a d. Hélder Câmara foi o mais intenso e longo, mas também o mais circular e repetitivo. Durou até a morte de Corção, em 1978, e, como já vimos, intensificara-se após o golpe de 1964 e ficara ainda mais forte após o AI-5. As posições políticas e pastorais do arcebispo de Olinda e Recife foram acompanhadas em seus mínimos detalhes por Corção.[233] Casos exemplares foram a repercussão dada ao livro *L'archevêque des favelles*, de Roger Bourgeon, editado na França, e a falta de reconhecimento da condição de membro da hierarquia, ao chamá-lo de "sr. Hélder" (Corção, 2 jun. 1970).

Evidentemente, o posicionamento de d. Hélder contra as ações discricionárias do regime militar foi fundamental na radicalização dos discursos de Corção. O "Arcebispo da Liberdade" viajava o mundo, denunciando os casos de tortura de presos políticos. A palestra que ele proferiu, em Paris, quando teve sugerido seu nome ao Prêmio Nobel da Paz, foi utilizada por Corção, para declará-lo um "comunista", e não apenas, como defendera antes, um "agente de difusão do comunismo" no país. Além disso, reiterou e repercutiu todas as acusações dos "homens do regime" a d. Hélder, a tal ponto que declarou: "Venho lembrar que as desconfianças e suspeitas que tantos formulam em nome daquele Arcebispo não podem ser provadas de maneira tão cabal, mas são alimentadas por

---

levou ao surgimento de um instituto unificado, o Instituto Nacional de Pastoral (INP), cuja característica principal passa a ser o desenvolvimento de uma assessoria teológica pastoral". Disponível em: <www.ccm.org.br/public/images/mcefiles/docs/acaminhadadacnbb.pdf>. Acesso em: 24 abr. 2006.

[233] A campanha contra d. Hélder Câmara foi sistemática na imprensa brasileira e, além da cobertura de jornais como *O Globo* e *O Estado de S. Paulo*, também foi empreendida por inúmeros articulistas, entre os quais destacaram-se, além de Corção: Gilberto Freyre, David Nasser, Nélson Rodrigues, Theóphilo de Andrade, Maurício Caminha de Lacerda, Roberto de Abreu Sodré e Ubiratã de Lemos. Ver: Dom Hélder, pastor da liberdade". Disponível em: <www.pe-az.com.br/dh/index.html>. Acesso em: 20 jan. 2015.

veementes sinais exteriores, tornados públicos e notórios" (Corção, 15 out. 1970).

Em setembro de 1970, Corção demonstra, publicamente, que ainda não podia desconhecer a importância do colegiado do episcopado na definição das diretrizes da Igreja Católica no Brasil. Em meados do mês, ocorrera a XI Assembleia da CNBB, tendo sido encaminhado aos bispos, durante a reunião, um documento assinado por mais de 200 leigos, encabeçado por Corção, denunciando a infiltração marxista na Igreja Católica, sob o disfarce teológico. O documento não chegou a ser discutido no encontro por falta de tempo hábil. A tentativa malsucedida de influenciar o episcopado nacional lança Corção num ataque ainda mais arriscado contra a hierarquia:

> Aqui no Brasil podem fazer os esquerdistas do SPAC o que quiserem em matéria de religião. Podem comodamente perverter as crianças, [...] podem imprimir na Sono-Viso e na Vozes as maiores porcarias ditadas por Satanás: *o sepulcral silêncio das hierarquias aprova a perversão e a podridão* [Corção, 23 set. 1970, grifos meus].

Ainda assim, não desiste de clamar, do seu canto, em *O Globo*, pela atenção dos membros da CNBB. Em outubro, por ocasião da reunião da comissão central da instituição, ele cobra um posicionamento quanto ao marxismo disfarçado de "inovações" teológicas e pastorais; cobrança que não mereceu o retorno da comissão.

Em março de 1971, reitera a declaração do comandante do II Exército, na época, Humberto de Souza Mello, que acusara a hierarquia católica de realizar uma "campanha desmoralizadora" para o Brasil, principalmente pela atuação de dois arcebispos que "preconizavam a adoção de um regime comunista no País". Um dos recados era, evidentemente, endereçado a d. Hélder, que, convidado a falar no exterior e sob censura,[234] em suas viagens divulga-

---

[234] No dia 9 de novembro de 1970, as consequências da campanha de d. Hélder no exterior contra a tortura do regime alcançaram ponto máximo, com a proibição a todos os veículos de comunicação (jornais, rádios ou TVs) de, a partir daquela data, sequer mencionar seu nome. Corção continuou sua campanha nas mesmas bases, somente não citando mais o nome de d. Hélder.

va a prática das torturas de presos políticos adotada pelo governo brasileiro. Corção, rapidamente, repercute a fala do comandante militar e reitera:

> Existe efetivamente a organizada e misteriosa *campanha desmoralizadora da hierarquia católica*. Seus agentes principais são exatamente esses arcebispos, bispos e padres que com *propósito infernal* parecem empenhados em destruir a Igreja Católica [Corção, 11 mar. 1971, grifos meus].

E, aproveitando a oportunidade, desfere seus golpes retóricos e acusações ao Centro de Informações Eclésia (Ciec), órgão da Arquidiocese de São Paulo que, em seu boletim, retrucara às denúncias do comandante.

Cumpre ressaltar que, naquele momento, as duas principais arquidioceses do país — São Paulo e Rio de Janeiro — tinham novos pastores, respectivamente, d. Paulo Evaristo Arns e d. Eugênio Sales. O primeiro assumira em 1970, enquanto o outro, em março de 1971.

Voltando às declarações do comandante do II Exército, logo após o acontecido, a Arquidiocese de São Paulo reúne o Conselho dos Presbíteros, que envia carta à CNBB, solicitando providências no sentido de esclarecer as afirmações do comandante Souza Mello, além de, também, enviar ofício ao próprio militar, estranhando suas afirmações. A mudança de atitude da hierarquia católica — da escamoteação para o enfrentamento — completara-se. E Corção não percebera ou desconsiderara a mudança e decidira combater dois "inimigos" tradicionais: d. Hélder e o Ciec, um órgão ligado diretamente à hierarquia.[235]

Todavia, o ataque de Corção não passou sem resposta. No primeiro caso, ele falava sozinho, pois d. Hélder, sob censura, não

---

[235] Em correspondência a Jean Ousset em 20 de janeiro de 1971, Corção analisou a Igreja no Brasil e destacou a "mediocridade do Episcopado Nacional", chamou a CNBB de "anti-Igreja" e dirigiu-se a d. Hélder com as seguintes palavras: *"Cet homme est un primaire, qui ne fait pas les rudiment d'un catéchisme d'enfant. C'est un pauvre type à mu distance entre l'imbécile et le malen. Il a été l'éminence prise du president Kubitschek qui a riupé notre pauvre pays débordant des pauvres".*

teria, portanto, sua voz divulgada. Entretanto, no ataque à hierarquia, Corção, pela primeira vez, foi publicamente repreendido. Ainda em março, no dia 17, o cônego Amauri Castanho, responsável pelo centro e, evidentemente, com o consentimento de d. Paulo Arns, em matéria publicada no *Jornal do Brasil*, acusa Corção de formular críticas "irresponsavelmente" ao Ciec.

Corção (18 mar. 1971) persistiu no combate ao centro, que tachou de "inimigo" da Igreja. Dias depois, o bispo auxiliar da Arquidiocese do Rio de Janeiro, d. Mário Gurgel, deu o primeiro sinal de que seu novo superior hierárquico não admitia e não estava satisfeito com as críticas de Corção. Em declaração aos jornais, acusou Corção de não querer mais diálogo com a Igreja, ao que Corção (25 mar. 1971) retruca, afirmando não querer diálogo, pois "dialogar era um verbo comunista e marxista". Fez-se silêncio na Arquidiocese do Rio de Janeiro, mas a exacerbação de Corção continuou durante o ano de 1971. O aviso, no entanto, fora dado, tendo ficado evidente ao mundo católico que Corção não mais gozava da liberdade e afinidade ideológica com o pastor de sua Igreja. Além disso, era inequívoco que, se ele ultrapassasse certos "limites", a hierarquia católica não seria mais condescendente. Ainda assim, a partir de 1972, suas críticas assumiram colorações definitivamente intensas que resultaram na reação da hierarquia aos seus posicionamentos.

AÇÃO E REAÇÃO

Desde março de 1971, a Arquidiocese do Rio de Janeiro tinha como pastor d. Eugênio Sales, substituto de d. Jaime Câmara, que falecera naquele ano. A relação de Corção com a hierarquia de sua diocese mudara. O novo bispo evidenciara, no episódio da campanha contra o Ciec, que ele não teria o mesmo respaldo obtido durante o arcebispado de d. Jaime Câmara. O recado fora claro, mas Corção não lhe deu atenção.

Em janeiro de 1972, d. Eugênio Sales adverte, no programa de rádio "A Voz do Pastor", depois reproduzido nos espaços que a arquidiocese mantinha nos jornais, que naquele período havia duas classes de pessoas que julgavam a Igreja: "os que se cristalizam e aqueles que embarcam no torvelinho de ideias, aceitando, sem reflexão, ideologias e atitudes do momento" (Cardeal adverte contra as atitudes do momento, 1972). E, criticando os dois extremos de catolicismo que se alastravam, conclui que as diretrizes a serem seguidas eram as proclamadas pelo episcopado nacional, o legítimo intérprete das determinações vaticanas.

Sentindo-se atingido pelas recriminações, Corção dirige violenta resposta a d. Eugênio Sales, na crônica intitulada "Dialogando com o meu pastor", datada de 27 de janeiro. Nela, insurge-se contra o esquema binário do arcebispo e contra o fato de a maior parte das críticas terem sido dirigidas aos imobilistas, tachando os que combatem pela doutrina de "energúmenos", enquanto, para "o outro lado", utilizara-se de "termos hesitantes". E indaga: "Que atitude tomar frente à barca de S. Pedro, que ameaça naufragar?" Concluindo, então, que a declaração de d. Eugênio Sales lhe revelaria a "terrificante consequência de excomunhão. Me deixa excomungado [...], eu e todas as pessoas que comigo militam, estamos excluídos e, portanto, fora da comunhão católica".

Esta resposta pública de Corção a uma admoestação implícita suscitou enorme polêmica. A quebra da hierarquia do leigo Corção para com um bispo alcançara patamares até então evitados. A réplica leva Roberto Marinho — seu confrade e dono de *O Globo* — a ver-se obrigado a interceder, publicando uma carta, na qual chamava a atenção para a importância "do respeito à hierarquia" e também retrucava a certas interpretações dadas por Corção à declaração de d. Eugênio Sales — por exemplo, a insinuação de que o arcebispo aceitava propostas progressistas da Igreja. E apelou para que ele buscasse o equilíbrio, como recomendara o pastor (*O Globo*, 5 fev. 1972). De mesmo teor, Sobral Pinto endereçou-lhe uma carta em que também lhe repreendeu a atitude. Essa carta expõe com clareza a deterioração, talvez até mesmo a inexistência, da relação entre o "último converso" e seu pastor:

> Compreendo, admito e até justifico que, sentindo-se atingido por uma crítica pública de seu Pastor, você queira se defender. Nada obrigava, porém, a fazê-lo de público. Pelo contrário, tudo

o obrigava a fazê-lo privadamente, ou na audiência que você deliberadamente não quis que fosse realizada ou em carta escrita a S. Eminência [Pinto, 28 jan. 1972].

A acusação fundamental a Corção, de que com sua atitude rompera com o princípio hierárquico do catolicismo, ligou-se à da sua "protestantização". Sem dúvida, é possível encontrar traços em seus escritos posteriores ao Concílio Vaticano II que corroboram essa tese. Não há, contudo, nenhum indício de ruptura. A luta era para ser travada dentro da Igreja. Para Corção, a "heresia" se encontrava nos modernistas, nunca entre os que compartilham da perspectiva de que o orbe católico estaria em crise. Apesar da evidente quebra hierárquica, note-se que a posição de Corção foi sempre pela integridade da doutrina.

Dessa forma, pode-se compreender, no ano seguinte, o novo embate de Corção com a Cúria Metropolitana. Suas críticas eram dirigidas às "comunidades de base" e ao desmantelamento do orbe católico. Em janeiro, Corção investiu novamente contra a CNBB, afirmando: "É a própria Hierarquia que instila o veneno [...] são os Bispos, com algumas santas exceções, que estão comandando a destruição da autoridade, a democratização, a comunização, a pulverização da Igreja" (Corção, 22 jan. 1973).

A reação de d. Eugênio Sales foi muito dura. Em nova mensagem publicada em todos os jornais, a Cúria Metropolitana deslegitima o discurso do católico Corção, ao exortar:

> [...] a todos os fiéis desta Arquidiocese, *a não seguirem, em matéria religiosa, orientação de pessoas que*, embora credoras de consideração por larga folha de serviços prestados à Igreja, *hoje se excedem* e fazem, sem perceber, causa comum com as forças que pretendem combatê-la, *ao se levantarem contra a autoridade dos legítimos pastores* [*O Globo*, 2 fev. 1973, grifos meus].

O impacto da nota pode ser percebido na moção de desagravo publicado no jornal *O Globo*, em 10 de fevereiro. Encabeçado pelo vice-reitor da Universidade Federal do Rio de Janeiro (UFRJ), Hélio Fraga, teve mais de uma centena de assinaturas. E mostrou, ao mesmo tempo, sua força e, também, sua fragilidade, pois somente o mundo civil o subscreveu. Os sacerdotes e religiosos que o apoiavam não o fizeram publicamente, por temor das consequências de romper com a medida adotada por d. Eugênio Sales. O rompimento revelava-se extremamente arriscado.

Como afirma Bourdieu (2005:14-15),

> o poder simbólico como poder de constituir o dado pela enunciação, de fazer ver e fazer crer, de confirmar ou de transformar a visão do mundo e, deste modo, a ação sobre o mundo, portanto, o mundo; poder quase mágico que permite obter o equivalente daquilo que é obtido pela força (física ou econômica), graças ao efeito específico de mobilização, só se exerce se for reconhecido, quer dizer, ignorado como arbitrário. Isto significa que o poder simbólico não reside nos "sistemas simbólicos" em forma de uma "illocutionary force" mas que se define numa relação determinada — e por meio desta — entre os que exercem o poder e os que lhe estão sujeitos, quer dizer, isto é, na própria estrutura do campo em que se produz e se reproduz a crença. O que faz o poder das palavras e das palavras de ordem, poder de manter a ordem ou de a subverter, é a crença na legitimidade das palavras e daqueles que as pronunciam, crença cuja produção não é competência das palavras.

A autoridade estava, portanto, nas mãos dos bispos que delegavam a possibilidade de falar pela Igreja, mas ela também poderia retirar e deslegitimar uma fala. Corção não foi calado, mas seu capital simbólico foi, pela primeira vez, esvaziado por seu pastor, e, oferecido pela hierarquia católica a poucos leigos, estava condicionado a regras tacitamente aceitas.

A deslegitimação de Corção autorizou seus inimigos na hierarquia católica de todo o país a não deixá-lo mais sem combate. Caso emblemático é o do semanário católico *O São Paulo*, da Arquidiocese de São Paulo, ao mover campanha contra Corção, reproduzindo as críticas feitas pela cúria metropolitana do Rio de Janeiro que o acusara de tecer opiniões "violentas, subversivas e demolidoras da Igreja" e cercar-se de um grupo minoritário "que tem posições claramente errôneas e inaceitáveis" (*Jornal do Brasil*, 2 fev. 1973). Contudo, tendo sua tribuna assegurada, Corção persiste na peleja e responde a d. Eugênio Sales e ao semanário paulista:

> Como o leitor pôde ver nos últimos dias, houve certa celeuma levantada em torno de um artigo meu onde [...] disse eu que a crise era provocada e alimentada pelos próprios membros da hierarquia. Eu não disse que essa era a causa única e principal. Sei que os inimigos da Igreja são o Demônio, as correntes históricas do mundo organizadas como anti-Igreja, que o Concílio de Trento chama "mundo", e a divisão do eu ou amor-próprio, que na linguagem paulina adotada no tridentino chama-se "carne". Quando os que destroem (ou querem destruir) a Igreja são católicos, leigos, padres ou bispos, antes de começarem tal tarefa (que jamais poderia germinar *in sino Ecclesiae*), é sempre pelo eu exterior do amor próprio que são tentados pelo Demônio e pelo "mundo".
>
> Hoje a Igreja está cheia de apóstatas que já aderiram ao "mundo" mas não têm a última lealdade de afastarem-se da Igreja. Ficam aglomerados em torno d'Ela, nos cargos, ou a fruir lucros dos escândalos que o mundo saboreia.
>
> As quatro ou cinco linhas que causaram manifestações de *equivocada autoridade* podem ser tranquilamente reafirmadas e desenvolvidas. Numa sociedade perfeita, fortemente hierárquica, a causa interna de sua ruína tem, evidentemente, mais força nos superiores, nos dirigentes, do que nos leigos, nas mulheres do Apostolado da Oração, ou nas criancinhas. A responsabilidade dos "superiores" no descalabro que se observa, podia ser prevista antes da observação do fato [...] [Corção, 17 fev. 1973, grifos no original].

E, continua sua missão de cruzadista, atacando a direção das ordens e casas religiosas:

> Hoje, para ser justo, completarei o quadro de responsabilidade dos dirigentes com os senhores provinciais, gerais, superiores e superioras. São esses superiores das ordens religiosas os mais ter-

rivelmente responsáveis pela vertiginosa decadência das casas em que tantos moços entraram em busca da perfeição e da união com o Amado [Corção, 17 fev. 1973].

Entretanto, as respostas de Corção não conseguiram obscurecer seu ocaso nos meios católicos. Expressiva foi a decisão da Pontifícia Universidade Católica de São Paulo, ao demitir três professores que apoiaram Corção na querela com d. Eugênio Sales (Terrorismo cultural na PUC, 25 fev. 1973).

A permanente campanha contra as ordens e casas religiosas resulta, em 1974, no afastamento da Ordem dos Beneditinos. Em artigo de página inteira do *Jornal do Brasil* no dia 1º de junho de 1974, sob o título "Os beneditinos e o sr. Gustavo Corção", d. Basílio Penido, abade presidente da Congregação Beneditina Brasileira, desfere um ataque violentíssimo contra Corção. Seus comentários foram de toda ordem: dos pessoais, por exemplo, ao denunciar a recusa de Corção em participar de um retiro espiritual por receio de não encontrar conforto, aos teológicos, por exemplo, ao declarar-se intérprete legítimo da doutrina. E finaliza:

[...] julgando interpretar os sentimentos dos beneditinos atingidos pelo Sr. Corção que, no fundo de nossos corações, desejamos a conversão sincera desse irmão que nos deixou. [...] É impossível, porém, no momento, manter com ele o mínimo diálogo, uma vez que não raciocina propriamente, mas endurece seu coração. [...] Ele é o infalível, não o Papa ou o Concílio. [...] Tem-se a impressão de que é vítima de algum processo de descontrole psicológico. [...] Nós, monges e monjas beneditinos, estamos rezando pelo Sr. Corção.[...] Se como esperamos e pedimos a Deus, o sr. Corção chegar convertido novamente para procurar nossa fraternidade, como naquele dia de 1942, narrado por ele, nós o receberemos como a um irmão. Mas até lá, enquanto perdure o fechamento orgulhoso em que vive, e que, parece, livremente, escolheu, não temos nem uma nem possibilidade alguma de encontro.

A réplica de Corção veio confirmar a ruptura e seu distanciamento absoluto da Ordem Beneditina:

O CRUZADO | 287

Compelido a voltar a um assunto que seria apenas ridículo sem os altos valores que envolve e sem as centenas de pessoas respeitáveis que compromete, e depois de ter discorrido amenamente em torno de puerilidades que ao menos me descansaram das falsas seriedades que poluem o século, começo hoje por confessar que foi, nesse episódio, o meu principal sentimento, e a minha dor mais difícil. À primeira vista parecerá um simples lugar-comum dizer que a carta do "Presidente" da Congregação Beneditina do Brasil não me atingiu em ponto algum. Não me senti picado, mordido, arranhado, envenenado. Nada. Rigorosamente, e diante de Deus o digo, mal percebi que alguém empostava a voz e alçava-se no bico dos pés para chegar a produzir este guincho de grilo: "— Em nome de 424 religiosos, eu Basílio Penido, Presidente da Congregação dos Beneditinos do Brasil, venho declarar que o Sr. G. C., escritor de 77 anos, há muito tempo levanta-se como um energúmeno, de maneira irresponsável e caluniosa, contra as tentativas da Igreja em adaptar-se aos tempos modernos".

[...]

Na verdade, a única relação verdadeira estabelecida pela carta de D. Basílio é a que se estabelece entre ele e mim: aí, descontadas as inexatidões dos títulos e das frases atribuídas aos mortos, é essencialmente verdadeira a afirmação central da carta: nela, diz o Presidente que é meu inimigo, o que é verdade. Eu o sou; dele e de sua espécie. E, em nome da glória da Igreja, da Caridade e do zelo da salvação das almas hei de combater com todos os dons que Deus para isto me deu. E ai de mim se os não usar. Voltaremos ainda a essa oportunidade de reflexões que o tolo episódio nos oferece, e convidamos os amigos a esta boa cruzada, sim CRUZADA: e riamse os demônios desta denominação. A única coisa que não podemos aceitar um só minuto é a repugnante ideia de unir o verdadeiro ao falso, para compor o cômodo [Corção, 4 jul. 1974, grifo no original].

Encontrava-se Corção isolado com seu grupo, pois todos os seus "inimigos" não mais reconheciam nele os atributos simbólicos do intelectual católico. A perda de poder simbólico nos meios católicos brasileiros foi proporcional ao seu reconhecimento entre os integristas franceses e, no Brasil, nos círculos católicos mais conservadores, como o liderado por d. Geraldo Sigaud. Ainda naquele ano, em novembro, torna-se colaborador da *Itinéraires*. O espírito de cruzada que o animara também havia operado mudança radical, aproximando-o do regime franquista. A querela e a cisão que provocara, nos meios católicos, a guerra civil espanhola, entre 1936 e 1939, delimitara dois campos opostos de visão política dos católicos: os mais liberais, favoráveis ao governo republicano, e os autoritários, partidários dos insurgentes (monarquistas, católicos e membros da Falange). Corção, que fora um crítico feroz da solução franquista,[236] nos anos 1970, muda 180 graus, retratando-se pelas inúmeras críticas feitas ao generalíssimo Franco, além de reconhecer a Espanha como ordem política e social ideal:

Terei de fazer várias retificações, várias retratações, mas agora acode-me a ideia de uma omissão que implica uma série de recolocações, e pela qual eu estremeceria de vergonha e de tristeza se, no momento de dizer o *nunc dimittis*, me viesse à mente o relâmpago do negrume de tão espantosa omissão. Qual? A de nunca

---

[236] Destaco, como exemplo, o artigo de 23 de janeiro de 1960 do *Diário de Notícias*, intitulado "Pobre Espanha!", em que Corção escreveu: "Acabo de receber o mais desvairadamente espanhol dos documentos de quantos a Espanha e a Humanidade já redigiram e já publicaram; mas também o mais real, o mais digno de atenção, o mais merecedor de respeito e o mais comovente. Sim, comovente porque acima de todos os superlativos atrás mencionados o documento talvez possua um outro que lhe confere a máxima utilidade e uma ineficácia jamais alcançada. Trata-se de um manifesto do Governo da República Espanhola no Exílio, dirigido pelo presidente Felix Ordás às diversas chancelarias do mundo e às altas personalidades políticas, entre as quais, num momento de delírio, me incluíram.
O documento é belo e grave. É um apelo gritado aos ouvidos do mundo livre que faz o possível para deixar de ser livre. Partindo do fato de estar em franca decomposição a *impostura franquista*, o documento chama atenção do mundo para as consequências de uma substituição de regime deixada aos caprichos da sorte. E analisa [duas] possíveis saídas. A primeira seria a da implantação de uma monarquia tão impostura e ainda mais fóssil do que a *cruzada do generalíssimo ou marechalíssimo Franco*. A segunda seria a da conversão do totalitarismo de direita em totalitarismo de esquerda. [...] *Os comunistas anunciam o seu específico de felicidade soviética; os franquistas, por seu turno, se apresentam como fórmula única para impedir o comunismo*. Destarte, cada cidadão que se cansar do franquismo, pela própria pregação franquista se dirigirá para o lado comunista" (grifos meus).

ter escrito em minha longa vida de escritor, entre tantas páginas de louvor e admiração, de entusiasmo e de apologia, estas poucas palavras exigidas pela mais clara verdade e pela mais límpida justiça, sim, estas poucas palavras que já deveriam ter transbordado de meu coração agradecido e deslumbrado:

> Honra e glória à Espanha católica de 1936.
> Honra e glória a Dom José Moscardo Ituarte,
> Defensor de Alcazar, a seu filho Luis Moscardo, a
> Queipo de Llano e a José Antonio Primo Rivera.
> 'España libre, España bella,
> Con roquetes y Falanges
> Con el tercio muy valiente...'
> Honra e glória aos doze bispos mártires e
> Aos quinze mil padres, frades e religiosas
> 'verdadeiros mártires em todo o sagrado
> e glorioso significado da palavra' (Pio XI)
> Honra e glória a todos que morreram
> Testemunhando com SANGRE: 'Viva Cristo Rey!'"[Corção, 1973:17-18].

Para Corção, a cruzada anticomunista do regime franquista mantinha-se hodierna, e cabia à hierarquia católica prestigiá-la e fortalecê-la. Entretanto, a Igreja conservava-se relativamente distante do regime franquista. Além disso, a morte de Francisco Franco, em 1975, desencadeara o processo de redemocratização na Espanha. Em suas idas e vindas rumo à democracia, o governo espanhol, em janeiro de 1976, condena cinco opositores à pena capital. O retrocesso foi repudiado, e a medida, condenada pelo papa Paulo VI.

A repreensão vaticana explicitou que a Igreja não compartilhava o ideário político-social do franquismo e, principalmente, a cruzada anticomunista, o que levou Corção a atacar Paulo VI:

> Eu não aceito como católicas, como verdadeiras, como pronunciadas em são juízo as palavras insensatas que acabamos de ler [...]. Repito com todas as letras e procuro ser o mais claro possível: o escritor Gustavo Corção, conhecido por sua obstinação católica, recusa

acatamento a toda essa trama. [...] Um papa católico não diz tantos disparates como esses que oscilam entre a Utopia duma sociedade sem meios de repressão do crime até a Degradação que exibe maior simpatia pelos terroristas do que pela polícia que os prendeu. Temos aqui um exemplo de intolerável aberração diante da qual não há título, paramentos ou tiara que possa manter intacta a autoridade. *Por mim, não posso crer que tais palavras foram pronunciadas por um Papa Católico.* [...] *ISTO É O COMUNISMO, que hoje recebe sufrágio de admiração da Outra Igreja* [Corção, 22 jan. 1976, grifos meus].

Apesar das mudanças implantadas no Vaticano II, o princípio do catolicismo ainda está assentado na universalidade que se faz presente na obediência à principal autoridade da Igreja Católica: o papa. A hierarquia e obediência, portanto, são os pilares da Igreja Católica, com o papa presidindo o colégio episcopal, transmitindo suas orientações aos bispos (líderes máximos na igreja nacional), os encarregados de divulgá-las junto aos padres, que orientam os leigos. No mundo católico, portanto, não é permitido opor-se às decisões e pronunciamentos papais, e Corção insurgira-se contra essa máxima da instituição.

No dia seguinte ao artigo, d. Eugênio Sales torna pública a seguinte declaração: "A Arquidiocese [...] condena com veemência a atitude do Sr. Gustavo Corção. Outrossim, adverte os fiéis de que semelhantes manifestações conduzem à ruptura com a Comunhão Eclesial" (Igreja condena ataques de católicos ao Papa, 24 jan. 1976).

Bourdieu (2005:14-15) nos ajuda a compreender as consequências da direção assumida por Corção: "O que faz o poder das palavras e das palavras de ordem, poder de manter a ordem ou subverter, é a crença na legitimidade das palavras e daquele que as pronuncia, crença cuja produção não é de competência das palavras".

No catolicismo, e em qualquer outra religião, o acesso ou a interdição do discurso está nas mãos da hierarquia. No caso de Corção, ela decretou, peremptoriamente: mais um passo, o banimento tornar-se-ia imperativo. Mais um "lance" de desafio à sua orientação, seria expulso da comunidade católica. Como observa Foucault (1996:42):

[...] a pertença doutrinária questiona ao mesmo tempo o enunciado e o sujeito que fala, e um através do outro. Questiona o sujeito que fala através e a partir do enunciado, como provam procedimentos de exclusão e os mecanismos de rejeição que entram em jogo quando um sujeito que fala formula um ou vários enunciados inassimiláveis; a heresia e a ortodoxia não derivam de exagero fanático dos mecanismos doutrinários, elas lhes pertencem fundamentalmente. Mas, inversamente, a doutrina questiona os enunciados a partir dos sujeitos que falam, na medida em que a doutrina vale sempre como o sinal, a manifestação e o instrumento de uma pertença prévia.

No caso de Corção, não surpreende, portanto, o ostracismo que a interdição eclesiástica legou ao combatente católico. A rejeição de seu pastor expunha a ruptura com o último laço que o prendia ao catolicismo: o ultramontanismo. Ou seja, Corção não perfilhava nem mais no sistema que defendia a autoridade absoluta do papa em matéria de fé e disciplina.

Sua legitimidade, força e reconhecimento não mais existiam. Mesmo escrevendo suas crônicas até sua morte, Corção não mais repercutia na esfera pública brasileira, como antes. O esvaziamento simbólico do seu discurso resultou na sua transmudação de católico intelectual para, simplesmente, intelectual católico.

CONCLUSÃO

GUSTAVO CORÇÃO Braga morreu no Rio de Janeiro, em 1978. Vivo, foi uma das figuras mais polêmicas do laicato brasileiro. O pêndulo da história relacionado a Corção é significativo das suas opções radicais na vida pública. Num país majoritariamente católico, assumiu-se como convertido e tornou-se escritor, aos 48 anos, sendo logo na estreia aclamado "filósofo social do catolicismo brasileiro". Seus últimos anos foram vividos em desacordo com a hierarquia católica, e afastado de muitos amigos que o acompanharam na militância católica.

As matérias sobre sua morte foram expressivas do alheamento provocado pela oposição sistemática e questionadora à hierarquia católica. "*Polemista*" e "*intransigente*" foram alguns dos adjetivos usados para defini-lo. Nas reportagens sobre o acontecido, notam-se ausências significativas na sua trajetória: Alceu Amoroso Lima (que, todavia, lhe dedicou um obituário belíssimo no *Jornal do Brasil*), d. Eugênio Sales, antigos companheiros do Centro Dom Vital, além de combatentes e nomes expressivos do regime militar (*Jornal do Brasil*, 7 jul. 1978; *O Globo*, 7 jul. 1978). Trajetória, portanto, marcada pela exaltação positiva ou negativa de sua pena.

É preciso buscar uma chave interpretativa para as acomodações, tensões e rupturas presentes na atuação de Corção na grande imprensa brasileira e que foram conduzidas tanto pelas suas escolhas públicas como existenciais. Faz-se mister, também, ressaltar as questões ausentes e, principalmente, aquelas que, estando implícitas, constituíram os aspectos mais significativos do seu curso de intelectual católico na *urbe*. Enfim, há uma ambiguidade na sua economia discursiva, que se destaca, devendo-se realçar seus matizes, mediá-la com a conjuntura, explicando suas mudanças de rota e de tonalidade.

Indubitavelmente, Corção teve como marca de sua trajetória uma coerência retilínea: forjado no catolicismo pré-Concílio Vaticano II, nunca o abandonou. Abriu mão de outras verdades, quem sabe menores, mas defendeu o catolicismo tridentino de sua conversão com tanta convicção que chegou a sustentar um cisma como saída de preservação daquela que considerava a verdadeira orientação para a Igreja Católica.

Arcou, conscientemente, com os custos das suas opiniões. Viu-se privado dos privilégios e das prebendas que o campo católico oferecia aos seus membros mais ilustres. Perdeu amigos e reconhecimento. O alarido de seus discursos e o azedume de suas invectivas tornaram-se acusações cada vez mais frequentes de seus adversários. O intelectual célebre pela maestria com as palavras foi superado por atributos depreciativos: amargo, ranzinza, entre outros. Manteve-se, contudo, firme e inquebrantável em sua missão:

> É o amor pela Igreja, pelos Santos, pela Virgem Santíssima e por meu Deus três vezes santo, que me anima a escrever artigos que me deixam marginalizado na "intelligentsia católica" empenhada em correr atrás dos prestígios do mundo. E aqui acrescento uma outra informação que o mundo da literatura desconhece. É verdade que nesse mundo perdi algum cartaz em comparação com o sucesso de anos atrás. Em compensação, não passa dia que não receba carta de conforto e encorajamento escrita por Bispo, padre ou senhoras mães de família [Corção, 23 out. 1966, n.p.].

Dogmaticamente, seu discurso político realçou a distinção da autoridade: como ideal otimista na década de 1950 e em crise, nas duas décadas seguintes. Incorporou a busca por uma elite virtuosa que fosse capaz de conduzir a nação brasileira, sob a égide do patriotismo e da autoridade, em detrimento da liberdade. Uma autoridade sempre presente, por vezes espectral, nem sempre retilínea, mas a caracterizar o conservador. E mais: um representante do integrismo na Igreja Católica, apesar de jamais assumir plenamente essa disposição teológica.

O traço conservador dos discursos de Corção na imprensa foi uma constante. Caracterizá-lo, portanto, simplesmente como um tradicionalista reduz o alcance de sua crítica e participação. Karl Mannheim (1969), no clássico estudo sobre o *Pensamento conservador*, adverte-nos sobre a distinção conservadorismo/tradicionalismo. Ainda que possamos tomá-los como sinônimos, e de certa forma o são, suas diferenças são claras. O conservadorismo depende de uma série de circunstâncias concretas, enfrenta a transformação com a ordem, e na práxis ganha sentido. Enquanto o tradicionalismo é um fenômeno mais ou menos universal e significa uma tendência a velhos modos de vida que podemos considerar como quase naturais.

O conservantismo é exatamente uma tal configuração estrutural objetiva e dinâmica, historicamente determinada. As pessoas experienciam e agem de modo "conservador" (distintamente de um mero modo "tradicionalista"), na medida em que, e apenas na medida em que, se *incorporam* a uma das fases do desenvolvimento dessa estrutura mental objetiva (usualmente contemporânea) e se comportam nos termos da estrutura, ou simplesmente reproduzindo-a no todo ou em parte, ou desenvolvendo-a mais através de sua adaptação a uma situação concreta particular. [...]
O comportamento tradicionalista é quase que sempre exclusivamente reativo. O comportamento conservador é coerente e, além disso, é coerente em relação a circunstâncias que mudam de uma época para outra. [...] Não se deve supor que o termo "conservantismo" seja puramente político [...]. O conservantismo também implica um complexo emocional e filosófico geral [...]. Não se deve supor [também] que o conservantismo, enquanto configu-

CONCLUSÃO | 295

ração estrutural histórica e objetiva, não inclua nenhum elemento tradicionalista em si. Muito pelo contrário. Na verdade, [...] o conservantismo assume uma forma histórica particular de tradicionalismo e a leva até sua conclusão lógica [Foracchi, 1982:111, grifos no original].

A resolução imediata das tensões provocadas pelas transformações em todos os níveis ajuda a perceber os matizes e mudanças da produção de Corção. O contexto o aprisionou e impôs respostas prontas para os problemas que identificou e combateu. Característica, diga-se, inerente à sua atuação de publicista. Até o espaço de sua atuação foi irregular e impôs restrições: da coluna diária — do final da década de 1950 e que possibilitou a cobertura dos pormenores do governo de Juscelino Kubitschek — à coluna bissemanal, que impôs uma seleção mais rigorosa dos assuntos abordados. Também a velocidade dos assuntos muitas vezes o obrigou à descontinuidade no tratamento de um tema: outros tornavam-se urgentes e desviavam sua pena. São desvios que não ofuscam seu aguçado instinto para perceber quais eram seus inimigos no contexto brasileiro. Estes foram quase sempre os mesmos: Vargas, seus herdeiros e propostas; os estudantes brasileiros e a esquerda católica (leiga ou eclesiástica).

No entanto, a economia discursiva de Corção, apesar de sua coerência, é marcada pela radicalização do combate ao comunismo. Com efeito, a tese da ameaça comunista, inicialmente localizada no mundo político, e depois radicalizada no catolicismo, constituiu fator determinante na mudança de tonalidade da sua produção discursiva. A pluralidade temática dos "anos dourados" foi perceptivelmente transmudada num monólogo. Aberto ao movimento, revelou essa face, por exemplo, no debate sobre reforma agrária que ocorreu no início da década de 1960. Entretanto, a revolução cubana realizou a ameaça vermelha. Corção confrontou-se com o medo do comunismo e tornou-se uma voz contra toda e qualquer reforma. Evidentemente, com gradações diferentes ao longo dos anos, mas sempre combatendo o mesmo inimigo.

O anticomunismo despojou-o do ideal democrata-cristão maritainiano, lançando-o a retratações que, publicamente, realizou nas colunas de *O Globo* e, depois, reafirmou, na introdução de *O século do nada.*

Tendo professado, ao longo dos quarenta anos de luta e pregação, uma fidelidade de discípulo à obra filosófica de Jacques Maritain, a quem tanto devo, e a quem me sinto ligado por laços muito afetuosos e muito desligados dos jogos de interesses deste mundo, tenho de começar as retratações prometidas no subtítulo desta obra pelos pontos em que hoje me desligo, não do pensamento tomista do autor de *Degrés du Savoir* e de *Trois Réformateurs*, mas das posições tomadas em várias circunstâncias [Corção, 1973:53].

O espectro do comunismo trouxe em seu bojo o distanciamento da filosofia política de Jacques Maritain. Com ênfase declarou: "a obra filosófica de Maritain permanece para mim inalterável, com reservas na filosofia política contida em *Humanismo integral* e *Democracia e cristianismo*" (Corção, 1973:63). A ruptura com Maritain foi ocasionada pelo "silêncio" do fenômeno do comunismo no livro *O camponês do Garona*, de Maritain. Para Corção "a lacuna, a ausência, a omissão" do filósofo francês "contribuiu para a Onda de estupidez que aflig[iria] a Igreja" (Corção, 1973:65).

O comunismo era, portanto, o "ópio do clero", que, incrustado nas hostes da Igreja, era ignorado pela hierarquia e, até, por nomes como Maritain. Sua gênese era a esquerda católica francesa dos anos 1940. Os responsáveis: a revista *Esprit*, Emmanuel Mounier, a revista *Sept*, Lebret, os dominicanos, que propagaram, sem resistência, os germes do "progressismo" que tomou forma definitiva no Concílio Vaticano II.

Fato no orbe católico que, para Corção, degenerou em "progressismo". A Igreja pós-conciliar, chamada por ele de "a outra", foi o *leitmotiv* da exacerbação do conservadorismo de Corção, o que incitou seu reacionarismo, entendido, aqui, como reação a toda e qualquer mudança na Igreja Católica e defesa do *ancien régime* na política, que foram os traços de sua produção do final da década de 1960 até sua morte.

Mundos em ebulição. "Desordem" política combatida e debelada com a subida dos militares ao poder. "Desordem" no catolicismo, no seu mundo fundamental, definitiva. Espanto com o *aggiornamento*, com as novidades em matéria de fé, e reação na defesa de um novo movimento de cruzada.

Enfim, reconstruir a trajetória de Gustavo Corção na imprensa brasileira foi um esforço de refletir sobre as opiniões de certo conservadorismo que atuou no Brasil durante uma parte do século XX — afinal estas não são atemporais, mas resultados de situações concretas, particulares.

REFERÊNCIAS

Livros de Corção

CORÇÃO, Gustavo. *As fronteiras da técnica*. 4. ed. Rio de Janeiro: Agir, 1955.

_____. *Dez anos*: crônicas. Rio de Janeiro: Agir, 1957a.

_____. *Patriotismo e nacionalismo*. Rio de Janeiro: Nacional de Direito, 1957b.

_____. *Machado de Assis*: romance. Rio de Janeiro: Agir, 1959.

_____. *Três alqueires e uma vaca*. 6. ed. Rio de Janeiro: Agir, 1961.

_____. *Claro-escuro*: ensaios sobre casamento, divórcio, amor, sexo e outros assuntos. 3. ed. Rio de Janeiro: Agir, 1963.

_____. *O desconcerto do mundo*. Rio de Janeiro: Agir, 1965.

_____. *Dois amores e duas cidades*. Rio de Janeiro: Agir, 1967.

_____. *A tempo e contratempo*. Rio de Janeiro: Permanência, 1969.

_____. *O século do nada*. 6. ed. São Paulo: Record, 1973.

_____. *Lições de abismo*. Rio de Janeiro: Agir, 1976.

_____. *Conversa em sol menor*: memórias recolhidas. Rio de Janeiro: Agir, 1980.

_____. *As descontinuidades da criação*. Rio de Janeiro: Permanência, 1992.

_____. *A descoberta do outro*. 10. ed. Rio de Janeiro: Agir, 2000.

Fontes primárias

CARDEAL adverte contra as atitudes do momento. *O Globo*, Rio de Janeiro, 22 jan. 1972.

COLUNA Notas Políticas. *Diário de Notícias*, Rio de Janeiro, 22 set. 1955.

CORÇÃO, Gustavo. *Diário de Notícias*, Rio de Janeiro, 1953-1967.

_____. *O Globo*, Rio de Janeiro, 1968-1978.

_____. O papel e a responsabilidade das elites nos tempos presentes. Carta Mensal. *Revista da Confederação Nacional do Comércio* (CNC), Rio de Janeiro, out. 1956.

_____. Nacionalismo. Carta Mensal. *Revista da Confederação Nacional do Comércio* (CNC), Rio de Janeiro, set. 1958.

_____. Considerações em torno do subdesenvolvimentismo. Carta Mensal. *Revista da Confederação Nacional do Comércio* (CNC), Rio de Janeiro, jul. 1959.

_____. Pobre Espanha! *Diário de Notícias*, Rio de Janeiro, 23 jan. 1960.

DEP. GABRIEL Passos responde a críticas de Gustavo Corção. *Diário de Notícias*, Rio de Janeiro, 24 mar. 1960.

IGREJA condena ataques de católicos ao Papa. *O Globo*, Rio de Janeiro, 24 jan. 1976.

LANÇADA Permanência, a revista de união católica. *O Globo*, Rio de Janeiro, 17 ago. 1968.

OS BENEDITINOS e o sr. Gustavo Corção. *Jornal do Brasil*, Rio de Janeiro, 1 jun. 1974.

PRÊMIO de literatura do IBCC. *Jornal do Brasil*, Rio de Janeiro, 26 maio 1953.

TERRORISMO cultural na PUC. *O Estado de S. Paulo*, São Paulo, 25 fev. 1973.

Arquivo privado de Gustavo Corção (Biblioteca Nacional, seção manuscritos)

A MARCHA, Rio de Janeiro, 23 set. 1955.

AGUIAR, Hernani de. Ofício a Corção. S.l., 3 mar. 1969.

BRANT, Vinicius Caldeira. Carta aberta a Gustavo Corção. S.l., 28 ago. 1960.

CORÇÃO, Gustavo. Correspondência. S.l., 16 dez. 1945.

_____. Carta anônima de um integralista a Corção. S.l., 1955.

_____. Carta a Sobral Pinto. S.l., 29 jun. 1966.

_____. Carta ao padre Eduardo. S.l., 8 jul. 1966a.

_____. Carta ao padre Eduardo. S.l., 7 ago. 1966b.

_____. Carta, destinatário não identificado. S.l., 3 out. 1966. Correspondência ativa.

_____. Carta a uma amiga não identificada. S.l., 3 out. 1966.

_____. Carta ao Frei Orlando dos Reis. S.l., 23 out. 1966.

_____. Correspondência a Costa e Silva. S.l., 20 jan. 1968.

_____. Carta a Sobral Pinto. S.l., 7 mar. 1968.

_____. Carta a Sobral Pinto. S.l., 6 jul. 1968.

_____. Carta a Jean Ousset, S.l., 20 jan. 1971.

_____. Folheto "O episcopado nacional e Plínio Salgado". S.l., s.d.a.

_____. Discurso contra a candidatura de Plínio Salgado. Pasta integralismo, Rádio Globo. S.l., s.d.b.

PINTO, Sobral. Carta a Gustavo Corção. S.l., 30 mar. 1954.

_____. Carta a Gustavo Corção. S.l., 30 abr. 1965. Correspondência passiva.

_____. Carta a Gustavo Corção. S.l., 3 maio 1965. Correspondência passiva.

_____. Carta a Gustavo Corção. S.l., 9 maio 1966.

_____. Carta a Gustavo Corção. S.l., 24 fev. 1968.

_____. Carta a Gustavo Corção. S.l., 21 set. 1968.

_____. Carta a Gustavo Corção. S.l., 28 jan. 1972.

Livros, teses, capítulos de livro e fontes diversas sobre Gustavo Corção

BRAGA, Marta. *Lições de abismo*: vida, obra y pensamiento de Gustavo Corção. Tese (doutorado em história) — Universidade de Navarra, Pamplona, 2000. Trabalho inédito.

CARTA do diretor de O Globo. *O Globo*, 5 fev. 1972.

CÚRIA exorta fiéis a evitar quem a combate. *O Globo*, 2 fev. 1973.

DEPOIMENTOS. *Revista Permanência*, ano IV, n. 38, nov. 1971.

LIMA, Alceu Amoroso. Dezembro (livros recebidos). *Diário de S. Paulo*, 3 jan. 1945.

MONTELLO, Josué. Gustavo Corção em Paris. *Jornal do Brasil*, 3 maio 1988.

MOURA, D. Odilão OSB. *Ideias católicas no Brasil*: direções do pensamento católico do Brasil no século XX. São Paulo: Convívio, 1978.

OBITUÁRIO. *Jornal do Brasil*, 7 jul. 1978.

PUC DEMITE 3 professores que apoiam Corção. *O Estado de S. Paulo*, 22 fev. 1973.

TEIXEIRA, Anísio. *Carta a Gustavo Corção*. Rio de Janeiro, 23 fev. 1958. Localização do documento: Fundação Getulio Vargas/Cpdoc. Arquivo Anísio Teixeira. ATc 58.02.23. Disponível em <www.prossiga.br/anisioteixeira/cartas/corcao.htm>. Acesso em: 27 abr. 2004.

Catolicismo e Igreja Católica do Brasil

ALVES, Márcio Moreira. *O Cristo do povo*. Rio de Janeiro: Sabiá, 1968.

_____. *A Igreja e a política no Brasil*. São Paulo: Brasiliense, 1979.

ANTOINE, Charles. *Church and power in Brazil*. Trad. Peter Nelson. Nova York: Orbis Book, 1973.

_____. *O integrismo brasileiro*. Trad. João Guilherme Linke. Rio de Janeiro: Civilização Brasileira, 1980.

AZZI, Riolando. *A neocristandade*: um projeto restaurador. São Paulo: Paulus, 1994. (História do pensamento católico no Brasil, v.5.)

_____. *O Concílio Vaticano II no contexto da Igreja e do mundo*: uma perspectiva histórica. In: MOREIRA, Alberto da Silva; RAMMINGER, Michel; SOARES, Afonso Maria Ligorio (Org.). *A primavera interrompida*: o projeto Vaticano II num impasse. S.l.: Livros Digitais Koinonia, v. 2, 8 jan. 2006. Disponível em <www.servicioskoinonia.org/LibrosDigitales/LDK/LDK2.pdf>. Acesso em: 15 out. 2006.

BEOZZO, José Oscar. *A Igreja do Brasil*: de João XXIII a João Paulo II, de Medellín a Santo Domingo. Petrópolis, RJ: Vozes, 1993.

BOEHNER, Philotheus; GILSON, Etienne. *História da filosofia cristã*. 9. ed. Petrópolis, RJ: Vozes, 2004.

BOFF, Leonardo. Espírito de gentileza. *Comunicação de Ciência e Fé Online*, abr. 2004. Disponível em: <www.cienciaefe.org.br/OnLine/0404/gentileza.htm>. Acesso em: 21 dez. 2005.

BRUNEAU, Thomas. *Catolicismo brasileiro em época de transição*. São Paulo: Loyola, 1974.

CARVALHO, Teresa Martins. A Deus o que é de Deus. *Revista História*. Lisboa, ano XXII (III série), dez. 2000.

CAMPOS, Fernando Arruda. *Tomismo e neotomismo no Brasil*. São Paulo: Grijalbo, 1968.

CENTRO DE PASTORAL VERGUEIRO. *As relações Igreja-Estado no Brasil, 1964-1978*. São Paulo: CPV, 1978. Série Cadernos de Informação n. 3.

CHESTERTON, Gilbert Keith. *Ortodoxia*. Trad. Eduardo Pinheiro. Prefácio João Ameal. Porto: Tavares Martins, 1944.

_____. *Santo Tomás de Aquino*: biografia. Trad. e notas Carlos Ancêde Nougué. Nova Friburgo, RJ: Co-Redentora, 2002.

_____. *What's wrong with the world*. S.l.: Project Gutenberg, s.d. Disponível em: <www.gutenberg.org/etext/1717>. Acesso em: 25 abr. 2005.

REFERÊNCIAS | 301

COMBY, Jean. *Para ler a história da Igreja*: do século XV ao século XX. Trad. Maria Stela Gonçalves, Adail V. Sobral. São Paulo: Loyola, 1994.

COMPAGNON, Olivier. *Jacques Maritain et l'Amérique du sud*: le modèle malgré lui. Villeneuve: Presses Universitaires du Septentrion, 2003.

CONSELHO EPISCOPAL LATINO-AMERICANO (CELAM). *A Igreja na atual transformação da América Latina à luz do Concílio*: conclusões de Medellín. 8. ed. Petrópolis, RJ: Vozes, 1985.

CÔRTES, Norma. Católicos e autoritários: breves considerações sobre a sociologia de Alceu Amoroso Lima. *Revista Intellectus*, ano I, n. 1, p. 1-13, 2002. Disponível em <http://www2.uerj.br/~intellectus>. Acesso em: 12 fev. 2007.

COSTA, Celia Maria Leite; PANDOLFI, Dulce Chaves; SERBIN, Kenneth. *O bispo de Volta Redonda*: memórias de Dom Waldyr Calheiros. Rio de Janeiro: FGV, 2001.

COSTA, Marcelo Timotheo da. *Um itinerário no século*: mudança, disciplina e ação em Alceu Amoroso Lima. Tese (Doutorado) — Departamento de História, Pontifícia Universidade Católica do Rio de Janeiro, Rio de Janeiro, 2002.

DELLA CAVA, Ralph. Política do Vaticano 1878-1990: uma visão geral. In: SANCHIS, Pierre (Org.). *Catolicismo*: unidade religiosa e pluralismo cultural. São Paulo: Loyola, 1992.

DUSSEL, Enrique. *História da Igreja latino-americana (1930 a 1985)*. Trad. Eugenia Flavian. São Paulo: Paulus, 1989.

ENCICLOPEDIA CATTOLICA XII (TES-ZY). Firenze: G. C. Sansoni, 1954.

HOORNAERT, Eduardo. *Formação do catolicismo brasileiro (1550-1800)*. 3. ed. Petrópolis, RJ: Vozes, 1991.

INSTITUTO NACIONAL DE PASTORAL (Org.). *Pastoral da Igreja no Brasil nos anos 70*: caminhos, experiências e dimensões. Petrópolis, RJ: Vozes, 1994.

JIMÉNEZ, Jorge Dagnino. G. K Chesterton y la Europa de su tiempo. *Revista Arbil*: anotaciones de pensamiento y critica, n. 61, 2006. Disponível em: <http://revista-arbil.iespana.es/(61)ches.htm>. Acesso em: 23 abr. 2005.

JOHN XXIII, Pope. *As encíclicas sociais de João XXIII*: Mater et Magistra e Pacem in Terris. Rio de Janeiro: José Olympio Editora, 1963.

KADT, Emanuel de. *Catholic radicals in Brazil*. Londres: Oxford University Press, 1970.

LIMA, Alceu Amoroso. Introdução. In: MARITAIN, Jacques. *Cristianismo e democracia*. Trad. Alceu Amoroso Lima. Rio de Janeiro: Agir, 1949.

_____. O princípio da socialização. *Síntese Política Econômica e Social, Rio de Janeiro*, ano III, n. 11, jul./set. 1961.

_____. *Comentários à Populorum Progressio*. Petrópolis, RJ: Vozes, 1969.

_____. *Memórias improvisadas*: diálogos com Cláudio Medeiros Lima. Prefácio Antônio Houaiss. Petrópolis, RJ: Vozes, 1973.

_____. *Notas para a história do Centro Dom Vital*. Introdução e comentário Riolando Azzi. Rio de Janeiro: Paulinas, 2001.

_____. *Cartas do pai*: de Alceu Amoroso Lima para sua filha madre Maria Teresa. São Paulo: Instituto Moreira Salles, 2003.

MAINWARING, Scott. *Igreja católica e política no Brasil (1916-1985)*. São Paulo: Brasiliense, 1989.

MARITAIN, Jacques. *Humanismo integral*: uma visão nova da ordem cristã. Trad. Afrânio Coutinho. São Paulo: Companhia Editora Nacional, 1941.

_____. *Cristianismo e democracia*. Introd. e trad. Alceu Amoroso Lima. Rio de Janeiro: Agir, 1949.

_____. *Reflexões sobre os Estados Unidos*. 2. ed. Trad. Manuel Bandeira. Apres. Gustavo Corção. Rio de Janeiro: Fundo de Cultura, 1959.

_____. *O homem e o Estado*. 4. ed. Trad. Alceu Amoroso Lima. Rio de Janeiro: Agir, 1966a.

_____. *Le paysan de la Garonne*: un vieux laïc s'interroge à propos du temps présent. Bilbao: Desclée De Brouwer, 1966b.

_____. *Os direitos do homem e a lei natural*. 3. ed. Trad. Afrânio Coutinho. Prefácio Alceu Amoroso Lima. Rio de Janeiro: José Olympio, 1967.

MARTINA, Giacomo. *História da Igreja*: de Lutero a nossos dias. Trad. Orlando Soares Moreira. São Paulo: Loyola, 1997. v. 4: A era contemporânea.

MAYER, Antônio de Castro et al. *Reforma agrária*: questão de consciência. São Paulo: Vera Cruz, 1960.

MENDES, Cândido. *Memento dos vivos*: a esquerda católica no Brasil. Rio de Janeiro: Tempo Brasileiro, 1966.

MICELI, Sérgio. *A elite eclesiástica brasileira*. Rio de Janeiro: Bertrand Brasil, 1988.

MONTEIRO, Norma Gouveia do Rego. *Alceu Amoroso Lima*: ideia, vontade, ação da intelectualidade católica no Brasil. Dissertação (mestrado) — Pontifícia Universidade Católica do Rio de Janeiro, Rio de Janeiro, 1991.

MONTENEGRO, João Alfredo. *Evolução do catolicismo no Brasil*. Petrópolis, RJ: Vozes, 1972.

MOURA, Odilão. *Ideias católicas no Brasil*: direções do pensamento católico do Brasil no século XX. São Paulo: Convívio, 1978.

NOGUEIRA, Hamilton. *Jackson de Figueiredo*. 2. ed. Rio de Janeiro: Hachette; São Paulo: Loyola, 1976.

PIERRARD, Pierre. *História da Igreja*. Trad. Álvaro Cunha. São Paulo: Paulus, 1983.

PIERUCCI, Antônio Flávio de Oliveira; SOUZA, Beatriz Muniz de; CAMARGO, Cândido Procópio Ferreira de. Igreja Católica: 1945-1970. In: FAUSTO, Boris (Org.). *História geral da civilização brasileira*: o Brasil republicano. 3. ed. Rio de Janeiro: Bertrand Brasil, 1989. t. 3, v. 4: Economia e cultura -1930-1964.

RODEGHERO, Carla Simone. Religião e patriotismo: o anticomunismo católico nos Estados Unidos e no Brasil nos anos da Guerra Fria. *Revista Brasileira de História*. São Paulo, v. 22, n. 44, 2002. Disponível em: <http://redalyc.uaemex.mx/redalyc/pdf/263/26304410.pdf>. Acesso em: 25 ago. 2006.

RODRIGUES, Cândido Moreira. *Tradição, autoridade e democracia: A Ordem*, uma revista de intelectuais católicos (1934-1945). Dissertação (mestrado em história) — Universidade Estadual Paulista Júlio de Mesquita Filho (Unesp), Assis, São Paulo, 2002.

ROMANO, Roberto. *Brasil*: Igreja contra Estado (crítica ao populismo católico). São Paulo: Kairós, 1979.

SERBIN, Kenneth P. *Diálogos na sombra*: bispos, militares, tortura e justiça social na ditadura. Trad. Carlos Eduardo Lins e Silva. São Paulo: Companhia das Letras, 2001.

SILVA, José Ariovaldo. Sacrosanctum Concilium e reforma litúrgica pós-conciliar no Brasil. Um olhar panorâmico, no contexto histórico geral da liturgia: dificuldades, realizações, desafios. In: CNBB. *A sagrada liturgia, 40 anos depois*: estudos da CNBB 87. São Paulo: Paulus, 2003. p. 33-51.

SOUZA, Luiz Aberto Gómez de. *A JUC*: os estudantes católicos e a política. Petrópolis, RJ: Vozes, 1984.

_____; SOUZA, Herbert José de (Org.). *Cristianismo hoje*. Porto Alegre: Universitária, 1962.

TODARO, Margaret Patrice. *Pastors, prophets and politicians*: a study of the Brazilian Catholic Church, 1916-1945. Ann Arbor, MI: Xerox University Microfilms, 1975.

VALADIER, Paul. *Catolicismo e sociedade moderna*. São Paulo: Loyola, 1991.

VELLOSO, Mônica Pimenta. A Ordem: uma revista de doutrina política e cultura católica. *Revista de Ciência Política*, Rio de Janeiro, v. 21, p. 117-159, 1978.

VILLAÇA, Antônio Carlos. *O pensamento católico no Brasil*. Rio de Janeiro: Zahar, 1975.

Obras gerais

ABREU, Alzira Alves. *Nationalisme et action politique au Brésil*: une étude sur l'Iseb. Tese (doutorado em sociologia) — Université de Paris V (René Descartes), Paris, 1975.

_____. Os suplementos literários: os intelectuais e a imprensa nos anos 50. In: ABREU, Alzira Alves (Org.). *A imprensa em transição*: o jornalismo brasileiro nos anos 50. Rio de Janeiro: FGV, 1996.

_____. A ação política dos intelectuais do Iseb. In: TOLEDO, Caio Navarro de (Org.). *Intelectuais e política no Brasil*: a experiência do Iseb. Rio de Janeiro: Revan, 2005.

_____; WELTMAN, Fernando Lattman. Fechando o cerco: a imprensa e a crise de agosto de 1954. In: GOMES, Ângela de Castro (Org.). *Vargas e a crise dos anos 50*. Rio de Janeiro: Relume-Dumará, 1994.

ABREU, Alzira Alves de et al. (Org.). *Dicionário Histórico-Biográfico Brasileiro*: pós-1930. Rio de Janeiro: FGV, 2001.

ALMEIDA, Maria Hermínia Tavares de. *Tomando partido, formando opinião*: cientistas sociais, imprensa e política. São Paulo: Sumaré, 1992.

ALVES, Márcio Moreira. *Torturas e torturadores*. 2. ed. Rio de Janeiro: Empresa Jornalística, 1967.

_____. *68 mudou o mundo*. Rio de Janeiro: Nova Fronteira, 1993.

ALVES, Mario. Dois caminhos da reforma agrária. *Estudos Sociais*, Rio de Janeiro, v. 4, n. 13, p. 18-35, jun. 1962.

ALVIM, Thereza Cesário (Org.). *O golpe de 64*: a imprensa disse não. Rio de Janeiro: Civilização Brasileira, 1979.

ARAÚJO, Ricardo Benzaquen de. *Totalitarismo e revolução*: o integralismo de Plínio Salgado. Rio de Janeiro: Jorge Zahar, 1988.

ARENDT, Hanna. *Origens do totalitarismo*: antissemitismo, imperialismo e totalitarismo. Trad. Roberto Raposo. São Paulo: Companhia das Letras, 1989.

BAER, Werner. *A industrialização e o desenvolvimento econômico do Brasil*. 3. ed. Rio de Janeiro: FGV, 1977.

BANDEIRA, Moniz. *O governo João Goulart*: as lutas sociais no Brasil (1961-1964). 6. ed. Rio de Janeiro: Civilização Brasileira, 1983.

BARACHO, José Alfredo de Oliveira. *O princípio de subsidiariedade*: conceito e evolução. Rio de Janeiro: Forense, 1997.

BASTOS, Élide Rugai. A revista Cultura Política e a influência de Ortega y Gasset. In _____; RIDENTE, Marcelo; ROLLAND, Denis (Org.). *Intelectuais*: sociedade e política. São Paulo: Cortez, 2003.

_____; REGO, Walquíria D. Leão (Org.). A moralidade do compromisso. In: _____; _____ (Org.). *Intelectuais e política*: a moralidade do compromisso. São Paulo: Olho d'Água, 1999.

BENDA, Julien. A traição dos intelectuais. In: BASTOS, Élide Rugai; REGO, Walquiria D. Leão (Org.). *Intelectuais e política*: a moralidade do compromisso. São Paulo: Olho d'Água, 1999.

BENEVIDES, Maria Victoria de Mesquita. *A UDN e o udenismo*: ambiguidades do liberalismo brasileiro (1945-1965). Rio de Janeiro: Paz e Terra, 1981.

BERLIN, Isaiah. Dois conceitos de liberdade. In: _____. *Estudos sobre a humanidade*: uma antologia de ensaios. São Paulo: Companhia das Letras, 2002.

BETTO, Frei. *Batismo de sangue*: guerrilha e morte de Carlos Marighella. 14. ed. Rio de Janeiro: Rocco, 2006.

BOBBIO, Norberto. *Os intelectuais e o poder*: dúvidas e opções dos homens de cultura na sociedade contemporânea. Trad. Marco Aurélio Nogueira. São Paulo: Universidade Estadual Paulista, 1997.

BOURDIEU, Pierre. *A economia das trocas simbólicas*. 5. ed. São Paulo: Perspectiva, 2001.

_____. *As regras da arte*: gênese e estrutura do campo literário. 1. reimp. Trad. Maria Lúcia Machado. São Paulo: Companhia das Letras, 2002.

_____. *O poder simbólico*. 8. ed. Trad. Fernando Tomaz. São Paulo: Bertrand Brasil, 2005.

BRESSER-PEREIRA, Luiz Carlos. O conceito de desenvolvimento do Iseb rediscutido. *Dados: Revista de Ciências Sociais*, Rio de Janeiro, v. 47, n. 1, p. 49-84, 2004.

CÂNDIDO, Antônio. Uma palavra instável. In: _____. *Vários escritos*. Rio de Janeiro: Ouro sobre Azul; São Paulo: Duas Cidades, 2004.

CARDOSO, Miriam Limoeiro. *Ideologia do desenvolvimento*: Brasil — JK-JQ. 2. ed. Rio de Janeiro: Paz e Terra, 1978.

CASTELLO BRANCO, Carlos. *Os militares no poder*. 3. ed. Rio de Janeiro: Nova Fronteira, 1977. v. 1.

CONY, Carlos Heitor. *O ato e o fato (crônicas políticas)*. Rio de Janeiro: Civilização Brasileira, 1979.

COUTINHO, Afrânio. A reação espiritualista. In: _____. *A literatura no Brasil*, v. III, tomo 1. Rio de Janeiro: São José, 1959.

COUTO, André Luís Faria. *O suplemento literário do Diário de Notícias nos anos 50*. Rio de Janeiro: FGV/Cpdoc, 1992.

COUTROT, Aline. Religião e política. In: REMOND, René. *Por uma história política*. Rio de Janeiro: UFRJ, 1996.

D'ARAÚJO, Maria Celina Soares. *O segundo governo Vargas (1951-1954)*: partido, democracia e crise política. Rio de Janeiro: Zahar, 1982.

DE MAISTRE, Joseph. *Consideraciones sobre Francia*. Trad. e notas Joaquín Poch Elío. Madrid: Tecnos, 1990.

DIMENSTEIN, Gilberto et al. *O complô que elegeu Tancredo*. Rio de Janeiro: JB, 1985.

DREIFUSS, René Armand. *1964*: a conquista do estado. Ação política, poder e golpe de classe. Petrópolis, RJ: Vozes, 1981.

DULLES, John W. F. *Carlos Lacerda*: a vida de um lutador (1914-1960). Rio de Janeiro: Nova Fronteira, 1992. v. 1.

_____. *Sobral Pinto*: a consciência do Brasil. A cruzada contra o regime Vargas (1930-1945). Trad. Flávia Mendonça Araripe. Rio de Janeiro: Nova Fronteira, 2001.

DURKHEIM, Émile. *Da divisão do trabalho social*. São Paulo: Abril Cultural, 1973. Coleção Os Pensadores, vol. XXXIII.

FERREIRA, May Guimarães. *Conselho Federal de Educação*: o coração da reforma. Tese (doutorado em Educação) — Faculdade de Educação, Universidade Estadual de Campinas, Campinas, 1990.

FIGUEIREDO, Argelina Cheibub. *Democracia ou reformas?* Alternativas democráticas à crise política (1961-1964). Trad. Carlos Roberto Aguiar. São Paulo: Paz e Terra, 1993.

FONSECA, Alexandre Torres. *Paulo Francis, do teatro à política*: perdoa-me por me traíres. Dissertação (mestrado em história) — Faculdade de Filosofia e Ciências Humanas, Universidade Federal de Minas Gerais, Belo Horizonte, 2001.

FORACCHI, Marialice Mencarin. El radicalismo vinculado al sistema: condiciones sociales de la politización del estudiante brasileño. *Revista Latinoamericana de Sociologia*, Buenos Aires, v. 2, n. 3, p. 368-377, nov. 1966.

_____. (Org.). *Karl Mannheim*: Ciências sociais, sociologia. Trad. Emílio Willems, Sylvio Uliana e Cláudio Marcondes. Seleção e rev. técnica da trad. Florestan Fernandes. São Paulo: Ática, 1982.

FOULCAULT, Michel. *A ordem do discurso*. Trad. Laura Fraga de Almeida Sampaio. São Paulo: Loyola, 1996. (Aula inaugural no Collège de France, pronunciada em 2 de dezembro de 1970.)

FREITAS, Marcos Cezar de. *Álvaro Vieira Pinto*: a personagem histórica e sua trama. São Paulo: Cortez: 1998.

GADAMER, Hans-Georg. *Verdade e método*. Complementos e índice. 2. ed. Trad. Enio Paulo Giachini. Petrópolis, RJ: Vozes; Bragança Paulista, SP: Universitária São Francisco, 2004.

_____. *Verdade e método*: traços fundamentais de uma hermenêutica filosófica. 7. ed. Trad. Flávio Paulo Meurer. Nova revisão Enio Paulo Giachini. Petrópolis, RJ: Vozes; Bragança Paulista, SP: Universitária São Francisco, 2005.

GARAUDY, Roger. *Los integrismos*: ensayo sobre los fundamentalismos en el mundo. Barcelona: Gedisa, 1995.

GASPARI, Elio. *A ditadura envergonhada*. São Paulo: Companhia das Letras, 2002a.

_____. *A ditadura escancarada*. São Paulo: Companhia das Letras, 2002b.

GIRARDET, Raoul. *Mitos e mitologias políticas*. Trad. Maria Lúcia Machado. São Paulo: Companhias das Letras, 1987.

GOMES, Ângela de Castro. Trabalhismo e democracia: o PTB sem Vargas. In: GOMES, Ângela de Castro (Org.). *Vargas e a crise dos anos 50*. Rio de Janeiro: Relume-Dumará, 1994.

_____; PANDOLFI, Dulce; ALBERTI, Verena (Org.). *A república no Brasil*. Rio de Janeiro: Nova Fronteira; 2002.

GRAMSCI, Antônio. Intelectuais. In: *Cadernos do cárcere*. Rio de Janeiro: Civilização Brasileira, 2001a. v. 2: Os intelectuais. O princípio educativo. Jornalismo.
_____. Ação Católica. In: *Cadernos do Cárcere*. Rio de Janeiro: Civilização Brasileira, 2001b. v. 4: Temas de cultura. Ação Católica. Americanismo e fordismo.

GRYNSZPAN, Mario. *Ciência, política e trajetórias sociais*: uma sociologia histórica da teoria das elites. Rio de Janeiro: FGV, 1999.

GUIMARÃES, César. Vargas e Kubitschek: a longa distância entre a Petrobras e Brasília. In: CARVALHO, Maria Alice Rezende (Org.). *República no Catete*. Rio de Janeiro: Museu da República, 2001.

HABERMAS, Jurgen. *Mudança estrutural da esfera pública*: investigações quanto a uma categoria da sociedade burguesa. Trad. Flávio R. Kothe. Rio de Janeiro: Tempo Brasileiro, 1984.

HIRSCHMAN, Albert. *A retórica da intransigência*: perversidade, futilidade e ameaça. Trad. Tomás Rosa Bueno. São Paulo: Companhia das Letras, 1992.

HOBSBAWM, Eric. *Era dos extremos*: o breve século XX (1914-1991). Trad. Marcos Santarrita. Rev. técnica Maria Célia Paoli. São Paulo: Companhia das Letras, 1995.

KIRK, Russell. *The conservative mind*. Londres: Faber and Faber, 1954.

KUBITSCHEK, Juscelino. *Por que construí Brasília*. Brasília, DF: Senado Federal, 2000. 477 p. (Coleção Brasil 500 anos).

LATTMAN-WELTMAN, Fernando. *A política domesticada*. Rio de Janeiro: FGV, 2005.

LEFORT, Claude. *A invenção democrática*: os limites da dominação totalitária. 2. ed. Apresentação Marilena Chauí. Trad. Isabel Marva Loureiro. São Paulo: Brasiliense, 1987.

LIMA, Alceu Amoroso. *Revolução, reação ou reforma?* 3. ed. Rio de Janeiro: Tempo Brasileiro, 1964.

LOSURDO, Domenico. Para uma crítica da categoria de totalitarismo. *Crítica marxista*, São Paulo, n. 17, p. 51-79, 2003. Disponível em: <www.unicamp.br/cemarx/criticamarxista/cm17losurdo.htm>. Acesso em: 14 fev. 2006.

MANNHEIM, Karl. Conservative thought. In: _____. *Essays on sociology and social psychology*. Londres: Routledge, 1969.

_____. *Ideologia e utopia*. Trad. Sérgio Magalhães Santeiro. Rev. técnica César Guimarães. Rio de Janeiro: Guanabara, 1986.

_____. O problema da "intelligentsia": um estudo de seu papel no passado e no presente. In: _____. *Sociologia da cultura*. Trad. Roberto Gambini. São Paulo: Perspectiva, 2004.

MARIANI, Bethânia. *O PCB e a imprensa*: os comunistas no imaginário dos jornais (1922-1989). Campinas, SP: Revan, 1998.

MARTINS, Maria do Carmo. Da doutrina à regra: repensando o Conselho Federal de Educação e a definição do discurso sobre educação. *Revista Online Joel Martins*, Campinas, v. 2, n. 1, out 2000. Disponível em: <www.bibli.fae.unicamp.br/revbfe/v2n1out2000/artigo2.pdf>. Acesso em: 11 nov. 2006.

MARTINS, Wilson. *História da inteligência brasileira*: 1933-1960. São Paulo: Cultrix, 1979. v. 7.

MELO, José Marques de. *Jornalismo opinativo*: gêneros opinativos no jornalismo brasileiro. 3. ed. rev. e ampl. Campos do Jordão, SP: Mantiqueira, 2003.

MENDES, Cândido. *Nacionalismo e desenvolvimento*. Rio de Janeiro: Instituto Brasileiro de Estudos Afro-Asiáticos, 1963.

MERCADANTE, Paulo. *A consciência conservadora no Brasil*: contribuição ao estudo da formação brasileira. 4. ed. rev. e ampl. Rio de Janeiro: TopBooks, 2003.

MICELI, Sérgio. *Intelectuais e classe dirigente no Brasil*: (1920-1945). São Paulo: Difel, 1979.

_____. A força do sentido. In: BOURDIEU, Pierre. *A economia das trocas simbólicas*. 5. ed. São Paulo: Perspectiva, 2001.

MOTTA, Rodrigo Patto Sá. *Em guarda contra o "perigo vermelho"*: o anticomunismo no Brasil (1917-1964). São Paulo: Perspectiva, 2002.

NISBET, Robert. *O conservadorismo*. Lisboa: Estampa, 1987.

NOLTE, Ernst. *Three faces of fascism*: action francaise, italian fascism, national socialism. Nova York: Holt, 1966.

OLIVEIRA, Lúcia Lippi de. As ciências sociais no Rio de Janeiro. In: MICELI, Sérgio (Org.). *História das ciências sociais no Brasil*. São Paulo: Sumaré, 1995. v. 2.

_____; MOTTA, Marly Silva da. Entrevista com José Arthur Rios. In: FREIRE, Américo; OLIVEIRA, Lucia Lippi de (Org.). *Capítulos da memória do urbanismo carioca*. Rio de Janeiro: Folha Seca, 2002.

ORTEGA Y GASSET, Jose. *A rebelião das massas*. [S.l.]:[s.n.], [s.d.]. Disponível em: <www.dominiopublico.gov.br/download/texto/cv000060.pdf>. Acesso em: 23 abr. 2005.

ORTIZ, Renato. *A moderna tradição brasileira*: cultura brasileira e indústria cultural. São Paulo: Brasiliense, 1988.

ORY, Pascal; SIRINELLI, Jean-François. *Les intellectuels en France*: de L'affaire Dreyfus à nos jours. Paris: Armand Colin, 1992.

PASCAL, Blaise. *Pensamentos*. Trad. Sérgio Milliet. Rio de Janeiro: Ediouro, 1993.

PASSOS, Gabriel de Rezende. *Nacionalismo*. São Paulo: Fulgor, 1959.

PAULA, Christiane Jalles de. *Imprensa, nacionalismo e radicalização no Brasil (1961-1964)*. Dissertação (mestrado) — Instituto Universitário de Pesquisas do Rio de Janeiro (Iuperj), Rio de Janeiro, 1999.

PÉCAUT, Daniel. *Os intelectuais e a política no Brasil*: entre o povo e a nação. Trad. Maria Júlia Goldwasser. São Paulo: Ática, 1990.

PIERUCCI, Antônio Flávio. Secularização segundo Max Weber: da contemporânea serventia de voltarmos a acessar um velho sentido. In SOUZA, Jessé (Org.). *A atualidade de Max Weber*. Brasília, DF: UnB, 2000.

POERNER, Artur José. *O poder jovem*: história da participação dos estudantes brasileiros. 2. ed. rev. e ampl. Rio de Janeiro: Civilização Brasileira, 1979.

POLLAK, Michael. Memória, esquecimento, silêncio. *Revista Estudos Históricos*, Rio de janeiro, v. 2, n. 3, p. 3-15, 1989.

_____. *Memória e identidade social*. Revista Estudos Históricos, Rio de Janeiro, v. 5, n. 10, p. 200-212, 1992.

POPPER, Karl. *A sociedade aberta e seus inimigos*. Trad. Milton Amado. Belo Horizonte: Itatiaia; São Paulo: Edusp, 1974. 2 v (Espírito do nosso tempo, 1-1A).

RAMOS, Guerreiro. A ideologia da ordem. In: _____. *A crise do poder no Brasil*: problemas da revolução nacional brasileira. Rio de Janeiro: Zahar, 1961.

RENAN, Ernest. *Qu'est-ce qu'une nation?*. Conferência realizada na Sorbonne em 11 de março de 1892. Disponível em: <www.unicamp.br/~aulas/VOLUME01/ernest.pdf>. Acesso em: 20 jan. 2015.

REZENDE, Maria José de. *Ditadura militar*: repressão e pretensão de legitimidade. Londrina: UEL, 2001.

RIDENTI, Marcelo S. *O fantasma da revolução brasileira*. São Paulo: Universidade Estadual Paulista, 1993.

_____. O romantismo revolucionário da Ação Popular: do cristianismo ao maoísmo. In: MEETING OF THE LATIN AMERICAN STUDIES ASSOCIATION, 24-26 set. 1998, Chicago. *Proceeedings...* Chicago, IL: LASA 1998. SMO 14. 25 p. Disponível em: <www.cedema.org/uploads/Ridenti.pdf>. Acesso em: 15 out. 2006.

_____. Ação Popular: cristianismo e marxismo. In: REIS FILHO, Daniel Aarão; RIDENTI, Marcelo S. (Org.). *História do marxismo no Brasil*: partidos e organizações dos anos 20 aos 60. Campinas: Unicamp, 2002. v. 5.

ROMANO, Roberto. *Conservadorismo romântico*: origem do totalitarismo. São Paulo: Brasiliense, 1981.

SANTOS, Rogério Dultra dos. *O constitucionalismo antiliberal no Brasil*: cesarismo, positivismo e corporativismo na formação do Estado Novo. Tese (doutorado) — Instituto Universitário de Pesquisas do Rio de Janeiro (Iuperj), Rio de Janeiro, 2006.

SANTOS, Wanderley Guilherme dos. *Paradigma e história*: a ordem burguesa na imaginação social brasileira. Rio de Janeiro: [s.n.], 1975.

_____. A práxis liberal no Brasil: propostas para reflexão e pesquisa. In: _____. *Ordem burguesa e liberalismo político*. São Paulo: Duas Cidades, 1978.

_____. *Sessenta e quatro*: anatomia da crise. São Paulo: Vértice, 1986.

SCHMIDT, Augusto Frederico. *Antologia política*. Rio de Janeiro: UniverCidade/ Fundação Yêdda e Augusto Frederico Schmidt, 2002.

SCHMITT, Carl. *O conceito do político*. Petrópolis, RJ: Vozes, 1992.

SIRINELLI, Jean-François. Intelectuais. In: REMOND, René. *Por uma história política*. Rio de Janeiro: UFRJ, 1996.

SKIDMORE, Thomas. *Brasil*: de Castello a Tancredo (1964-1985). 8. ed. Trad. Mário Salviano Silva. São Paulo: Paz e Terra, 2004.

SODRÉ, Nélson Werneck. *História da imprensa no Brasil*. 4. ed. atual. Rio de Janeiro: Mauad, 1999.

STARLING, Helóisa Maria Murgel. *Os senhores das Gerais*: os novos inconfidentes e o golpe de 1964. Petrópolis, RJ: Vozes, 1986.

STERNHELL, Zeev. *Maurice Barrès et le nacionalisme français*. Paris: Complexe, 1985.

TERRY, Leonard D. Dominant power components in the Brazilian university student movement prior to april, 1964. *Journal of Inter-American Studies*, v. 7, n. 1. jan. 1965.

TOCQUEVILLE, Aléxis de. *A democracia na América*, São Paulo: Edusp, 1977.

TOLEDO, Caio Navarro de. *Iseb*: fábrica de ideologias. 2. ed. Campinas, SP: Unicamp, 1997.

_____ (Org.). *Intelectuais e política no Brasil*: a experiência do Iseb. Rio de Janeiro: Revan, 2005.

VENTURA, Zuenir. *1968*: o ano que não terminou. Rio de Janeiro: Nova Fronteira, 1988.

VIANNA, Luiz Werneck. *O sistema partidário e o Partido Democrata Cristão*. São Paulo: Brasiliense, 1978. 51 p. (Caderno Cedec, 1).

_____. *Liberalismo e sindicato no Brasil*. 4. ed. rev. Belo Horizonte: UFMG, 1999.

REFERÊNCIAS | 309

WEBER, Max. A política como vocação. In: _____. Ensaios de sociologia. Trad. Waltensir Dutra. Rev. técnica Fernando Henrique Cardoso. 5. ed. Rio de Janeiro: Guanabara, 1982a.

_____. A psicologia social das religiões mundiais. In: _____. Ensaios de sociologia. Trad. Waltensir Dutra. Rev. técnica Fernando Henrique Cardoso. 5. ed. Rio de Janeiro: Guanabara, 1982b.

_____. Rejeições religiosas do mundo e suas direções. In: _____. Ensaios de sociologia. Trad. Waltensir Dutra. Rev. técnica Fernando Henrique Cardoso. 5. ed. Rio de Janeiro: Guanabara, 1982c.

_____. Economia e sociedade: fundamentos da sociologia compreensiva. Trad. Régis Barbosa e Karen Elsabe Barbosa. Rev. técnica Gabriel Cohn. Brasília, DF: UnB, 1991.

_____. A ética protestante e o espírito do capitalismo. Trad. M. Irene de Q. F. Szmrecsányi e Tamás J. M. K. Szmrecsányi. 7. ed. São Paulo: Pioneira, 1992.

WINOCK, Michel. O século dos intelectuais. Trad. Eloá Jacobina. Rio de Janeiro: Bertrand Brasil, 2000.

Internet (sítios visitados)

Cebela. Textos políticos. Ato institucional: <www.maxbusca.com.br/cgi/maxpage.cgi?max=MaX-atoinstitucional-1>. Acesso em: 15 nov. 2006.

Colégio Sion: <www.sion.com.br/>. Acesso em: 15 out. 2006.

Conferência Nacional dos Bispos do Brasil (CNBB): <www.cnbb.org.br/index.php?op=pagina&chaveid=235.001>. Acesso em: 24 abr. 2006.

Diário do Congresso Nacional, 5 mar. 1955: <www2.camara.gov.br/publicacoes>. Acesso em: 26 out. 2006.

Dom Hélder. Pastor da liberdade: <www.pe-az.com.br/domhelder/acusadores.htm>. Acesso em: 11 nov. 2006.

Encíclicas papais. Vaticano: <www.vatican.va/holy_father/>. Acesso em: 1 maio 2005.

Grupo de Estudos sobre a Ditadura. Documento do I Congresso Nacional de Lavradores e Trabalhadores do Campo: <www.gedm.ifcs.ufrj.br/documentos.php?page=2>. Acesso em: 22 mar. 2006.

Grupo Terrorismo Nunca Mais: <www.ternuma.com.br/guara.htm>. Acesso em: 15 nov. 2006.

Instituto Ciência e Fé: <www.cienciaefe.org.br/OnLine/0404/gentileza.htm>. Acesso em: 21 dez. 2005.

Ministério da Educação e Cultura: principais atividades e realizações (1930-1967): <www.dominiopublico.gov.br/download/texto/me001573.pdf>. Acesso em: 17 nov. 2006.

Mosteiro de São Bento do Rio de Janeiro: <www.osb.org.br>. Acesso em: 25 abr. 2005.

Oswaldo Lima Filho. Depoimento: <www.cpdoc.fgv.br/nav_jgoulart/htm/depoimentos/Osvaldo_Lima_Filho.asp>. Acesso em: 15 out. 2006.

Permanência: <http://permanencia.org.br/quemsomos/quem.htm>. Acesso em: 20 maio 2006.

Projeto Memória: <www.projetomemoria.art.br/JK/biografia/4_criticos.html>. Acesso em: 5 dez. 2005.

Pro loco cori: <www.prolococori.it/marafini.htm>. Acesso em: 17 nov. 2006.

Presidência da República: <www.planalto.gov.br/ccivil_03/AIT/ait-01-64.htm>. Acesso em: 20 jun. 2006.

Este livro foi impresso nas oficinas gráficas da Editora Vozes Ltda.,
Rua Frei Luís, 100 – Petrópolis, RJ.